ARCHÄOLOGIE

DIE BEDEUTENDSTEN FUNDE DER MENSCHHEIT

ARCHÄOLOGIE

DIE BEDEUTENDSTEN FUNDE DER MENSCHHEIT

Kate Santon

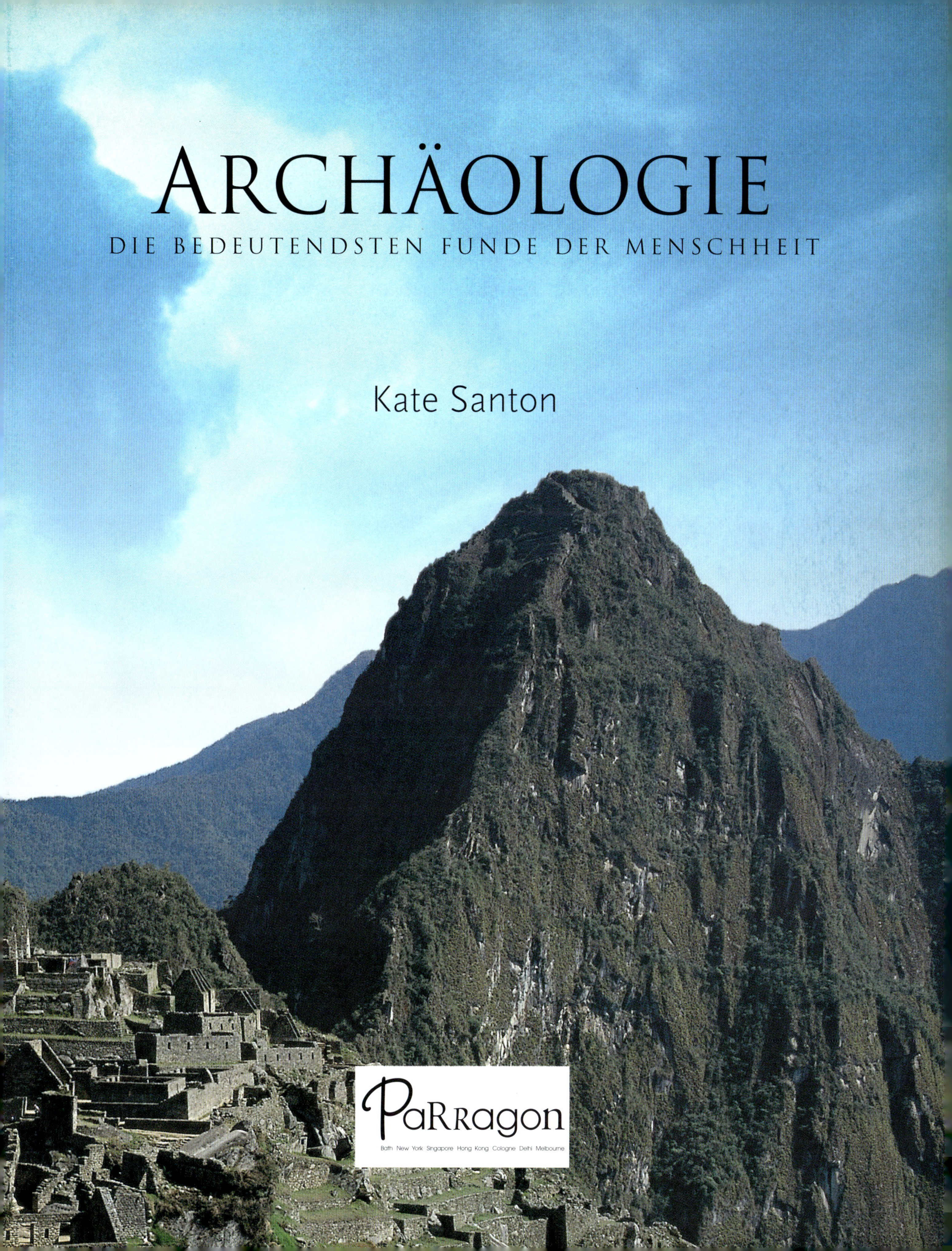

Parragon

Bath New York Singapore Hong Kong Cologne Delhi Melbourne

Entwurf und Realisation: Atlantic Publishing

Parragon Books Ltd
Queen Street House
4 Queen Street
Bath BA1 1HE, UK

Übersetzung aus dem Englischen:
Martin Rometsch, Mengen; Henrik Schröder, Berlin
Lektorat: Dr. Birgit Wüller, Stuttgart; Nazire Ergün, Köln
Projektmanagement: Nazire Ergün, Köln
Koordination: trans texas GmbH, Köln

ISBN 978-1-4075-0662-3

Printed in China

Inhalt

Einführung

Die Archäologie hat oft mit fantastischen Entdeckungen, wie z. B. dem Grabmal des Tutanchamun, für Schlagzeilen gesorgt. Goldschätze und Indiana Jones sind jedoch eher die Ausnahme. Weitaus bedeutender ist, dass die Archäologie ein Fenster in die oft ferne Vergangenheit darstellt und dabei die einzige Möglichkeit bietet zu verstehen, was sich damals zugetragen hat, wo wir herstammen und wie wir unsere heutigen Errungenschaften entwickelt haben. In der jüngsten Zeit haben die Fernsehsender einem breiteren Publikum ein weitaus realistischeres Bild der Archäologie vermittelt, und das Thema ist populärer denn je.

Die Menschen waren von jeher von der Vergangenheit und dem Leben ihrer Vorfahren fasziniert. Damals (wie heute) wurden Legenden in Form von Geschichten und Gedichten nacherzählt. Schließlich begannen im 17. und 18. Jahrhundert einzelne Gelehrte, gezielter vorzugehen. Viele von ihnen kamen aus Europa, und die meisten waren entweder gebildete Zeitgenossen, wie Akademiker oder Geistliche, oder vermögend, oder auch beides. Sie begannen, offensichtliche Denkmäler, z. B. Megalithen, zu erforschen und andere, wie Grabhügel, auszugraben, stets bestrebt, ihre Geheimnisse zu lüften. Diese Männer waren Altertumsforscher, deren Neugier und Begeiste-

EUROPA
1 Neandertal
2 Lascaux
3 Altamira
4 Skara Brae
5 Varna
6 Der Gletschermann
7 Stonehenge
8 Carnac
9 Newgrange
10 Tollund
11 Lindow Moss
12 Hochdorf
13 Maiden Castle
14 Hadrianswall
15 Vindolanda
16 Sutton Hoo
17 Jorvik
18 Oseberg

MITTELMEERRAUM
19 Knossos
20 Troja
21 Mykene
22 Athen
23 Delphi
24 Olympia
25 Vergina
26 Cerveti
27 Rom
28 Pompeji Herculaneum
29 Sabratha
30 Timgad
31 Leptis Magna

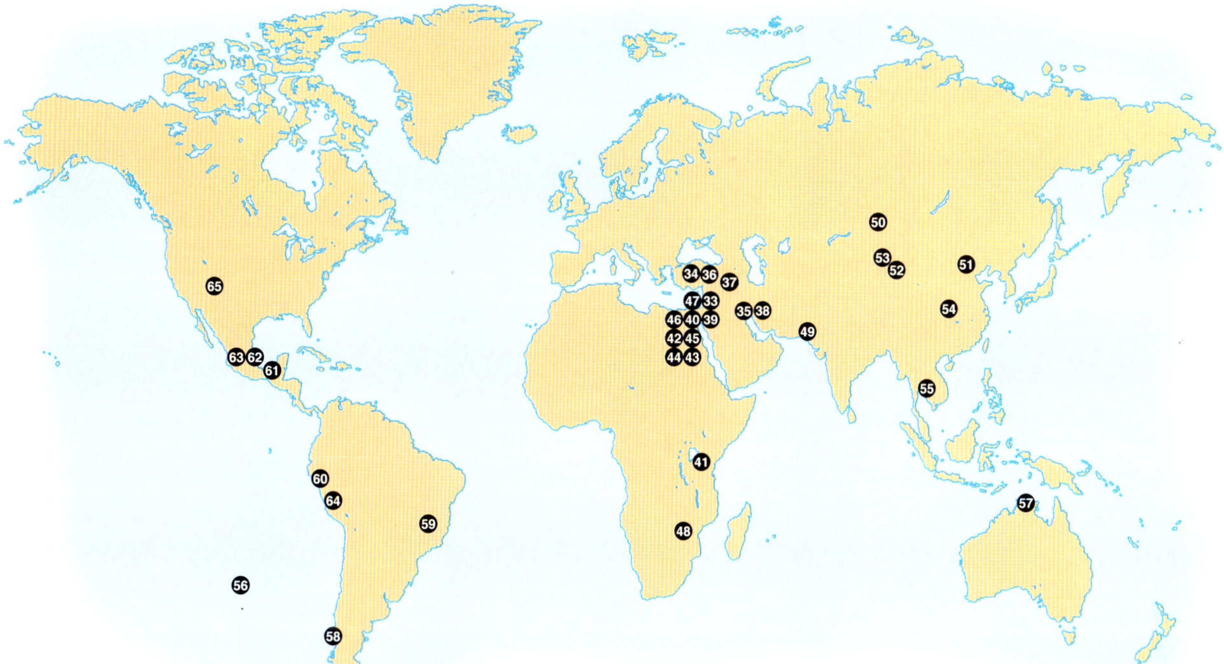

NAHER OSTEN
33 Jericho
34 Çatal Hüyük
35 Ur
36 Die Hethiter
37 Ninive
38 Persepolis
39 Schriftrollen vom Toten Meer
40 Masada

AFRIKA
41 Olduvai-Schlucht
42 Die Pyramiden – Giza
43 Amarna
44 Tal der Könige
45 Abu Simbel
46 Karnak
47 Der Stein von Rosette
48 Gross-Simbabwe

ASIEN UND PAZIFIK
49 Mohenjo-Daro
50 Pazyryk
51 Urumqi
52 Dunhuang
53 Turfan
54 Die Terrakotta-Armee
55 Angkor
56 Osterinsel
57 Kakadu National Park

NORD- UND SÜDAMERIKA
58 Monte Verde
59 Pedra Furada
60 Sipán
61 Palenque (Maya)
62 Teotihuacán
63 Tenochtitlán
64 Machu Picchu
65 Chaco Canyon

rung für die Vergangenheit der Archäologie von heute den Weg ebneten. Mit der Zeit wurden ihre Aktivitäten immer systematischer und sorgfältiger. Gleichzeitig nahm das Interesse an den materiellen Hinterlassenschaften der klassischen Zivilisationen, wie Griechenland und Rom, zu und weitete sich im Zuge von Napoleons Einmarsch im Jahre 1798 auf das alte Ägypten aus.

Im 19. Jahrhundert, als man mehr über die Geologie und das immense Alter der Erde in Erfahrung zu bringen wusste, wurden weitere wissenschaftliche Fortschritte erzielt. Die Erkenntnisse der Stratigrafie – der Umstand, dass die tiefer liegenden Gesteinsschichten älter sind als die höher liegenden und die Entstehung dieser Schichten sehr lange dauern kann – sollten folgenreich sein. Die aus sehr tiefen Schichten stammenden Knochen ausgestorbener Tiere und die Entdeckung menschlicher Fossilreste führten zu der Theorie, dass die Erde nicht nur älter als zuvor angenommen, sondern auch schon seit geraumer Zeit bewohnt war. Ein entscheidender Durchbruch gelang, als Jacques Boucher de Perthes in Frankreich Knochen ausgestorbener Tiere, u. a. von Mammuts, und Steinwerkzeuge in ein und derselben Schicht fand. Darwins wenig später veröffentlichtes Werk *On the Origin of Species (Die Entstehung der Arten)*, das die Evolutionstheorie begründete, sollte ebenfalls großen Einfluss ausüben: Die Erforschung der Vergangenheit sollte nicht länger ausschließlich ein intellektueller Zeitvertreib von Laien sein, sondern begann, sich zu einer eigenen Disziplin zu entwickeln. Die Ausgrabungen wurden allmählich methodischer und sorgfältiger.

Im Vergleich zu heutigen Standards wurde jedoch immenser Schaden angerichtet. Layard, der Entdecker von Ninive, grub große Tunnel, wobei er die Stätte nahezu vollständig zerstörte. Die Erdarbeiten bei Schliemanns Ausgrabungen in Troja wurden von Ingenieuren beaufsichtigt, die beim Bau des Suezkanals mitgewirkt hatten und der Art und Weise, wie die Stätte über Jahrtausende erbaut worden war, kaum Beachtung schenkten. Eine entsprechende Ausbildung gab es nicht oder erfolgte während der

Gegenüber: Das Foto zeigt ägyptische Arbeiter, die einen Sarkophag aus einem Grabmal von Sakkara herausheben, um 1880.

Arbeit, wobei jüngere Archäologen innerhalb kürzester Zeit von erfahreneren angeleitet wurden, bevor sie ihre eigenen Wege gingen. Über all dem schwebte ein Hauch von Romantik, der allerdings unnötige Zerstörungen nach sich zog. Zwischen den beiden Weltkriegen nahmen die Ausgrabungen, vor allem im Nahen und Mittleren Osten, gewaltige Ausmaße an, bei denen unter der Leitung einiger Archäologen unzählige Arbeiter tätig waren. Sie konnten in einer einzigen Grabungssaison mehr Erdreich bewegen als ein modernes Team in mehreren. In die gleiche Zeit fallen aber auch die Anfänge einer sorgfältigeren Vorgehensweise. Diese im 19. Jahrhundert einsetzende Entwicklung ist insbesondere verbunden mit den Arbeiten deutscher Teams in Olympia und General Pitt-Rivers in Großbritannien. In den 1930er-Jahren wendete Mortimer Wheeler die Organisationsmethoden von Pitt-Rivers an, mit dem Nebeneffekt, dass er zahlreichen Archäologen der nächsten Generation neue Grabungstechniken vermittelte.

Die Ausbildung von Archäologen erfolgt heute weitaus differenzierter. Neben der Theorie steht die Praxis (z. B. die Einweisung in Prospektionsmethoden und Computeranalyse). Bevor sie Projekte eigenständig leiten dürfen, müssen sie Grabungserfahrung gesammelt haben. Sie lernen, dass die Vergangenheit eine begrenzte Ressource ist. Die Archäologie ist eine destruktive Wissenschaft, denn selbst die sorgfältigste Grabung läuft Gefahr, die aufgefundenen Zeugnisse zu zerstören. Die akribische Analyse, Erfassung und das Publizieren der Ergebnisse sind von entscheidender Bedeutung. Untersuchungen der Umgebung sind besonders wichtig, da sie einen umfassenderen Blick auf die Vergangenheit ermöglichen als einzelne Artefakte oder Gebäudereste.

Darüber hinaus sind weitere Aspekte, insbesondere die örtlichen Gemeinden, zu berück-

Gegenüber: Das Foto zeigt die Grabungsarbeiten in Pompeji, um 1900.

Unten: Obgleich der Archäologie heute modernste Verfahren, wie die 14C-Datierung, zur Verfügung stehen, ist die manuelle Arbeit weiterhin wichtig.

sichtigen. Ein ausgezeichnetes Beispiel für eine gelungene Zusammenarbeit mit der lokalen Bevölkerung ist die Arbeit von Rhys Jones und seinem Team der Australian National University in der Region Kakadu in Australien, bei der die Unterstützung und Mitwirkung der Ureinwohner ein wesentlicher Faktor war. Auch ethischen Aspekten wird heute ein größerer Stellenwert beigemessen, insbesondere im Umgang mit menschlichen Überresten. Eine andere bedeutsame Änderung besteht darin, dass sich auf dem Gebiet der Archäologie nunmehr Wissenschaftler sämtlicher Nationen hervortun.

Es wäre ein Fehler anzunehmen, das Zeitalter der großen Entdeckungen sei vorbei. Der Grabhügel des ersten chinesischen Kaisers, dessen Terrakotta-Armee einen der bedeutendsten Funde der jüngsten Zeit darstellt, wird weiterhin erforscht. Die Arbeiten am Grab KV 5 im Tal der Könige in Ägypten sowie die Arbeiten in Pompeji und Herculaneum könnten für überraschende Entdeckungen sorgen. Ebenso bedeutend sind die Kleinfunde, die weniger spektakulären Details, die sehr viel darüber aussagen können, wie Menschen vor langer Zeit gelebt haben.

Die Entdeckung von Funden

Zahlreiche Funde wurden zufällig entdeckt, so etwa das überaus reiche Gräberfeld in Varna, Bulgarien, oder der Gletschermann in den Ötztaler Alpen. Einige dagegen, wie die Königsgräber von Sipán, stehen im Zusammenhang mit Grabplünderungen. Andere Entdeckungen, wie das Grabmal Philipps II. von Makedonien in Vergina, beruhten auf fundierten Einschätzungen und Untersuchungen. Die Wiederentdeckung des in Vergessenheit geratenen und nie vollständig untersuchten Königsgrabes KV 5 im Tal der Könige durch Kent Weeks, den Leiter des Theban Mapping Project, ging auf akribische Vermessungen zurück.

Die Luftbildarchäologie zählt zu den frühesten technischen Prospektionsmethoden und ist heute aus der Erforschung bereits bekannter Fundstätten nicht mehr wegzudenken, da sich mit ihr ein weiträumiges Gebiet aus der Vogelperspektive erschließen lässt. Auf den Luftbildern lassen sich Befunde u. a. durch Schatten- und Bewuchsmerkmale sowie Bodenverfärbungen nachweisen. Hinzu kommen Feldbegehungen, bei denen eine Fläche rasterartig abgesucht wird (um sicherzustellen, dass auch weniger offensichtliche bzw. vielversprechende Bereiche erfasst werden). Die Ergebnisse beider Prospektionsmethoden können sich gegenseitig ergänzen bzw. bestätigen.

Eine bedeutende Entwicklung der jüngsten Zeit sind Geoinformationssysteme (GIS). Diese Computerprogramme wurden zur Sammlung, digitalen Erfassung und Analyse von Fundortdaten entwickelt und lassen sich mit weiteren Datenbanken verknüpfen. Sie sind u. a. für die Kartierung von unschätzbarem Wert. Auch können mit den zur Verfügung stehenden Daten Berechnungen durchgeführt werden, aus denen sich Prognosen ableiten lassen (sogenannte Prädikationsmodelle). Sie geben Auskunft darüber, wie hoch die Wahrscheinlichkeit der Entdeckung von Funden an einer bestimmten Stelle ist.

Zur genaueren Erschließung vermuteter oder bereits bekannter Fundstätten gibt es die unterschiedlichsten Methoden. Dazu zählt auch die Echolotung, die u. a. in der Unterwasserarchäologie sowie beim Weeks Theban

Links: Ausgrabungen unter der Leitung von Mortimer Wheeler in der römischen Stadt Verulamium bei St. Albans in den späten 1940er-Jahren.

Gegenüberliegende Seite: Ein Archäologe bei der Arbeit am Ufer des St. Mary's River bei St. Mary's City, der vermutlich frühesten Siedlung in Maryland, USA.

Gegenüberliegende Seite rechts: Die Untersuchung einer Fundkonzentration von Steinabschlägen.

Mapping Project in Ägypten zur Anwendung kommt. Zu den unter Laien bekanntesten Verfahren gehört die geophysikalische Prospektion. Mittels geophysikalischer Untersuchungen lassen sich Veränderungen unter der Erdoberfläche registrieren, die auf Mauern, Gräber sowie verfüllte Gräben verweisen können. Darüber hinaus kann die Tiefe derartiger Veränderungen ermittelt werden, was die Erstellung von dreidimensionalen Karten vor der eigentlichen Grabung ermöglicht.

Erhaltungsbedingungen

Die Erhaltung uralter Spuren und Relikte ist Glückssache, denn nicht selten werden sie durch natürliche Einflüsse, wie Flutkatastrophen, Erdrutsche, Meeresspiegelschwankungen, aber auch durch menschliche Eingriffe, etwa Bautätigkeiten, zerstört. Umgekehrt können Naturkatastrophen natürlich ebenso zu ihrer Erhaltung beitragen. Pompeji und Herculaneum sind vermutlich die offenkundigsten Beispiele; doch gibt es noch andere, wie das unter Sanddünen verborgene neolithische Dorf Skara Brae auf Orkney.

Anorganische Stoffe haben sich meist gut erhalten, so z. B. jahrtausendealte Steingeräte. Über die Verwendung von Werkzeugen aus Holz und Knochen bei unseren Vorfahren wissen wir dagegen sehr wenig. Gefäße aus gebranntem Ton zählen zu den wichtigsten archäologischen Zeugnissen; hierbei ist die Brennqualität von entscheidender Bedeutung, denn schlecht gebrannte oder poröse Keramik wird von sauren Böden, Wasser und Feuchtigkeit angegriffen. Metall, Gold, Silber und Blei sind zumeist weniger anfällig. Kupfer und Bronze können von sauren Böden angegriffen werden; bedingt durch die Oxidation laufen sie grün an. Auch Eisen kann oxidieren, wobei in diesem Fall Rostspuren zurückbleiben.

Die Erhaltung organischer Materialien hängt maßgeblich von der Bodenbeschaffenheit und den klimatischen Verhältnissen ab. Während saure Böden Holz und Knochen zersetzen, bleiben Knochen in Kalkböden erhalten. Ein erhöhter Salzgehalt wie in den Hallstätter Salzminen der Eisenzeit sorgt für eine ausgezeichnete Konservierung. In Hallstatt wurden sogar die Rucksäcke der eisenzeitlichen Bergleute gefunden. Auch Kupfer kann konservierend auf organische Stoffe wirken. Die Funde von Moorleichen in Nordeuropa zeigen, dass im Torfmoor unter Ausschluss von Sauerstoff selbst Haut und Haare konserviert werden, wohingegen der Säuregehalt die Knochen stark angreift. Und schließlich konnten auch die Briefe aus Vindolanda die Jahrhunderte nur deshalb überdauern, weil sie unter Ausschluss von Sauerstoff eingebettet im Sediment lagen.

Begünstigend wirken sich auch die klimatischen Bedingungen in Höhlen, insbesondere Kalksteinhöhlen, aus, in denen z. B. steinzeitliche Knochen, Pflanzenreste und Fußabdrücke entdeckt wurden. Die zahlreichen Funde aus dem alten Ägypten sind vor allem auf ein trockenes Klima zurückzuführen, was auch für die Funde aus Zentralasien und die Pueblo-Siedlungen im Südwesten der USA gilt. Ein tropisches Klima wiederum bewirkt das Gegenteil.

Darüber hinaus müssen die geborgenen Funde natürlich konserviert werden, um ihr Fortbestehen zu gewährleisten. Die Konservierung stellt eine Hauptaufgabe der modernen Archäologie dar, und zwar nicht nur der Funde, sondern auch der Fundorte.

Datierung

Bereits seit den frühesten Tagen der Archäologie war man an der Datierung der Funde interessiert. Das Dreiperiodensystem – die Einteilung in Stein-, Bronze- und Eisenzeit – wurde 1836 von dem dänischen Altertumsforscher Christian Jürgensen Thomsen begründet und gilt in modifizierter Form immer noch.

Der pauschale Begriff „Steinzeit“ wird heute kaum noch verwendet, stattdessen wird differenziert und von einem Paläolithikum, Mesolithikum und Neolithikum gesprochen. Das Neolithikum unterscheidet sich vom Paläolithikum durch die Domestikation von Tieren und Pflanzen sowie die Herstellung von gebrannten Tongefäßen. Die Übergangszeit zwischen Neolithikum und Bronzezeit wird heute als Kupferzeit bezeichnet, der sowohl der Gletschermann als auch die Funde von Varna zugerechnet werden. Auf die Bronzezeit folgt die Eisenzeit.

Diese Bezeichnungen erwecken manchmal den Eindruck, dass die Entwicklung über die geografischen Grenzen hinaus konstant verlief, was jedoch nicht der Fall ist. Während in einer Region eine neolithische Kultur vorherrschte, stellten die Bewohner einer anderen Region bereits Werkzeuge und Waffen aus Bronze her. Der Wandel vollzog sich nur allmählich. Zwei andere Beispiele: In Afrika wurde anscheinend nicht überall Bronze verwendet, und in Amerika gibt es aus der Zeit vor der Ankunft der europäischen Eroberer keinen Hinweis auf Eisen (außer bei den Wikingern). Neben der Epocheneinteilung wurden im 19. Jahrhundert auch Typologien zur chronologischen Einordnung von Artefakten erarbeitet.

Die Jahrringdatierung (Dendrochronologie) stellte einen entscheidenden Durchbruch dar. Die Breite des Jahresrings eines Baumes variiert je nach den klimatischen Bedingungen. Durch Überlagerung der Ringmuster verschiedener Bäume eines Gebiets lässt sich eine Baumringabfolge ermitteln, die aufgrund der überlappenden Lebenszeiten der Bäume viele Jahrtausende abdecken kann. Der Nachteil dieses ansonsten zuverlässigen Verfahrens besteht darin, dass eine

Holzprobe nur dann datierbar ist, wenn sie einer Region oder Jahrringchronologie zugeordnet werden kann.

Die 14C-Datierung wurde Ende der 1940er-Jahre von Willard Libby entwickelt und seitdem intensiv genutzt, wobei die Datierung von Jericho zu den spektakulärsten Enthüllungen dieser Methode zählte. Das in organischem Material (z. B. Pflanzenresten, Torf, Knochen, Muscheln) enthaltene radioaktive Kohlenstoff-Isotop 14C zerfällt nach dem Tod eines Organismus mit einer Halbwertszeit von 5730 Jahren, sodass das Material anhand des vorhandenen 14C-Restgehalts datiert werden kann. Die 14C-Datierung ermöglicht eine zuverlässige Altersbestimmung bis zu einer Zeitspanne von etwa 50 000 Jahren vor heute.

Für älteres Material stehen andere Verfahren zur Verfügung. Als Louis und Mary Leakey ihre ersten Entdeckungen in Olduvai machten, wendeten sie die Kalium-Argon-Datierung an, die mittlerweile durch die Argon-Argon-Datierung ersetzt wurde, da diese kleinere Proben benötigt. Bei diesen Verfahren, die insbesondere zur Datierung von Vulkangestein und Lava eingesetzt werden, wird durch Erhitzen der Proben der radioaktive Zerfall von Kalium zu Argon gemessen. Dadurch kann das Alter von Ablagerungen, die zwischen zwei unterschiedlich alten Gesteinsschichten liegen, ermittelt werden.

Gefahren

Die archäologischen Zeugnisse sind nach wie vor gefährdet. Krieg und Vandalismus haben in den vergangenen Jahren zur Zerstörung von archäologischen Denkmälern im Irak und der Plünderung von Museen beigetragen, wobei Letzteres vermutlich die größte Gefahr darstellt.

Werden Funde, die unschätzbare Informationen über eine Kultur bergen, gestohlen und aus ihrem Kontext entfernt, sind sie kaum noch von archäologischem Wert. Sie sind natürlich immer noch ästhetisch, selten oder ungewöhnlich, können aber nicht mehr datiert werden und zur Klärung der Umstände beitragen, unter denen sie gefunden oder hergestellt wurden. Wenn sie wie die meisten Zeugnisse in einer Privatsammlung verschwinden, sind sie für die Menschheit verloren. Der überaus profitable Antiquitätenhandel hat weltweit seine Schattenseiten. Von kambodschanischen Tempeln wurden Skulpturen entfernt, in Pompeji Fresken gestohlen, und noch immer werden etruskische Gräber geplündert.

Die Sammler fasziniert, was jeden archäologisch Interessierten anzieht: die Vergangenheit zu verstehen, eine Art Verbindung zu ihr herzustellen. Unsere Vergangenheit ist jedoch eine globale, für die gesamte Menschheit wertvolle Ressource. Als solche sollte sie betrachtet und natürlich genossen werden.

Gegenüberliegende Seite: Ein Archäologe legt in den Calico Hills, Kalifornien, mit Feinwerkzeugen einen paläolithischen Fund frei.

Oben: Die exakte Vermessung ist wichtiger Bestandteil der archäologischen Arbeit.

Europa

Die Neandertaler

1856 sprengten Steinbrucharbeiter im Neandertal bei Düsseldorf eine kleine Höhle frei und entdeckten dabei Knochen: Teile eines Schädels, einige Langknochen und Rippen. Die Arbeiter glaubten, sie hätten die Überreste eines Tieres gefunden, doch als sie die Knochen einem Naturforscher am Ort zeigten, erkannte dieser ihren Irrtum. Ließ sich der Schädel auch keinem Affen zuordnen, so glich er aber ebenso wenig dem eines anatomisch modernen Menschen, denn er hatte z. B. dicke Überaugenwülste. Nach und nach kamen an anderen Orten ähnliche Exemplare ans Tageslicht.

Mittlerweile erstrecken sich die Neandertalerfundstellen über ein großes Gebiet – es reicht von Gibraltar bis zur Höhle von Denisowa im Süden Sibiriens; hinzu kommt der Nahe Osten. Im Westen überlebten die Neandertaler anscheinend am längsten, bis vor etwa 30 000 Jahren. Die ältesten Fossilien mit eindeutigen Neandertalermerkmalen sind wahrscheinlich rund 300 000 Jahre alt.

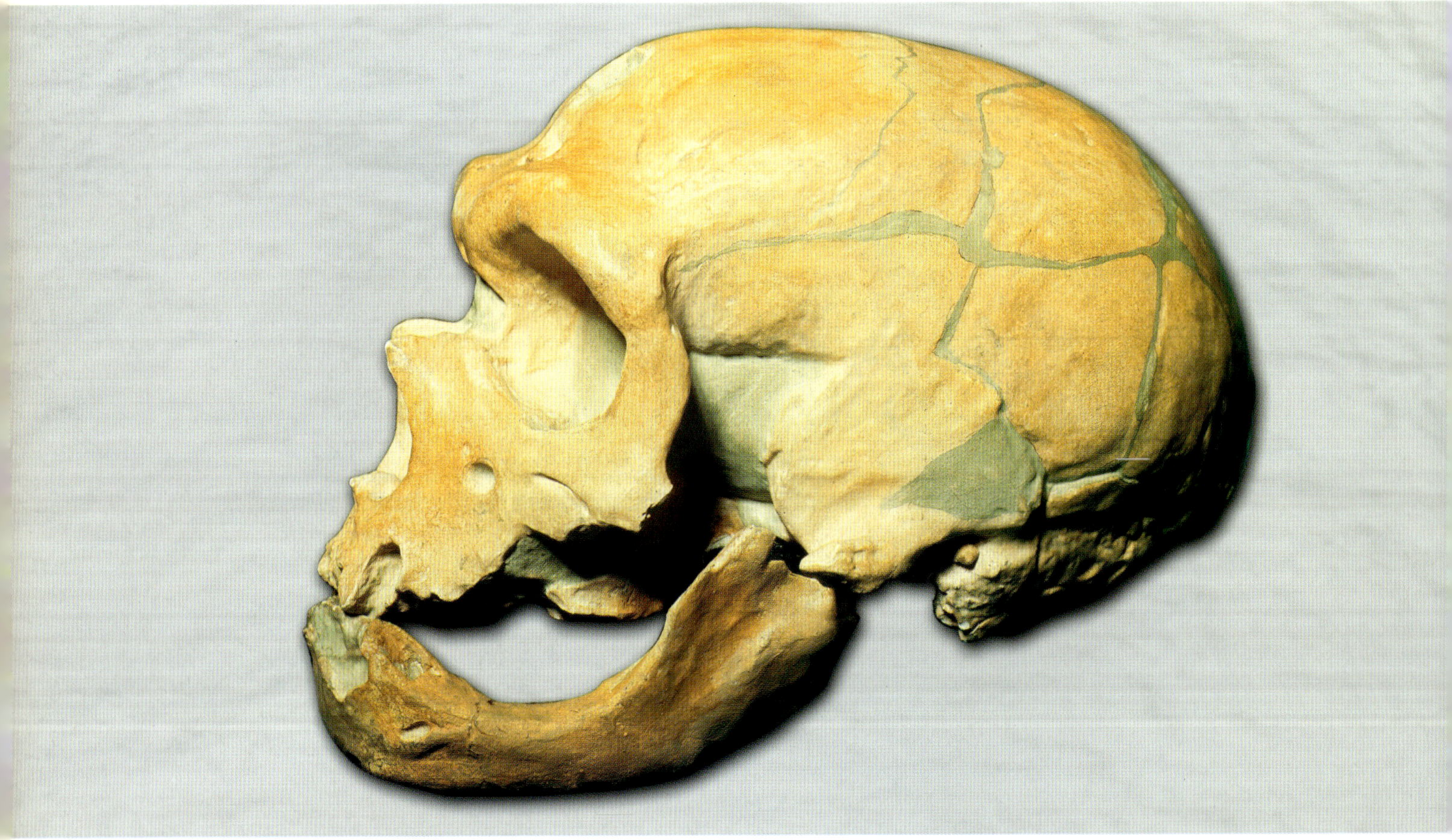

Neuere DNS-Studien belegen, dass alle heute lebenden Menschen Teil einer genetisch relativ einheitlichen Bevölkerung sind, die vor Hunderttausenden von Jahren in Afrika entstand. Die DNS der Neandertaler wurde 1996 untersucht, und man fand deutliche Unterschiede. Dies lässt darauf schließen, dass Neandertaler und moderne Menschen zwar einen gemeinsamen Vorfahren hatten, wahrscheinlich *Homo heidelbergensis,* ansonsten jedoch zu verschiedenen Ästen des evolutionären Stammbaumes gehören.

Die Neandertaler waren kleiner und stämmiger als der moderne Mensch und gut an ihre kalten Klimaverhältnisse angepasst. Ihre Knochen weisen ausgeprägte Muskelansätze auf und zeugen von einem kräftigen Körperbau. Dennoch sind an vielen Überresten Anzeichen von Verletzungen erkennbar, meist in Form von Knochenbrüchen, die oft verheilt sind. Die meisten Funde stammen von Menschen, die jünger als 40 Jahre alt waren.

Die Neandertaler verwendeten Werkzeuge, wie sie sich in ganz ähnlicher Form noch heute bei einigen Volksstämmen finden. Allerdings verfügten die Neandertaler im Vergleich dazu über ein weitaus geringeres Gerätespektrum. Das vorherrschende Rohmaterial war Stein; gelegentliche Funde zeigen, dass auch Holz für Speere und Grabstöcke zum Einsatz kam. Viele Neandertalerschädel haben stark abgenutzte Zähne. Selbst der Verzehr der zähsten Nahrungsmittel kann diesen Zustand kaum erklären; wir müssen also annehmen, dass sie ihre Zähne und kräftigen Kiefer benutzten, um beispielsweise Felle zur Weiterverarbeitung festzuhalten oder Gegenstände weich zu kauen. Sie lebten unter Felsdächern, aber man hat auch Lager im Freien gefunden. Bislang gibt es jedoch nur wenige Spuren von künstlichen Behausungen, sodass das genaue Aussehen derartiger Freilandstationen recht spekulativ ist.

Die Frage, wie die Neandertaler sich miteinander verständigten, wurde ebenfalls gestellt, und die Entwicklung der Sprache ist ein umstrittenes Thema. Anatomische Indizien deuten darauf hin, dass die Neandertaler wohl nicht zu einer komplexen Sprache fähig waren; das heißt, sie konnten vermutlich nicht alle notwendigen Laute bilden. Eines scheint aber nach Auswertung vieler Fundstätten klar zu sein: Einige Gruppen bestatteten einen Teil ihrer Toten. Überzeugende Beispiele für Kunstwerke der Neandertaler gibt es nicht.

Gegenüber: Ein Neandertalerschädel aus Italien. Die typischen Überaugenwülste sind klar erkennbar.

Rechts: Ein Faustkeil aus Feuerstein, gefunden in Swanscombe, England. Faustkeile dieses Typs stellten bereits die Vorfahren der Neandertaler her.

Was geschah mit den Neandertalern?

Obwohl das Klima in den Jahrtausenden, in denen die Neandertaler lebten, mehrmals wechselte, konnten sie sich anscheinend meist gut anpassen. Dennoch verließen sie offenbar während eines Kältemaximums vor rund 70 000 Jahren einige der kältesten Gegenden Mittel- und Osteuropas.

Vor etwa 40 000 Jahren kam ein weiterer Faktor ins Spiel: die anatomisch modernen Menschen, die im Grunde dieselbe ökologische Nische besetzten, ihre Ressourcen aber wohl effektiver nutzten. Es ist durchaus möglich, dass sie die Neandertaler ziemlich schnell in entlegene Gebiete wie Gibraltar verdrängten, bis diese schließlich ausstarben. Manche Forscher vertreten die Ansicht, dass sich die beiden Populationen vermischt haben – sie kannten einander sicherlich; aber das ist, vor allem angesichts der DNS-Befunde, unwahrscheinlich.

Unten: Der Name Neandertaler ist vom Neandertal abgeleitet. Dort wurden einige der ersten Neandertalerknochen gefunden.

Die Kunst der Eiszeit

Einige der ersten eiszeitlichen Kunstwerke wurden bereits in den 1830er-Jahren entdeckt, darunter eine verzierte Harpune und ein Rentierknochen, auf dem Hirschkühe eingraviert worden waren. Sie gehören zur Kleinkunst und werden in das sogenannte Jungpaläolithikum (der jüngste Abschnitt der Altsteinzeit) datiert, sind also ca. 10 000–35 000 Jahre alt. Weitere Funde dieser Art wurden 1878 auf der Pariser Weltausstellung gezeigt.

Die Suche nach Höhlenmalereien – Altamira und Lascaux

Don Marcelino Sanz de Sautuola, ein eifriger Antiquitätensammler aus Nordspanien, sah die Eiszeitkunst in Paris und war fasziniert. In der Hoffnung auf ganz ähnliche Entdeckungen kehrte er im folgenden Jahr zu einer Höhle bei Altamira zurück, wo er schon früher einmal dunkle Markierungen an der Wand bemerkt hatte. Als seine Tochter Maria, die ihn begleitete, beim Spielen nach oben schaute, erkannte sie zahlreiche Bisonbilder an der Decke. Es bestand eine starke Ähnlichkeit zwischen diesen Malereien und einigen der Kleinkunstwerke, die de Sautuola in Paris gesehen hatte, und so war er davon überzeugt, dass sie etwa gleich alt waren. Leider wurden seine Ideen in archäologischen Fachkreisen zunächst verworfen. Doch nach und nach kamen neue Entdeckungen hinzu, und allmählich änderten die Experten ihre Meinung. Im Jahr 1902 waren de Sautuolas Theorien anerkannt, und man datierte die Höhlenmalereien auf die Altsteinzeit.

Rasch folgten weitere Funde, nicht nur Höhlenmalereien, sondern auch Reliefs und sogar Darstellungen aus Lehm. Viele davon wurden in Frankreich, an Orten wie Pech-Merle und Montespan, entdeckt, andere in Spanien. Einer der außergewöhnlichsten und heute noch schönsten Fundorte ist Lascaux bei Montignac in der Dordogne. Entdeckt wurde er während des Zweiten Weltkrieges von vier Jungen, als sie bei einem Streifzug durch den Wald auf ein seltsames Loch stießen. Neugierig krabbelten sie hinein und zündeten eine Lampe an. Plötzlich erschienen Farben an den Wänden, wo immer sie hinleuchteten. Die Malereien von Lascaux sind erstaunlich gut erhalten; in einem hohen, engen Gang gibt es sogar Hinweise auf Gerüstkonstruktionen. Die Höhle selbst musste für die Öffentlichkeit geschlossen werden, weil die vielen Besucher ernsthafte Schäden anrichteten; aber in der Nähe wurde eine orignalgetreue Nachbildung gebaut. In Lascaux gibt es rund 600 Malereien und 1500 Gravierungen. Viele Pferde und Hirsche sind dargestellt, und die vier großen Stiere, die den Saal der Stiere dominieren, sind bis zu 5 m lang – die größten Tierbilder, die je gefunden wurden.

Jüngste Entdeckungen

Stetig werden neue Funde gemacht – durchschnittlich einer pro Jahr –, und jeder kann unsere Kenntnis über die Kunst und die jüngere Altsteinzeit drastisch verändern. In den letzten Jahren gab es beispielsweise vier fol-

Gegenüber: Dieser beeindruckende Bison ist einer von vielen an der Decke der Höhle von Altamira in Spanien.

Oben: Die Umrisse eines Pferdes in der Höhle von Tito Bustillo in Spanien. Die meisten Felsbilder sind einfarbige Umrisszeichnungen wie diese.

Links: Derzeit befinden sich die bedeutendsten Felsbilder konzentriert in Südfrankreich und auf der Iberischen Halbinsel.

genreiche Entdeckungen. So wurde man in Portugal an einem mindestens 16 km langen Küstenstreifen im Côa-Tal auf Felsgravierungen im Freien aufmerksam, ebenso an nahe gelegenen spanischen Orten. Sie deuten darauf hin, dass die meisten Kunstwerke der Eiszeit im Freien geschaffen wurden; die Bilder in den Höhlen waren offenbar nicht häufiger, sondern nur besser geschützt. Der Eingang der an der französischen Mittelmeerküste gelegenen Höhle Cosquer befindet sich heute unter Wasser, und einige Teile sind überflutet. Als die Kunstwerke vor etwa 18 000–27 000 Jahren entstanden, war sie dagegen trockenen Fußes zugänglich. Viele Kunstwerke mögen also durch den Meeresspiegelanstieg verloren gegangen sein. Cosquer ist einzigartig und enthält Bilder von Meerestieren, z. B. von Robben. 2003 stießen Archäologen in den Cresswell Crags in Großbritannien auf steinzeitliche Gravierungen, darunter die Umrisse eines Steinbocks. Dadurch erweiterte sich das Verbreitungsgebiet von Felsbildern um rund 440 km nordwärts. Kleinkunstwerke waren aus Großbritannien bereits bekannt, aber dies war das erste Mal, dass ein Felsbild entdeckt wurde. Heute sieht es so aus, als sei Cresswell die Nordgrenze eines Gebietes, das Jäger und Sammler durchstreiften.

Chauvet

Die Chauvet-Höhle im Tal der Adrèche, Südfrankreich, zählt wohl sicherlich zu den bedeutendsten Entdeckungen der jüngsten Zeit. Im Dezember 1994 erkundete der Höhlenforscher Jean-Marie Chauvet mit zwei Freunden wieder einmal die Umgebung, als sie auf einem kleinen Berg eine Felsnische bemerkten. Es war im Wesentlichen ein schmaler Eingang mit etwas Geröll im hinteren Teil. Sie glaubten, einen Luftzug zu spüren, beseitigten einigen Schutt und entdeckten die Öffnung eines engen Tunnels, der in den Berg führte. Er war der Anfang eines komplexen Höhlensystems. Sie konnten in eine riesige unterirdische Kammer vordringen, wo sie u. a. einen roten Handabdruck an der

Rechts: Blick auf die Malereien in der Höhle von Lascaux in Frankreich, die Kinder in den 1940er-Jahren entdeckten. Die beeindruckenden Malereien in der Chauvet-Höhle fand man erst in den 1990er-Jahren. Die Radiokarbondatierung der Holzkohle, die als schwarze Farbe benutzt worden war, und der Kohle aus den Feuerstellen ergab ein sehr hohes Alter von etwa 32 000 Jahren. Allerdings ist das umstritten, vor allem weil die Malereien stilistisch sehr ausgereift sind.

Wand entdeckten. Da es in anderen Steinzeithöhlen ähnliche Funde gibt, wussten sie, dass der Abdruck vor Zehntausenden von Jahren entstanden war.

Dann fanden sie herrliche Tierdarstellungen, darunter Rinder, Pferde und Mammuts. Sie entdeckten zudem Knochen von Höhlenbären, die offenbar hier gehaust hatten; einige Knochen ließen jedoch eine absichtliche Deponierung erkennen. Auf dem Boden befanden sich Überreste von Feuerstellen, und brennende Fackeln hatten Rußflecken an den Wänden hinterlassen. Und schließlich waren Fußabdrücke der Künstler, die hier einst auf schlammigem Boden hin und her gegangen waren, immer noch sichtbar.

Es sind faszinierende Malereien, darunter Gruppen von Tieren, mit perspektivischer Wirkung, und Raubtiere, die über die Wände schleichen. Man sieht Löwen, einen Panther und ein Tier, das einer Hyäne gleicht. Die beiden Letzteren sind ebenso einzigartig wie ein Uhu. Aber das

Oben: Menschliche Figuren kommen auf Felsbildern selten vor. Diese, aus Lascaux, wird als Schamane, Zauberer oder Jäger gedeutet. Die Malerei stellt, mit aller gebotenen Zurückhaltung interpretiert, wohl eine Jagdszene dar, wenngleich mit höchst symbolischen Elementen. Der Bison wurde offenbar mit einem Speer am Bauch verletzt.

ist längst nicht alles: Man entdeckte beispielsweise zahlreiche Darstellungen von Nashörnern und Großkatzen. Die Kunstwerke in der Chauvet-Höhle sind sehr ausgereift. Oft wurden die Wände vor dem Bemalen bearbeitet, und manche Umrisse wurden eingeritzt und dann bemalt, damit sie deutlicher hervortraten. Die natürliche Form der Wände wurde bewusst einbezogen, um einen dynamischeren Eindruck zu vermitteln, und die Farben sind so geschickt aufgetragen, dass eine Tiefenwirkung erzeugt wird. Vor allem schwarze Tiere wurden mithilfe der Wischtechnik schattiert.

Roter Ocker lieferte ein tiefes Rot, das an Terrakotta erinnert. Das häufig verwendete Schwarz stammt von Holzkohle und konnte zusammen mit Kohleteilchen aus den Feuerstellen zur Radiokarbondatierung herangezogen werden. Das Ergebnis verblüffte alle: Die ältesten Bilder sind demnach 32 410 ± 720 Jahre alt. Falls der Wert korrekt ist, handelt es sich um die bislang ältesten Belege steinzeitlicher Höhlenkunst, die wichtige Hinweise zur Entstehung von Kunst liefern. Allerdings ist die Datierung umstritten.

Die Technik der Höhlenmalerei

Gravierungen waren wohl die beliebteste Methode, Höhlenwände zu dekorieren, und wahrscheinlich eine der einfachsten: Die Fläche wurde mit einem spitzen Stein, vielleicht mit einem Feuerstein, bearbeitet. Schlichte Umrisszeichnungen von Tieren kommen ebenfalls recht häufig vor; bunte oder zweifarbige Malereien sind seltener, Gleiches gilt für Figuren, die aus Lehm geformt wurden, und Reliefs.

Unebenheiten wie Wölbungen und Risse in den Höhlenwänden wurden oft in die Gestaltung einbezogen, und möglicherweise wurde die Wand, wie in Chauvet, vorbereitet. Farben wurden mit den Fingern oder Werkzeugen aufgetragen – mit einem Felltupfer, weichen Stöckchen und anderen Dingen, die eine ähnliche Wirkung wie Pinsel hatten. Farben wurden auch regelrecht aufgesprüht, die Hände dienten dabei manchmal als Schablonen: Der Künstler drückte eine Hand an die Wand und trug dann die Farbe auf. Wenn er die Hand entfernte, blieb ihr Negativ mit dem farbigen Umriss zurück. Die Analyse der Farbstoffe gibt Auskunft über ihre genaue Zusammensetzung. Das Mineral Eisenoxid war z. B. die Grundlage für rote Farbe, und das Schwarz besteht meist aus Holzkohle, die – wie im Fall der Chauvet-Höhle – zur Datierung verwendet werden kann. Darüber hinaus stellte sich bei Pigmentanalysen heraus, dass an manchen Malereien mehrere Male gearbeitet worden war. Es handelt sich also nicht um Werke, die ein Künstler vollendete und die danach niemand mehr änderte. Einige Bilder wurden anscheinend retuschiert, manche Stellen erneut verwendet.

Pferde, Rinder und Bisons sind häufig dargestellt, ebenso Steinböcke und Hirsche. Große und gefährliche Tiere wurden offenbar häufiger in der frühen Phase des Jungpaläolithikums (der jüngste Abschnitt der Altsteinzeit) dargestellt, Vögel und Fische findet man öfter auf Kleinkunstwerken als an Wänden. Die Tiere sind immer ausgewachsen und werden im Profil dargestellt. Bilder von Menschen sind selten, aber es gibt viele abstrakte Motive, sogenannte Zeichen. Sie können einfach sein – Punkte und Linien –, aber auch viel komplexer. Viele Deutungen wurden vorgeschlagen, von astronomischen Hinweisen bis zu Stammesmarkierungen. Die Künstler waren sehr kreativ, was die Platzierung der Bilder anbelangt. In mehreren Höhlen befindet sich der üppigste Dekor an Stellen mit der besten Akustik.

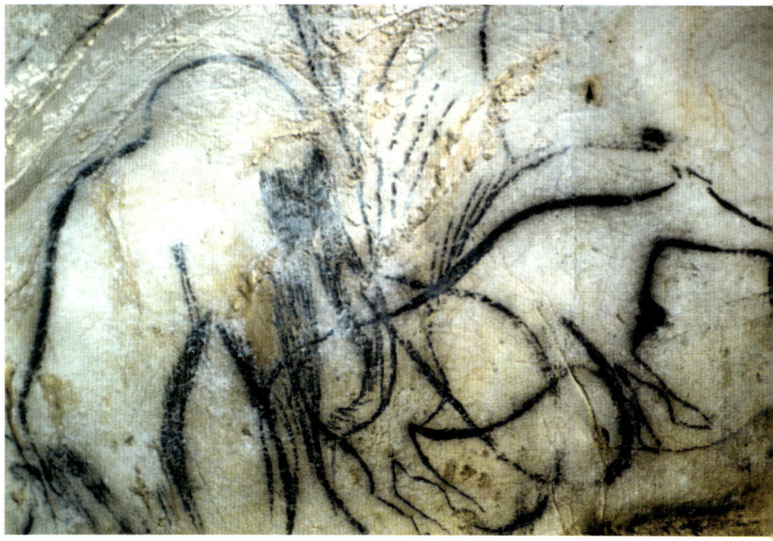

Links: Ein Handnegativ und möglicherweise symbolische „Zeichen" – die roten Punkte – in Pech-Merle, Frankreich. Um eine solche Wirkung zu erzielen, wurde Farbe durch ein Rohr oder direkt mit dem Mund um die Hand herum gesprüht. Die Darstellung ist 24 000–25 000 Jahre alt.

Oben: Tierdarstellungen in Pech-Merle.

Die Welt der Eiszeitjäger

Das eiszeitliche Europa sah ganz anders aus als heute. Im Norden waren weite Gebiete von Eis bedeckt, zwischen England und dem Kontinent gab es noch Landbrücken, sowohl über den Kanal als auch über die Nordsee. Die als Doggerbank bekannte Sandbank ist Teil dieser Landmassen, die nun unter Wasser liegen. Zahlreiche ausgebaggerte Fundstücke zeigen, dass diese Region anscheinend besonders reich an Beutetieren war, und es gibt Hinweise auf Siedlungen von Menschen. Die Küstenlinien verliefen anders als heute, das Klima dürfte überwiegend kalt und trocken gewesen sein.

Riesige Herden von Rentieren, Wildpferden und Bisons zogen über das Land, das einer Tundra oder Steppe glich. Es gab Mammuts, deren Knochen die Menschen vor allem im Osten zum Bau von Behausungen verwendeten, da Holz dort oft fehlte. Viele Jäger des Jungpaläolithikums haben sich offenbar auf bestimmte Beutetiere spezialisiert, je nach den örtlichen Bedingungen. Die südlichen Gebiete Westeuropas waren viel stärker bewaldet. Dort wurden vor allem Hirsche, Steinböcke oder Gemsen gejagt, während in den nördlicheren und kälteren Regionen Rentieren und Wildpferden eine große Bedeutung zukam.

Die Menschen waren nicht sesshaft, sondern sehr mobil; das bestätigen Feuersteine, Muscheln und Fossilien, deren Herkunft bekannt ist. Sie legten im Laufe der Jahreszeiten offenbar große Entfernungen zurück und waren mit ihrem Streifgebiet gut vertraut. Es gibt Belege dafür, dass sie ihr Lager bewusst entlang der Wanderwege der Tiere aufschlugen – sie hatten also eine genaue Kenntnis vom Verhalten der Tiere. Die Jagd zwischen großen Herdenzügen setzte zudem eine gewisse Kommunikation und Zusammenarbeit voraus. Einige der entdeckten Siedlungen, z. B. jene von La Madeleine in Frankreich und Dolni Vestonice in Tschechien, waren recht groß, was darauf schließen lässt, dass dort mehrere Familien zusammenlebten und -arbeiteten. Natürlich gibt es – wie immer – auch andere Erklärungen.

Unten: Steinböcke und Pferde in der Höhle von Lascaux.

Die Deutung der Steinzeitkunst

Seitdem im 19. Jahrhundert die ersten steinzeitlichen Kunstwerke entdeckt wurden, wird endlos über ihren Zweck spekuliert. Haben die Künstler einfach festgehalten, was sie sahen? Waren es Symbole, und wenn ja, wofür standen sie? Die meisten bisherigen Deutungen spiegeln jedoch eher den jeweiligen Zeitgeist wider und sagen weniger über die Eiszeitkunst selbst aus.

Einige der ersten Interpretationen des beginnenden 20. Jahrhunderts zogen völkerkundliche Vergleiche und brachten die Kunst mit Jagd- und Fruchtbarkeitsmagie in Verbindung. In den 1960er-Jahren erarbeitete André Leroi-Gourhan eine komplexere Lösung auf der Grundlage des Strukturalismus. Seiner Meinung nach haben die Felsbilder vor allem „männliche“ oder „weibliche“ Züge. Pferde standen z. B. für Männlichkeit, Bisons für das Weibliche. Bilder „weiblicher“ Tiere seien hauptsächlich im mittleren Teil der Höhlen zu finden, während die „männlichen“ breiter verteilt seien. Nach dieser Theorie sind die gefährlichsten Tiere an den am schwersten zugänglichen Orten dargestellt. Leroi-Gourhans Deutungsansatz war einige Zeit einflussreich; aber genauere Analysen und neuste Funde belegen, dass die Tierbilder überraschend willkürlich verteilt sind.

Etwas später standen astronomische Deutungen im Mittelpunkt, und seit Kurzem sehen manche in den Bildern eine Methode zur Weitergabe wichtiger Informationen. Andere Interpretationen der jüngsten Zeit legen großes Gewicht auf den Schamanismus, bewusstseinsverändernde Drogen und Experimente mit Halluzinogenen.

In Wahrheit werden wir es nie genau wissen. Außerdem dürfen wir nicht vergessen, dass diese Kunst während eines außergewöhnlich langen Zeitraumes – wahrscheinlich rund 20 000 Jahre – in einem großen Gebiet geschaffen wurde. Ein Künstler an einem bestimmten Ort und in einer bestimmten Zeit hatte möglicherweise völlig andere Vorstellungen als ein anderer, der viel später und weit entfernt ähnliche Werke schuf. Fast jede bisherige Deutung könnte ein wenig Wahrheit enthalten, und sicherlich gab es viele und komplexe Gründe, Kunstwerke zu schaffen.

Unten: Dieser etwa daumengroße Elfenbeinkopf stammt aus Brassempouy in Frankreich. Er ist einer der wenigen Funde in Westeuropa, auf denen Gesichtszüge angedeutet sind. Man fand ihn 1894.

Kleinkunst

Malereien und Ritzzeichnungen an Felsen sind nicht die einzigen erhaltenen Kunstwerke aus der jüngeren Altsteinzeit, die vor rund 12 000 Jahren zu Ende ging. Es gibt auch Kleinkunst: kleine Skulpturen sowie geschnitzte und geritzte Werke. Sie waren übrigens die ersten, die man dieser Epoche zuordnen konnte.

Einige der Gravierungen – z. B. die in La Madeleine, Frankreich, gefundene Darstellung eines Wisents, der sich die Flanke leckt, gefertigt aus Rentiergeweih – sind sehr realistisch und zeugen von guter Beobachtungsgabe des Künstlers. Werke wie dieser Wisent und andere Tiere, mit denen funktionale Objekte wie Speerschleudern verziert sind, bedürfen wohl keiner Erklärung; dennoch hat man sie zeitweise, gegen Ende des 19. Jahrhunderts, mit Magie in Verbindung gebracht. Andere Kunstwerke sind weniger eindeutig, darunter viele Skulpturen von Frauen, die als „Venus-Statuetten" bekannt sind, und eine seltsame, teils tierische, teils menschliche Figur. Die rund 28 cm große Skulptur wurde aus einem Stück Mammutelfenbein geschnitzt und trägt einen Löwenkopf. Der sogenannte Löwenmensch wurde in der Höhle Hohlenstein-Stadel in Süddeutschland gefunden.

Wie die Funde in der Chauvet-Höhle sind einige Kleinkunstwerke überraschend alt. Der Löwenmensch ist rund 32 000 Jahre alt. Ein ähnliches Alter schreibt man der Figur einer Frau zu, die als tanzende Venus vom Galgenberg bekannt ist und 1988 in einem jungpaläolithischen Siedlungsplatz an der Donau gefunden wurde. Trotz ihres Namens unterscheidet sie sich recht deutlich von den anderen Venus-Statuetten, die zu den bekanntesten Beispielen der Eiszeitkunst gehören.

Oben rechts: Kleine Frauenfiguren, als Venus-Statuetten bekannt, entstanden überall im eiszeitlichen Europa. Eine der bekanntesten ist diese Venus von Willendorf, einem Fundplatz an der Donau. Sie ist aus Kalkstein geschnitten und könnte einst rot bemalt gewesen sein.

Rechts: Viele Venus-Statuetten weisen ähnliche Merkmale auf. Diese ist aus Elfenbein geschnitzt und stammt aus Lespugue in Frankreich, einer flachen Höhle oberhalb einer Schlucht. Die Figur wurde angeblich in einer Feuerstelle im Inneren der Höhle gefunden.

Den Forschungen zufolge wurden sie hauptsächlich zwischen 27 000 und 23 000 Jahren v. h. (vor heute) geschaffen, haben also eine lange künstlerische Tradition. Eine der berühmtesten ist die Venus von Willendorf, die ebenfalls am Ufer der Donau gefunden wurde. Diese aus Kalkstein geformte Figur ist etwa 11 cm hoch und besaß offenbar einen Kopfschmuck oder geflochtenes Haar. Die Figuren wurden in der Regel aus weichem Stein, z. B. Steatit, oder aus Mammutelfenbein geschnitzt. Die Schwarze Venus aus Dolni Vestonice besteht dagegen aus gebranntem Ton. Bei den meisten dieser Figuren sind die Brüste und das Gesäß stark betont.

Es überrascht nicht, dass über ihren Zweck viel spekuliert wird, wobei die Theorien wohl mehr über ihre Verfechter selbst als über die Figuren aussagen. Unter anderem hat man sie als Fruchtbarkeits- oder Geburtstalismane, allgemeine Symbole der Weiblichkeit oder Darstellungen einer Göttin interpretiert. Von vielen Figuren wissen wir nicht, mit welchen anderen Objekten sie gefunden wurden, oder wir kennen nicht einmal den Fundort. Einige der französischen Exemplare wurden anscheinend in Höhlen bewusst verborgen deponiert, andere vergraben, und einige – etwa die Schwarze Venus – fand man inmitten der steinzeitlichen Siedlungsreste. Manche lassen noch Spuren von Ocker erkennen, und man hat den Eindruck, als seien sie „bekleidet" gewesen. Die Funde sind geografisch weit verteilt und zeigen Unterschiede. Bei den sibirischen Figuren sind die Brüste beispielsweise viel weniger hervorgehoben, die Gesichtszüge dagegen ausgeprägter. Es gibt enorm viele Varianten, und darum ist es wahrscheinlich ein Fehler, all diese Statuetten einheitlich zu beurteilen. Sie können durchaus verschiedenen, vielleicht mehreren, Zwecken gedient und viele Bedeutungen gehabt haben; das Thema aber war wohl immer das gleiche: Frauen.

Das Ende der Eiszeit

Die Durchschnittstemperatur begann zu steigen, und die Gletscher zogen sich allmählich zurück. Der Meeresspiegel stieg, als Schmelzwasser in die Ozeane zurückfloss, und die Wälder breiteten sich nach Norden aus. Das führte zu unwiderruflichen und grundlegenden Veränderungen. Hatte einst in Nord- und Mitteleuropa die Tundra oder Steppe dominiert, so bestimmten nun dichte Wälder das Landschaftsbild. Die großen Rentierherden verschwanden, und andere Spezies traten, einhergehend mit der neuen Vegetation, an ihre Stelle: Rothirsche, Wildschweine, Auerochsen. Folglich mussten sich die Jagdmethoden ändern. Archäologische Funde deuten darauf hin, dass die Menschen bald in kleineren Gruppen und viel weiter verteilt lebten. Alles änderte sich.

Unten: Die Tierfigur aus Elfenbein stammt aus der Vogelherd-Höhle in Deutschland. Man deutet sie als Bär, Höhlenlöwe, Hyäne oder sogar als Nashorn.

Skara Brae

Im Winter 1850 fegte ein außergewöhnlich heftiger Sturm über die Orkney-Inseln an der Nordküste Schottlands. Er riss das Gras einer hohen Düne an der Bucht von Skaill fort und legte einen riesigen steinzeitlichen Abfallhaufen frei: Torfasche, Muscheln, Knochenfragmente und ähnliche, mit Sand vermischte Reste, aber auch einige überraschende Ruinen.

Häuser der Jungsteinzeit

Die vom Sturm enthüllten Ruinen waren die Überreste alter Häuser. Wie sich herausstellte, handelte es sich um eine Siedlung aus der Jungsteinzeit, die zwischen 3100 und 2500 v. Chr. datiert wird und damit zeitgleich zu einigen megalithischen Ruinen auf den Orkneys ist. Die Häuser lagen nahezu wie eingebettet in dem enormen Abfallhaufen und erregten nicht nur wegen ihres Alters Erstaunen, sondern auch deshalb, weil so viele von ihnen erhalten geblieben waren. Manche Wände standen noch; sie waren bis zu 3 m dick und wurden vom Abfallhaufen gestützt. Noch ungewöhnlicher waren die unversehrten Möbel und Einrichtungsgegenstände – man hatte sie aus Steinen hergestellt, da der Baumbestand auf den öden, sturmgepeitschten Orkneys sicherlich schon damals recht spärlich und Holz somit eine Rarität war. Die Betten und Schränke bestehen aus Steinplatten und vermitteln einen ungewöhnlich guten Eindruck davon, wie ein Haus vor 5000 Jahren ausgesehen haben mag.

Die nach dem gleichen Grundmuster errichteten Häuser waren durch Gänge miteinander verbunden. Jedes Haus hatte eine einzige, etwa 1 m hohe Tür und einen zentralen Herd, umgeben von Möbeln, die man in die Wände und in den Boden eingebaut hatte. Steinerne Bettsockel standen an beiden Seiten; wahrscheinlich bedeckte man sie einst – zum besseren Komfort – mit Adlerfarn und Fellen. Außerdem gab es einige „Kommoden". Diese in Fächer unterteilten Schränke enthielten vielleicht persönliche Gegenstände, Nahrungsmittel oder Kultobjekte. Genaueres wissen wir nicht. Ebenso ungewiss ist der Zweck der mit Steinen eingefassten Gruben in den Fußböden; da die Fugen wasserdicht waren, wird vermutet, dass sie Wasser enthielten. Eventuell wurden darin Schalentiere aufbewahrt, möglicherweise Napfschnecken, die als Fischköder oder sogar als Nahrung gedient haben mögen.

Unten: Skara Brae liegt auf den Orkney-Inseln vor der Nordküste Schottlands.

Gegenüber: Luftaufnahme der jungsteinzeitlichen Siedlung Skara Brae, die schwere Stürme im Jahr 1850 freilegten. 1925 richtete das Wetter weitere Schäden an. Danach wurde ein Damm errichtet, um die Fundamente zu sichern. Die Aufnahme verdeutlicht, dass die Häuser miteinander verbunden waren, meist durch Gänge, deren Überdachung zum Teil immer noch erhalten ist.

Oben: Das Innere eines Hauses von Skara Brae. Zu sehen sind die Bettsockel und die „Kommode". Ihnen gegenüber befindet sich der etwa 1 m hohe Eingang. Durch die kleinere Öffnung in der hinteren Wand gelangt man in einen engen Gang zwischen diesem Haus und dem Nachbarhaus. Er führt in eine 1,2 qm große und 1,3 m hohe Nische, in der 1928 rund 2400 Perlen, mehrere Nadeln und Anhänger sowie eine kleine, mit roter Farbe gefüllte Schale aus Walknochen gefunden wurden.

Das tägliche Leben

Möbel und Einrichtung waren nicht die einzigen Hinweise auf das Leben in der Siedlung Skara Brae. Man fand weitere Objekte aus Stein, aber auch aus Knochen, sowie Töpferware. Anscheinend hielten die Menschen Rinder und Schafe und ernährten sich zu einem großen Teil von Meeresfrüchten, Wild und Pflanzen. Die Nahrungsmittel (vielleicht auch andere Dinge) wurden in Töpfen aufbewahrt; das Werkzeug für die Bearbeitung der Felle bestand aus Knochen. Darüber hinaus entdeckte man Perlen – hergestellt aus Stein, Tierzähnen, Knochen, Muscheln und Walrosselfenbein –, Nadeln aus Knochen und Elfenbein sowie mehrere Schalen aus Walknochen. Mindestens zwei kleine Schalen enthielten rote Farbe. Vielleicht benutzten die Einwohner roten Ocker, um ihre Körper oder ihre Produkte zu verzieren. Außerdem besaß die Siedlung bedeckte Abwasserkanäle.

Oben: Die lange Platte auf dem Boden dieser Hütte war wahrscheinlich ein Pfeiler. Unter ihr fand man Bruchstücke eines Topfes, den sie offenbar beim Umfallen zertrümmerte. Unter dem Fundament der Mauern wurden die Skelette von zwei älteren Frauen entdeckt; sie waren eindeutig bewusst dort begraben worden. Möglicherweise sollten ihre Geister die Siedlung schützen.

Rechts: Das Innere der Grabkammer in Maes Howe auf Orkney. Der Gang zeigt auf den Punkt, an dem die Sonne während der Wintersonnenwende untergeht. Nahezu analog dazu ist der Eingang des zentralen Hauses in der nahe gelegenen Siedlung Barnhouse, die Maes House hinsichtlich der Bauweise recht ähnlich ist, auf den Sonnenaufgang während der Sommersonnenwende ausgerichtet.

Neuere Entdeckungen und die Megalithen

So bemerkenswert und gut erhalten Skara Brae auch sein mag, die Sieldung ist nicht einzigartig auf Orkney. Man hat weitere, ähnliche Siedlungen gefunden, deren Erforschung teils erstaunliche neue Erkenntnisse lieferte. Im sogenannten Knap of Howar entdeckte man im Inneren eines Hauses, das auf etwa 3600–3100 v. Chr. datiert wird, sehr viel Getreide, was darauf hindeutet, dass in dieser nördlichen Region schon zu jener Zeit Landwirtschaft praktiziert wurde. In eine ähnliche Richtung weisen auch Spuren frühen Ackerbaus auf den nahe gelegenen Shetlandinseln.

In Barnhouse fand man eine Steinsiedlung, die jener in Skara Brae ähnelt. Mehrere Häuser waren um ein großes zentrales Gebäude herum gruppiert, dessen Eingang dem Punkt zugewandt war, an dem die Sonne am Morgen der Sommersonnenwende aufgeht. Sehr wahrscheinlich ist das kein Zufall. Die Steine von Stenness, ein bedeutendes Megalithmonument, und die Anlage von Maes Howe befinden sich ganz in der Nähe der Siedlung Barnhouse. Maes Howe ist ein künstlicher Hügel mit einer steinernen Grabkammer im Inneren. Diese Kammer und das Zentralgebäude in Barnhouse weisen einige Ähnlichkeiten hinsichtlich ihres Baustils auf. Die Grabkammer in Maes Howe ist so ausgerichtet, dass die letzten Strahlen der untergehenden Sonne während der Wintersonnenwende in den Eingang fallen.

Vor Kurzem entdeckte man noch zwei Häuser, eines in der Nähe des Ringes von Brodgar (ebenfalls ein Steinkreis), weitere in der Nähe eines Ganggrabes. Es wird mitunter vermutet, dass die Menschen in Barnhouse die „Herren" der Steine von Stenness waren, und das Gleiche gilt möglicherweise für das Haus am Steinkreis von Brodgar und für andere Monumente. Es mag durchaus eine Verbindung bestanden haben, doch gibt es bisher keine Hinweise auf ungewöhnliche, einem bestimmten Zweck dienende Aktivitäten in den Siedlungen.

Rechts: Bei Ausgrabungen auf Orkney wurde kürzlich ein jungsteinzeitliches Haus in der Nähe des Ringes von Brodgar entdeckt, der hier in Schnee gehüllt zu sehen ist – Witterungsverhältnisse, wie sie dort oft herrschen.

Varna

Im Jahr 1972 stießen Arbeiter, die in der Nähe der bulgarischen Stadt Varna Kabel verlegten, auf ein Grab. Es lag im ehemaligen Küstenbereich einer Bucht des Schwarzen Meeres und erwies sich als sehr alt. Es war das erste Grab eines großen Friedhofes aus der Kupferzeit, der hier freigelegt wurde, und enthielt erstaunlich viele Grabbeigaben, oft aus Gold.

Zwischen 1972 und 1986 wurden unter der Leitung von Ivan Ivanov geschätzte drei Viertel des Gräberfeldes ausgegraben. Der Friedhof von Varna wird zwischen 4500 und 4000 v. Chr. datiert; es handelt sich somit um die älteste große Goldfundstätte der Welt. Zu den weiteren Funden gehören neben Kupfer Artefakte aus Feuerstein und Muscheln, deren Herkunft sich ermitteln ließ. Die Menschen, die ihre Toten in Varna begruben, hatten offensichtlich umfangreiche Handelsbeziehungen.

Die Gräber

Die Funde waren so außergewöhnlich, dass man bei der Beschreibung nicht ohne Zahlen und Prozentsätze auskommt. In Varna wurden 281 Gräber freigelegt, von denen 61 Gold enthielten. 23 hatten keine Beigaben; im Vergleich dazu fand man aber in rund 60 Prozent der übrigen Gräber eine bis zehn Beigaben. Die meisten restlichen waren noch reicher ausgestattet.

20 Prozent der 281 Gräber waren Kenotaphe, symbolische Gräber ohne Spuren von menschlichen Überresten. Das meiste Gold wurde in diesen symbolischen Gräbern gefunden, von denen drei besonders herausragten. Das erste enthielt 216 goldene Objekte, die insgesamt 1092 kg wogen, das zweite zählte 339 Objekte mit einem Gesamtgewicht von 1518 kg, und das dritte war mit 857 Gegenständen am reichsten ausgestattet.

Nicht minder beeindruckend war das Grab 43. Es handelte sich um die Bestattung eines ca. 1,75 m großen Mannes, der im Alter von 40–50 Jahren gestorben war. Bei ihm entdeckte man fast 1000 Goldobjekte sowie Kupferbeile und ein „Zepter", dessen Holzgriff mit Streifen aus reinem Gold beschlagen war. Große Armreifen zierten seine Oberarme und Perlen seinen Hals; darüber hinaus trug er ein goldenes Penisfutteral.

Die meisten goldenen Objekte waren Ornamente – sie wurden auf Stoffe genäht, im Haar oder am Körper getragen; mit manchen verband sich dagegen wohl eher eine symbolische Bedeutung. Alle Grabbeigaben dienten anscheinend der Zurschaustellung. Das gilt auch für die Objekte aus Kupfer und Stein, die man durchaus gut tragen oder fur zeremonielle Zwecke benutzen konnte. Die Werkzeuge aus hochwertigem Feuerstein hatte man aus lang gestreckten Grundformen herausgearbeitet. Das Gros der Kupferfunde sind Beile, aber es gibt auch viele andere Gegenstände wie Nadeln und Ringe. Viele Kupferobjekte waren Kopien von Gegenständen, die gewöhnlich aus einfacherem Material hergestellt wurden, etwa aus Geweih oder Stein.

Die Metallbearbeitung

In jener Zeit konnten die Menschen immer besser Gefäße bei hoher Temperatur brennen. Die dafür notwendigen Fertigkeiten ließen sich recht leicht auf die Metallbearbeitung übertragen, was u. a. erklärt, warum von nun an auch Kupfer- und Goldgegenstände unter den archäologischen Funden auftauchen. Gold war relativ einfach zu bearbeiten. Die Goldschmiede von Varna hämmerten dicke Bleche, die sie dann weiterverarbeiteten. Anders verhielt es sich mit Kupfer. Das Metall wird aus dem Erz bei einer Temperatur von etwa 1000 °C geschmolzen; ferner benötigt man hitzebeständige Behälter und ein Reduktionsmittel, wie etwa Kohlenmonoxid, das durch Holzverbrennung erzeugt werden kann. Die frühesten Versuche der Metallbearbeitung gab es im Iran. In Europa finden sich die ersten Hinweise im Balkan, wobei das Erz in den Karpaten gewonnen wurde.

Gegenüber: Grab 43 in Varna. Der Tote wurde mit fast 1000 Goldgegenständen bestattet, darunter auf Stoff genähte Goldscheiben unterschiedlicher Größe.

Unten: Die großen Löcher in diesem goldenen Stier aus Varna sollten wahrscheinlich die Befestigung an Kleidern ermöglichen.

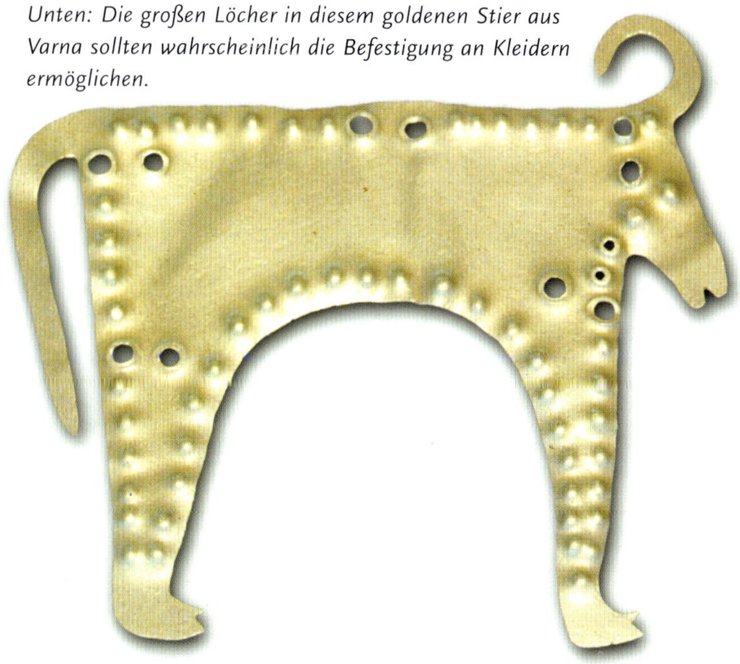

Der Gletschermann

Ein deutsches Ehepaar, das in der Nähe des Similaun-Gletschers hoch im österreichischen Tirol wanderte, machte eine der erstaunlichsten Entdeckungen der neueren Archäologie. Am 19. September 1991 bemerkten die beiden einen teilweise aus dem Eis herausragenden Körper. Sie dachten, der Mann sei vielleicht seit 20 Jahren tot. Einige Tage später brachte man den Körper zusammen mit in der Nähe gefundenen Gegenständen ins gerichtsmedizinische Labor von Innsbruck. Dort stellte sich heraus, dass der Leichnam außergewöhnlich alt war. Bald bestätigten die Untersuchungen, dass der Mann vor rund 5000 Jahren gestorben war.

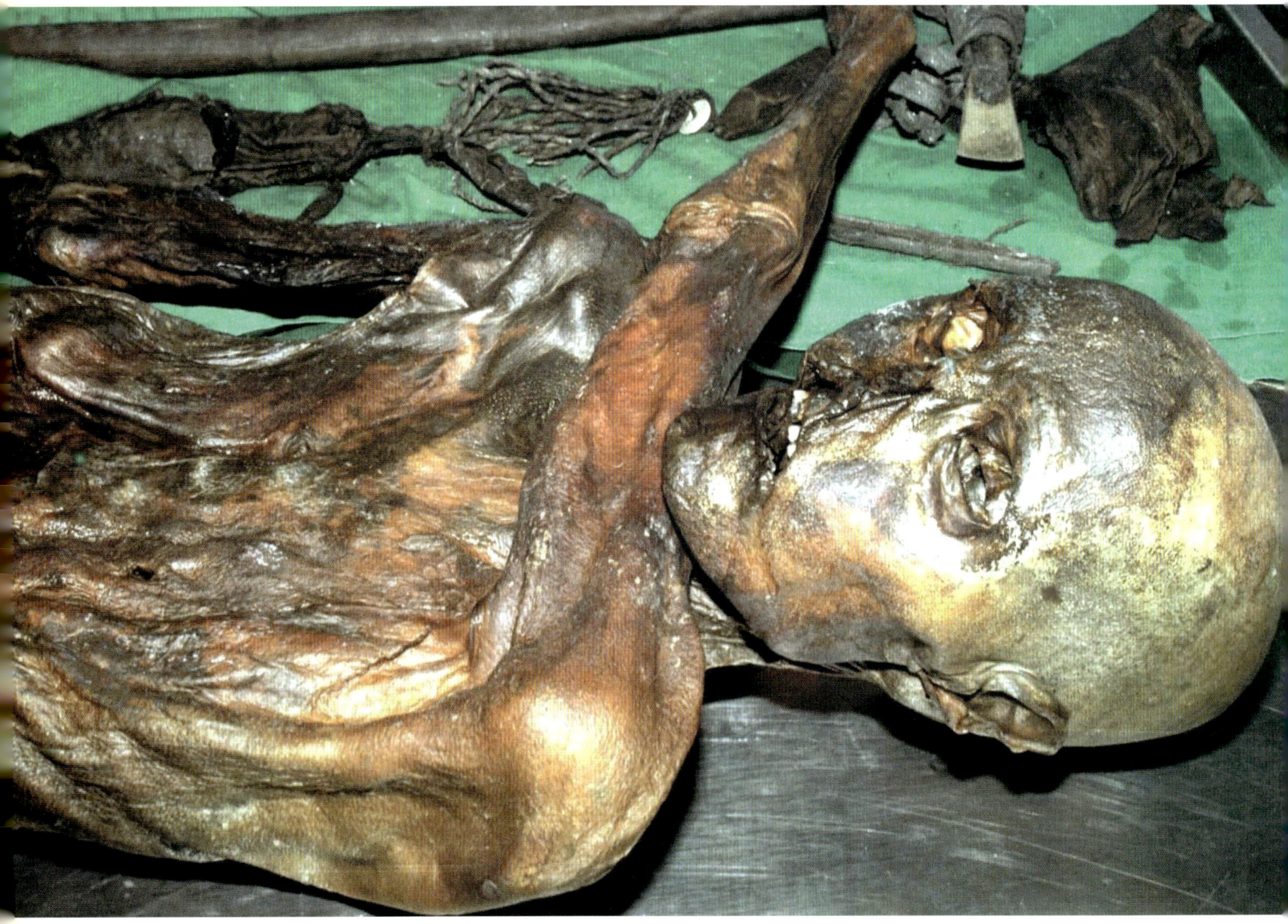

Zunächst nahm man an, der Gletschermann, wie man ihn bald nannte, sei erfroren; aber Röntgenbilder enthüllten im Jahr 2001 den wahren Grund seines Todes: eine Pfeilspitze aus Feuerstein unterhalb der linken Schulter. An seinem Messer, seinen Kleidern und seinem Köcher fand man Blutspuren von vier Menschen. An der Hand hatte er eine tiefe, schwächende Schnittwunde – offenbar war er etwa zwei Tage vor der tödlichen Schussverletzung in einen Kampf verwickelt worden. Die Leiche ist ungewöhnlich gut erhalten, und Pollenreste deuten darauf hin, dass der Mann sein Leben im Sommer verlor. Mehrere Radiokarbonmessungen bestätigen mit einer Datierung zwischen 3300 und 3200 v. Chr. das hohe Alter des Fundes.

Auch Teile seiner Kleidung waren erhalten geblieben. Demnach trug er Beinkleider aus Ziegenfell, einen ledernen Lendenschurz, einen Mantel aus Ziegenfell und eine Mütze. In seine Lederschuhe hatte er Gras gestopft. Die Kleidung passte vorzüglich zum alpinen Klima außerhalb der schlimmsten Wintermonate. Der etwa 45 Jahre alte Mann hatte in den Monaten vor seinem Tod an schweren Krankheiten gelitten; außerdem plagten ihn Arthritis und Darmparasiten. Tätowierungen an verschiedenen Körperstellen, z. B. am Bein und auf dem Rücken, dienten vielleicht einem medizinischen Zweck; möglicherweise sollten sie seine arthritischen Schmerzen lindern.

Als man die Fundstelle genauer absuchte, entdeckte man einige Gegenstände aus seinem Besitz, darunter ein Kupferbeil mit Eibenholzgriff, ein unfertiger Langbogen aus Eibenholz und ein Köcher, geformt aus einem Fellsack, mit einem Dutzend unfertiger Pfeilschäfte sowie zwei Pfeilen mit Feuersteinspitzen. Zudem besaß er u. a. eine Rückentrage aus Lärchenholz und Fell, einen Dolch mit Feuersteinklinge und einer grasgeflochtenen Dolchscheide, einen Beutel aus Kalbsleder, der am Gürtel hing, und eine Lederquaste; an einem ihrer Riemen war eine weiße Kalksteinscheibe befestigt.

Der Gletschermann stammte wohl aus der Umgebung. Wissenschaftliche Untersuchungen seiner Zähne, seiner Knochen und seines Mageninhalts belegen, dass er wahrscheinlich im nahen Tal aufwuchs, später aber in etwas größeren Höhenlagen lebte. Vielleicht war er ein Schäfer, der seine Herden im jahreszeitlichen Rhythmus auf- und abtrieb. Manche halten ihn dagegen für einen Schamanen. Sicher ist, dass uns dieser einzigartige Fund einen Blick in die ferne Vergangenheit erlaubt und dass wir mit der Zeit noch mehr über ihn herausfinden werden.

Gegenüber: Der Gletschermann blieb dank einer natürlichen Gefriertrocknung erhalten. Der Körper ist fragil und kann nur in größeren Zeitabständen erforscht werden, damit er nicht weiter verwest. Bei Untersuchungen entdeckte man eine Schussverletzung an der Schulter – die Pfeilspitze steckte noch im Rücken – und eine schwere Wunde an der Hand. Man fand ihn mit Kleidungsstücken und Ausrüstung; beides ist ebenfalls einzigartig.

Rechts: Rekonstruierte Werkzeuge für eine Dokumentation über den Gletschermann.

Oben: Der Gletschermann wurde von Helmut und Erika Simon 1991 in der Nähe des Similaun-Gletschers entdeckt.

Megalithen

Die großen Megalithmonumente Europas – Orte wie Stonehenge in England, Newgrange in Irland und die Steinreihen von Carnac in Frankreich – sorgen seit Langem für große Aufmerksamkeit.

Diese Monumente verändern die Landschaft, in der sie errichtet wurden. Sie entstanden vornehmlich in der Jungsteinzeit, etwa vom 5. bis zum 3. Jahrtausend v. Chr. In der frühen Bronzezeit wurden sie allmählich nicht mehr benutzt, aber sie blieben sichtbar, weckten Ehrfurcht und regten die Mythenbildung an. Man findet sie hauptsächlich in Nord- und Westeuropa, vor allem in Irland, Nord- und Westengland sowie in der Bretagne in Westfrankreich. Kreise aus stehenden Steinen gibt es besonders in England, riesige Gräber in allen Gebieten. Außerdem kennen wir Anordnungen aus stehenden Steinen und einzelne Steine, Monolithen genannt.

Das Wort „Megalith" ist von den griechischen Worten *megas* (groß) und *lithos* (Stein) abgeleitet; es bedeutet also nichts weiter als „großer Stein". Solche Steine sind ein typisches Merkmal jeder megalithischen Struktur. Sie wurden jedoch nicht so benutzt, als handle es sich lediglich um größere Versionen eines gewöhnlichen Mauerwerks (Mauerwerke aus großen, geformten Steinen nennt man zyklopisch), sondern fast so, als wären es die steinernen Äquivalente großer Balken oder hölzerner Stützen. Die riesigen steinernen „Stürze" von Stonehenge beispielsweise sind sogar mit den senkrechten Steinen verzapft, und es gibt einige archäologische Indizien dafür, dass manche Strukturen – so etwa für Stonehenge diskutiert – zunächst aus Holz und erst danach aus Stein gebaut wurden. Was sie für ihre Erbauer und die Menschen der Siedlungen bedeuteten, ist ungewiss, aber es gibt viele Theorien.

Gegenüber: Stonehenge von oben. Der gesamte eingefasste Bereich enthält außerordentlich viele archäologische Funde.

Oben: Ein einzelner Stein in Cornwall, England.

Links: Die Karte zeigt wichtige Stätten mit megalithischen Monumenten.

Die Haupttypen von Megalithen

Es gibt im Wesentlichen drei Haupttypen von megalithischen Monumenten: Großsteingräber, Steinkreise und stehende Steine, die entweder einzeln oder gruppiert angeordnet vorkommen. Die meisten wurden relativ nahe der europäischen Atlantikküste errichtet. Einige wurden weiter landeinwärts entdeckt – in Spanien, Portugal und Frankreich. In den überwiegenden Fällen aber befinden sie sich sehr nah am Meer oder offenen Gewässer, oft an bestimmten Orten in Küstennähe, so etwa der Ring von Brodgar und die Steine von Stenness auf Orkney. Deshalb wird vielfach vermutet, dass das Meer eine wichtige Rolle bei der Kommunikation spielte und dass aus heutiger Sicht isoliert erscheinende Inseln wie die schottischen Orkneys oder Hebriden in der Jungsteinzeit mit ganz anderen Augen betrachtet wurden. Es herrschte auf jeden Fall reger Handel. Schöne Jadeit-Beile, aus einem Rohmaterial der westlichen Alpen, fand man in der Nähe von Carnac an der bretonische Küste in Grabhügeln, die teils bis ins 5. Jahrtausend v. Chr. zurückreichen, aber auch in Schottland. Es müssen wertvolle Objekte gewesen sein, denn sie dienten offenbar keinem alltäglichen, praktischen Zweck, sondern wurden wegen ihres Aussehens geschätzt. Sie sind sehr glatt poliert. Auch andere polierte Steinbeile unterschiedlicher Herkunftsgebiete wurden zwischen England und Frankreich gehandelt.

Gegenüber: Einer der massiven stehenden Steine von Stonehenge. Die Anlage zählt zu den beeindruckendsten Steinkreisen in England. Sie misst mehr als 100 m im Durchmesser und besteht aus über 100 Steinen.

Unten: Der Eingang zum großen irischen Grab in Newgrange. Durch die Öffnung über dem Sturz fiel das Licht während der Sonnenwende in die Grabkammer. Obwohl Newgrange umfangreich restauriert wurde, hat es einen Teil seiner Atmosphäre bewahrt.

Warum wurden Megalith-monumente errichtet?

Überall, wo es Megalithen gibt, gelten sie in Geschichten und Sagen als das Werk von Riesen. Das hat sich in der neueren Zeit geändert. Im 19. Jahrhundert kamen drastische Erklärungen auf. Ihnen zufolge waren die Bauten von einer einzigen Gruppe von Menschen errichtet worden, die einst von irgendwoher nach Europa eingewandert waren. Eine modifizierte und in der ersten Hälfte des 20. Jahrhunderts populäre Version ersetzte den Begriff Einwanderung durch Einfluss. Man nahm an, dass sich die „megalithische Idee" von Kreta und vom östlichen Mittelmeerraum über Handelswege durch Spanien und entlang der Atlantikküste nach Norden verbreitet habe. Wäre das richtig gewesen, hätten die Monumente im Mittelmeerraum folglich die älteren sein müssen. Die Radiokarbondatierung aber widerlegte diese Theorie und bewies: Sie sind in Wahrheit jünger.

Nun vermutete man, dass die Monumente eine ganz bestimmte Funktion erfüllten. Jedes Kollektivgrab ließe sich demnach beispielsweise als Mittelpunkt einer bestimmten Gemeinschaft verstehen. Dieser Gedanke wurde weiter ausgebaut: Möglicherweise wollte eine Gemeinschaft mit diesen Monumenten ihr Recht auf das Land oder ihre Vorherrschaft unterstreichen oder sogar legitimieren. Ein großes Grab verkündete sozusagen: „Das gehört uns, es enthält die Gebeine unserer Ahnen, die es bewachen." Andere wiederum glauben, mit den Monumenten habe ein Teil der Gesellschaft – die Oberschicht – ihr Recht auf Macht und Herrschaft bekräftigen wollen.

Seit Kurzem befasst man sich intensiv mit symbolischen Inhalten, und es gibt sehr komplexe Analysen. Einige Überlegungen zielen nun darauf ab, in der Landschaft „spirituelle" Gebiete zu identifizieren, die sowohl den Toten – den Ahnen – als auch den Lebenden geweiht waren. Sie heben die Bedeutung der Umgebung und der Landschaft hervor, in der die Monumente stehen.

Natürlich hat es immer auch andere Erklärungen gegeben. Die Tatsache, dass die Bauten so ausgeklügelt sind, begünstigt spezielle oder gar exotische Theorien.

Die Wahrheit werden wir den Megalithen wohl nie entlocken, aber unbestreitbar geht von ihnen eine bestimmte Wirkung aus. Manche Menschen hinterlassen heute Blumen und Räucherwerk am Galeriegrab West Kennet oder am Steinkreis von Avebury. Sie schmücken sogar weniger bekannte Orte wie die beiden Steingräber im kleinen walisischen Dorf Dyffryn Ardudwy. Zweifellos empfinden viele immer noch Faszination und Ehrfurcht für diese Monumente – und sie teilen diese Gefühle gewiss mit den Erbauern.

Megaltihgräber

Es gibt verschiedene Typen von Megalithgräbern, die natürlich unterschiedlich gut erhalten sind. Manche sind fast intakt und liegen unter gewaltigen Erdhügeln, während von anderen nur noch Reste der Grabkammern übrig geblieben sind. Die meisten waren ursprünglich recht groß, manchmal gigantisch, und eindrucksvoll. Einer der frühsten Typen war das Ganggrab, bei dem ein steinerner Gang in die Kammer führt. Der Gang war oft schmal, niedrig und ziemlich lang, erlaubte aber wiederholte Besuche der Kammer. Das große irische Grab von Newgrange ist eines der bekanntesten. Dort und in einigen anderen irischen Gräbern erreicht man den Eingang über einen offenen Hof. Ein ähnlicher Typ ist das Galeriegrab. Es besitzt einen inneren Gang mit seitlichen Kammern. Galeriegräber konnten ebenfalls von Erdhügeln bedeckt sein. Ein sehr anschauliches Beispiel ist die lange Hügelaufschüttung von West Kennet in Südengland. Der Hügel ist rund 100 m lang und hat fünf Grabkammern, die man über den zentralen Gang erreichte.

West Kennet enthielt die Gebeine von mindestens 46 Menschen; da sie aber nicht mehr im anatomischen Verband lagen, ist es nicht immer eindeutig, ob hier wirklich eine Person beigesetzt wurde. In manchen Gräbern fand man auch Tierknochen. Oft scheinen die Knochen – wie in West Kennet – irgendwie benutzt oder vielleicht nur bewegt worden zu sein. Bisweilen wurden sie sortiert – die Langknochen hierhin, Schädel dorthin. Allerdings

Gegenüber: Ein behauener Stein aus Newgrange, verziert mit Rauten und Spiralen. Zunächst wurde das Muster mit einem kleinen Werkzeug (wahrscheinlich aus Quarzit oder einem anderen sehr harten Material) eingekratzt. Dann ritzte man es tiefer ein und polierte es zum Schluss mit einem größeren Stein.

Oben: Das Innere des Galeriegrabes West Kennet in England. Es enthielt die Überreste von mindestens 46 Menschen, aber die Knochen lagen nicht mehr im anatomischen Verband und waren offenbar bewegt worden. Obwohl die Gänge in diesen Gräbern schmal und gefährlich erscheinen mögen, erlaubten sie einen wiederholten Zugang. Es gibt Anzeichen dafür, dass viele Grabanlagen lange Zeit in Gebrauch waren.

Links: Die Megalithen, die diesen Steinkreis in Callanish auf der Hebrideninsel Lewis bilden, bestehen aus Fels, der in der näheren Umgebung vorkommt und von Natur aus gut spaltbar ist.

Megalithische Kunst

Viele Megalithmonumente sind dekoriert. Manche Gräber in Portugal, vielleicht auch anderswo, wurden anscheinend bemalt; bei den meisten heute noch sichtbaren Dekorationen handelt es sich allerdings um geritzte Darstellungen. Einfache Motive – Kreuze und Axtformen – wurden in Ganggräbern in der Bretagne gefunden, die sehr alt sind (4800–4000 v. Chr.), doch es gibt kunstvollere Beispiele aus späterer Zeit, nämlich aus der Periode zwischen 4000 und 3200 v. Chr., als die meisten Ganggräber entstanden. Man findet sie vor allem in der Bretagne und in Irland, wo Newgrange ein faszinierendes Beispiel ist.

Dieses Monument wurde gründlich restauriert, aber es wäre auch im Originalzustand eindrucksvoll. Der Hügel ist etwa 13 m hoch und hat einen Durchmesser von knapp 100 m; seine Grabkammer ist 6 m hoch. Newgrange ist für seine komplexen Ritzmuster ebenso bekannt wie Knowth, das ganz in der Nähe im Westen liegt. Es gibt konzentrische Kreise, Spiralen, Wellenlinien, Rauten, ineinandergreifende Dreiecke und U-Formen, alle abstrakt und nicht gegenständlich. Die Muster finden sich sowohl auf Steinen rings um den Hügel, aber auch im Gang und in der Kammer. In der Bretagne ist das Grab von Gavrinis ein weiteres beeindruckendes Beispiel. Hier gibt es Steine, die vollständig mit Ritzmustern bedeckt sind, aber auch einige mit weniger abstrakten Motiven. Es ist erstaunlich, dass ähnlicher Dekor mit nur geringen Abwandlungen in der gesamten Megalithkultur vorkommt. Manche Gräber in der Bretagne weisen einige Verzierungen auf, die gegenständlicher sind, darunter eine Figur, die recht menschlich anmutet. Man deutet sie als Götterbild; aber das ist reine Spekulation.

Über den Sinn der Megalithkunst ist viel gerätselt und so manche Vermutung geäußert worden. Eine Überlegung beispielsweise stützt sich auf die astronomische Ausrichtung vieler Monumente und geht deshalb davon aus, dass die Muster die Bewegungen der Himmelskörper symbolisieren. Andere meinen, die Axtmuster stünden für männliche Autorität, und noch verbreiteter ist die Idee, dass sich die Schöpfer der spiraligen abstrakten Muster in einer Art Trancezustand befanden. Die Deutungen sagen oft mehr über den Zeitgeist aus als über das diskutierte Thema selbst. Was die tiefere Bedeutung der Megalithkunst anbelangt, ist nur eines gewiss: Wir werden sie nie genau ergründen.

hat man viele Gräber auch schon vor so langer Zeit untersucht, dass wir über ihren ursprünglichen Zustand kaum noch etwas wissen. Die losen Knochen in einigen Gräbern könnten auf Sekundärbestattungen hindeuten – ganz ähnlich denen, wie es sie in manchen Kulturen noch in jüngster Vergangenheit gegeben hat. Möglicherweise ließ man die Leichen zunächst im Freien liegen und brachte die Knochen erst später in die Kammern. Zumindest wurden diese Kammern nacheinander benutzt, und es gab Beisetzungen zu verschiedenen Zeiten. Offenbar handelte es sich um Kollektivgräber, die viele Jahre lang besucht wurden.

Oft sind die Gräber ausgerichtet auf den Sonnenaufgang oder -untergang während der Sonnenwende. In Newgrange und Maes Howe auf Orkney war es die Wintersonnenwende. Michael O'Kelly, der Newgrange erforschte, entdeckte über dem Sturz des Eingangs eine kleine Öffnung, die einem Fenster glich. Dort scheint die Sonne am 21. Dezember direkt in den Gang und beleuchtet den Boden der Grabkammer tief im Inneren. Es erforderte gewiss viel Mühe, diesen Effekt exakt zu planen: Schon eine kleine Positionsveränderung der Dachplatten hätte das Vorhaben zunichte gemacht. Der Boden des Ganges steigt sogar leicht an, um die Lichtstrahlen aufzunehmen.

Steinkreise

Das berühmteste Megalithmonument ist ein Steinkreis: das unbestreitbar eindrucksvolle Stonehenge in Südengland. In seiner Schlussphase wurde auch dieser Kreis nach der Sonnenwende – dem Sonnenaufgang im Mittsommer und dem Sonnenuntergang im Winter – ausgerichtet. Während der Sommersonnenwende geht die Sonne, etwas seitlich versetzt, über dem Heelstone (ein Monolith außerhalb des Kreises, auch Fersenstein genannt) auf, und ihre Strahlen fallen genau auf die Hauptachse des Monuments. Das fiel dem Altertumsforscher William Stukeley bereits in den 1720er-Jahren auf und lockt heute Menschenmassen an den Ort. Während der Wintersonnenwende ist es genau umgekehrt, wenn die untergehende Sonne im Südwesten von der gegenüberliegenden Seite in den Kreis scheint; nach neueren Forschungen könnte das sogar wichtiger gewesen sein.

Möglicherweise wurde diese astronomische Orientierung aber erst in den letzten Entwicklungsstadien be-

Links: Avebury, nicht weit von Stonehenge entfernt, ist der größte englische Steinkreis.

Oben: Einer der massiven Trilithen in Stonehenge. Die technischen Probleme, die sie – besonders die Stürze – aufwerfen, haben viele inspiriert, einen Nachbau zu versuchen.

Gegenüber: Der Ring von Brodgar auf den schottischen Orkney-Inseln ist einer der entlegeneren, aber eindrucksvollen Kreise. Orkney wurde gründlich erforscht; zu den jungsteinzeitlichen Funden gehören Hausstrukturen wie auch Megalithmonumente.

deutsam. Vielleicht ging der Anlage eine Holzkonstruktion voraus; Löcher, die in fast regelmäßigen Abständen innerhalb eines kreisförmigen Grabens mit Wall angeordnet sind, werden mitunter als Pfostengruben gedeutet.

Der Erdwall hatte zwar im Nordosten eine Lücke, aber sie lässt zu keiner Zeit des Jahres einen Zusammenhang mit der Sonne erkennen. Ob und inwieweit der Mondlauf eine Rolle spielte, muss noch genauer untersucht werden.

Ab etwa 2500 v. Chr. begannen die Arbeiten an dem Steinkreis von Stonehenge, der eindeutig nach der Sommer- und Wintersonnenwende ausgerichtet war. Einige der verwendeten Steine, nämlich rund 80 „Blausteine", wurden aus Steinbrüchen in Pembrokeshire in Südwales herbeigeschafft. Wie sie 385 km weit transportiert wurden, ist umstritten, und auch einige Experimente konnten wenig zur Lösung beitragen. Am günstigsten wäre wohl eine Nutzung mehrerer Transportwege gewesen: über Flüsse, das Meer und das Land. Neben den Blausteinen wurden etwa ebenso viele Sarsensteine verbaut; früher nahm man an, dass sie aus der Umgebung des 30 km entfernten Marlborough stammen, heute werden jedoch mehrere Ursprungsorte diskutiert. Diese Steine erhielten ihre endgültige Form anscheinend in Stonehenge, denn man fand dort Steinwerkzeuge, darunter hammerartige Geräte verschiedener Art, die wohl bei der Zu- und Errichtung der Steine zum Einsatz kamen. Sarsenstein ist sehr hart, und er ließ sich am besten mit Steinhämmern zurichten, die aus dem gleichen harten Material bestanden. Bearbeitungsspuren wie parallele Linien deuten darauf hin, dass mehrere Personen, vielleicht regelrechte Arbeiterkolonnen, die Steine bearbeiteten. Das gesamte Monument wurde damals neu ausgerichtet. An einer Seite wurde ein großer doppelter Erdwall ausgehoben, heute Allee genannt, und an deren Ende stellte man den Heelstone auf, einen unbearbeiteten Sarsenstein. Stonehenge ist ein wichtiger Teil der jungsteinzeitlichen Landschaft und scheint sogar ihr Brennpunkt gewesen zu sein.

Es gibt viele weitere Steinkreise in England. Obwohl Stonehenge eindrucksvoll ist, gehören einige Monumente auf den schottischen Inseln – vor allem der Ring von Brodgar auf Orkney und Callanish auf der Hebrideninsel Lewis – zu den faszinierendsten. Das liegt zum Teil daran, dass sich der lokale Fels bestens in hohe, dünne Steine spalten lässt und die daraus gebildeten Kreise nahezu anmuten, als seien sie nicht von dieser Welt. Avebury in der Nähe von Stonehenge ist mit mehr als 100 Steinen

Wie man einen großen Stein hebt

Viele Experten haben versucht herauszufinden, wie die Baumeister der Megalithkultur so große und schwere Steine bewegen und aufrichten konnten. Oft wurden die Steine über große Entfernungen transportiert, manchmal in unwegsamem Gelände. Aber das war nicht das einzige Problem: Man musste sie auch planmäßig verbauen, und das dürfte nicht einfach gewesen sein, besonders wenn wir an die großen quer liegenden Blöcke auf den senkrechten Steinen in Stonehenge denken.

Viele nehmen an, dass die Steine auf Schlitten transportiert wurden, die man über Rollen zog. Das ist plausibel. Einen Stein zu schlagen und auf Rollen zu legen müsste relativ einfach gewesen sein; aber diesen Stein auf einen Schlitten zu legen war gewiss heikler. Denkbar wäre, dass man die Erde unter dem Stein aushob und Hebel benutzte. In Vestra Fiold, einem jungsteinzeitlichen Steinbruch auf Orkney, fanden Ausgräber einen Monolithen, der über eine in den Fels gehauene Grube und dann auf zwei steinerne Unterlagen gezogen worden war. Leider waren diese zusammengebrochen, und der Stein wurde liegen gelassen. Vielleicht hatten die Arbeiter versucht, ihn auf einen Schlitten zu ziehen. Wie in einigen anderen Steinbrüchen besteht der Fels von Vestra aus Schichten, die sich ziemlich leicht trennen ließen, wenn genügend Arbeiter die Steine verkeilten und dann auseinanderbrachen. An Ort und Stelle wurden die Steine wohl langsam aufgerichtet, indem man sie schräg in vorbereitete Löcher schob. Dabei musste man sehr vorsichtig sein, um Unfällen vorzubeugen.

Wie wurden große Steine auf andere gehoben? Dazu gibt es viele verschiedene Theorien, die sich vor allem mit den großen Trilithen (zwei senkrechte Steine mit einem waagerechten „Sturz") in Stonehenge befassen. Manche Ideen sind kaum praktikabel. Man hat z. B. vorgeschlagen, dass der Sturz und die senkrechten Steine zusammengebunden und als Einheit dann aufgerichtet wurden. Allerdings erscheint das als äußerst schwierig, wenn nicht gar unmöglich. Auch wurden Rampen aus Erde oder Holz vorgeschlagen, doch fehlen auch hierzu bislang archäologische Nachweise.

Verschiedene Experimente und Rekonstruktionen wurden unternommen, und Pawel Pawel, ein tschechischer Ingenieur, fand eine plausible Lösung. Er begann mit einem kleinen Modell von Stonehenge und baute dann die Teile eines Trilithen in Originalgröße aus Beton nach. Gemeinsam mit seinem Team lehnte er zwei große Balken aus Eichenholz oben an die senkrechten Steine, die sich bereits an ihrem Platz befanden. Zwei andere, etwas kleinere Balken wurden als Hebel an die andere Seite der senkrechten Steine gelegt. Der Sturz lag quer über dem ersten, dicken Balkenpaar, das glatt war und gut mit Tierfett eingerieben wurde. Ein weiterer Balken kreuzte die großen Balken hinter dem Sturz, sodass dieser nicht nach hinten rutschen konnte, und dieser Balken wurde mit Seilen an den Hebeln befestigt, die zwei Gruppen von Arbeitern bedienten. Wenn die Hebel nach unten gezogen wurden, bewegte sich der Sturz auf dem Balkenpaar. Der Stoppbalken hinter ihm wurde ebenfalls im gleichen Tempo nach oben bewegt. So konnten zehn Männer den Sturz in nur drei Tagen mühelos hochheben und auf die senkrechten Steine legen.

und einem Durchmesser von über 400 m der größte englische Steinkreis. Er besitzt zwei parallele Alleen aus stehenden Steinen, von denen die eine erst vor Kurzem entdeckt wurde, als man zwei einzelne Steine als Teil dieser identifizieren konnte.

Im Jahr 1955 veröffentlichte Alexander Thom seine Theorie, nach der eine einzige Maßeinheit, fortan „megalithisches Yard" genannt, beim Bau vieler Steinkreise benutzt wurde. Er hatte 46 Steinkreise sorgfältig vermessen und statistisch ausgewertet, und das brachte ihn auf die Idee, dass die übliche Maßeinheit 0,83 m betragen habe. Thoms Berechnungen wurden zwar kritisiert, aber es ist durchaus möglich, dass eine bestimmte Maßeinheit galt. Wäre sie jedoch allgemein üblich gewesen, müssten die Kreise regelmäßiger sein. Vielleicht war es einfach die Schrittlänge eines Menschen, die natürlich von der Körpergröße abhing, oder ein ähnliches Maß.

Stehende Steine

Es gibt zahlreiche stehende Steine, darunter viele einzeln vorkommende. Das riesige Monument von Rudston, Yorkshire, ragt heute noch fast 8 m hoch unmittelbar neben einer Kirche in den Himmel. Der Grand Menhir Brisé (der „große zerbrochene Menhir") in Frankreich wäre fast doppelt so hoch gewesen, wenn man ihn je aufgerichtet hätte. Heute liegt er, zerbrochen in vier große Blöcke, die zusammen 20 m lang sind, auf dem Boden. Manchmal bilden stehende Steine Reihen oder andere Formen. Es kommen einzelne Reihen vor, von denen einige offenbar mit anderen Megalithmonumenten in Verbindung stehen, aber auch Mehrfachreihen. Das wohl bekannteste Beispiel sind die Steinreihen von Carnac in der Bretagne; darunter umfasst allein die Allee von Ménec elf Reihen aus 1099 einzelnen Granitblöcken, sie ist rund 1 km lang.

Alle Megalithbauten stehen anscheinend in irgendeiner Beziehung zur Landschaft. Manchmal sind sie Teil eines dichten Gefüges aus anderen Megalithen und zeitgleichen Relikten, etwa Häusern, wie es beispielsweise auf Orkney und in der Gegend von Newgrange und Knowth in Irland der Fall ist. Bisweilen erscheinen sie aber auch isoliert. Einige wurden vielleicht so aufgestellt, dass sie vom Meer aus sichtbar waren. Einerlei, welche tiefere Bedeutung sie für die damalige Gesellschaft hatten, sie lassen sich nicht von ihrer Umwelt trennen.

Gegenüber: Ein Blick auf Stonehenge, das wahrscheinlich bekannteste Megalithmonument der Welt.

Oben: Die Steinreihen von Carnac in der Bretagne sind über 1 km lang und immer noch sehr eindrucksvoll. Oft verlaufen mehr als zehn Reihen fast parallel zueinander.

Moorleichen

Wasser und Feuchtgebiete spielten in der Religion während der Eisenzeit in Europa eine wichtige Rolle. Die Wurzeln dieser Tradition könnten durchaus in früheren Zeiten liegen. Wertvolle Objekte, teilweise aus der Bronzezeit, wurden aus Sümpfen geborgen; aber die größte Sensation sind Moorleichen.

Torfmoore eignen sich vorzüglich zur Konservierung von Leichen und anderen Dingen. Weiches Gewebe bleibt darin im Gegensatz zu Knochen sehr gut erhalten; in den meisten Böden ist es umgekehrt. Wenn Sumpfmoos zu Torf wird, können Bakterien nicht gedeihen, sodass alles, was im Moor liegt, nicht von Mikroben befallen werden kann. Anaerobe Torfmoore enthalten zudem ein natürliches Gerbmittel, das Haut konserviert, sie aber meist dunkelbraun färbt. Torf bildet sich sehr rasch und bedeckt alles, was dort hineingelangt, mit der Zeit immer höher.

Moorleichen wurden bereits vor Jahrhunderten beim Torfstechen entdeckt. Die ersten Berichte stammen aus dem 17. Jahrhundert, im 19. Jahrhundert aber mehren sich die Quellen. Die berühmtesten Funde wurden im 20. Jahrhundert gemacht, oft beim kommerziellen Torfabbau. Wissenschaftler haben sie zahlreichen Untersuchungen unterzogen und sogar versucht, die Gesichter zu rekonstruieren. Genaue forensische Analysen der hervorragend erhaltenen Mumien haben viele Informationen geliefert. Die meisten bisher untersuchten Leichen stammen aus der Eisenzeit (vor rund 2000 Jahren), vor allem aus der Periode zwischen dem 1. Jahrhundert v. Chr. und dem 1. Jahrhundert n. Chr.

Der Tollund-Mann

Im Mai 1950 stachen zwei dänische Bauern in Mitteljütland Torf als Heizmaterial für den Winter. Plötzlich legten sie ein Gesicht frei. In der Annahme, es handle sich um ein Mordopfer, alarmierten sie die Polizei. Die örtlichen Polizisten wussten, dass im Moor manchmal uralte Leichen gefunden wurden, und baten Mitarbeiter des Museums, sie zu begleiten. Als diese die Leiche sahen, konsultierten sie den Experten Dr. Peter Glob. Er begab sich sofort zum Moor und stand jener Mumie gegenüber, die als Tollund-Mann bekannt werden sollte. Sie ist wohl eine der am besten erhaltenen Moorleichen, die je gefunden wurden.

Der auf der Seite liegende Tote sah beinahe aus, als würde er schlafen. Er war nackt bis auf einen Gürtel, der um die Taille geschlungen war, und eine am Hals befestigte spitze Fellmütze. Sein Haar war kurz und wurde fast ganz von der Mütze bedeckt. Auf Wangen, Oberlippe und Kinn waren kurze Bartstoppeln zu sehen. Als mehr Torf entfernte wurde, kam hinter der Leiche eine Schlinge aus zwei langen, verflochtenen Lederriemen zutage, die ihren Hals umschürte. Am nächsten Tag wurde der Körper geborgen und noch von Torf umgeben ins Labor des Nationalmuseums von Kopenhagen gebracht, wo man ihn genau untersuchte.

Gegenüber: Der Tollund-Mann. Außergewöhnlich an ihm ist sein guter Zustand, aber auch der friedliche Gesichtsausdruck. Die Bartstoppeln könnten nach seinem Tod gewachsen sein.

Oben: Geopfert wurde nicht nur in dänischen Mooren. Auch von anderen Orten, vor allem in Wales, sind Moorfunde bekannt. Dieser eiserne Feuerbock stammt aus Capel Garmon in Nordwales.

Der Kopf des Mannes war besonders gut erhalten, während Teile des Körpers leicht verwest waren und der Rücken beim Torfstechen etwas beschädigt worden war. Insgesamt wies die Leiche, einschließlich der inneren Organe, einen sehr guten Erhaltungszustand auf. Man konnte sogar feststellen, dass der Mann 12–24 Stunden vor seinem Tod als letzte Mahlzeit eine Suppe oder einen Brei aus Gerste, Leinsamen und anderen Zutaten gegessen hatte.

Der Lindow-Mann

Die dänischen Moorleichen sind zwar sehr bekannt, aber man findet nicht nur in Dänemark Moorleichen. Im Jahr 1984 entdeckte man bei Manchester in England ein besonders gut erhaltenes Exemplar, wieder beim Torfste-

chen, was diesmal allerdings maschinell geschah, sodass der Körper beschädigt wurde.

Schon 1983 hatte man beim kommerziellen Torfstechen in Lindow Moss, südlich von Manchester, auf einem Förderband Teile eines Schädels gefunden, die der Leiter der Anlage zur Polizei brachte. Zunächst glaubte man, es handle sich um die Überreste einer vermissten und möglicherweise ermordeten Frau aus der Umgebung; aber die Leiche wurde auf das frühe 1. Jahrtausend n. Chr. datiert. Im folgenden Jahr lag ein Teil eines Fußes auf dem Förderband, und wieder befasste sich die Polizei mit dem Fall und zog einen Archäologen hinzu. Er untersuchte die Stelle, von der der Torf mit dem darin steckenden Fuß stammte, und fand noch Reste menschlicher Haut. Daraufhin barg man den umgebenden Torfblock. Als sich dann herausstellte, dass die Haut nicht neueren Datums war, übergab man den Fund dem Britischen Museum, wo die archäologische Untersuchung begann.

Der Torfblock enthielt die obere Hälfte eines männlichen Körpers (der Bart verriet das Geschlecht), der, abgesehen von einem Armband aus Fuchsfell, nackt war. Damals glaubte man, das sei neben dem Fuß auf dem Förderband alles, was die Maschinen übrig gelassen hätten; aber seither wurden weitere Körperteile gefunden, die wahrscheinlich zu dieser Leiche gehören. Auch ohne sie ließ sich jedoch eine Menge über den Toten sagen, z. B., was er gegessen hatte und wie er gestorben war. Fortan nannte man ihn Lindow-Mann.

Anhand der Länge seines Oberarmknochens konnte eine Körpergröße von 1,68–1,73 m errechnet werden; wahrscheinlich wog er etwa 64 kg. Offenbar war er in guter körperlicher Verfassung und gesund (obwohl er an einer leichten Arthritis im Rücken litt); bei seinem Tod war er Mitte 20. Sein glattes Haar war ebenso wie der Bart und der Schnurrbart kurz von seinem Tod grob geschnitten worden, wahrscheinlich mit einer Schere. Die Fingernägel waren gepflegt, was darauf hindeutet, dass er keine schwere oder grobe Arbeit verrichtete. Vielleicht hatte er in seiner Gemeinde einen privilegierten Status. Kurz bevor er starb, hatte er anscheinend Getreidefladen gegessen. Dann oder kurz vorher hatte man ihn nach Lindow Moss gebracht. Dort schlug ihm jemand mehrmals mit einem stumpfen Gegenstand auf den Kopf, was zu Schädelbrüchen führte. Danach wurde er mit einer gedrehten Garrotte und einem Spannstock erdrosselt, wobei sein Genick brach. Zum Schluss schnitt man ihm knapp über der Garrotte die Kehle durch (vielleicht wurde die Garrotte erst danach zum letzten Mal gedreht). Außerdem hatte er eine gebrochene Rippe – möglicherweise die Tat eines Beteiligten, wahrscheinlich einer Person, welche die Garrotte benutzte. Der Mord wurde offenbar bei kühlem Wetter begangen, vielleicht im Winter, und zwar im Zeitraum vom 1. Jahrhundert v. Chr. bis zum 1. Jahrhundert n. Chr.

Andere Leichen, andere Todesarten

Der Tollund-Mann, der Lindow-Mann und die meisten ihrer Schicksalsgenossen erlitten anscheinend einen gewaltsamen Tod, wobei mitunter mehrere Ursachen zur

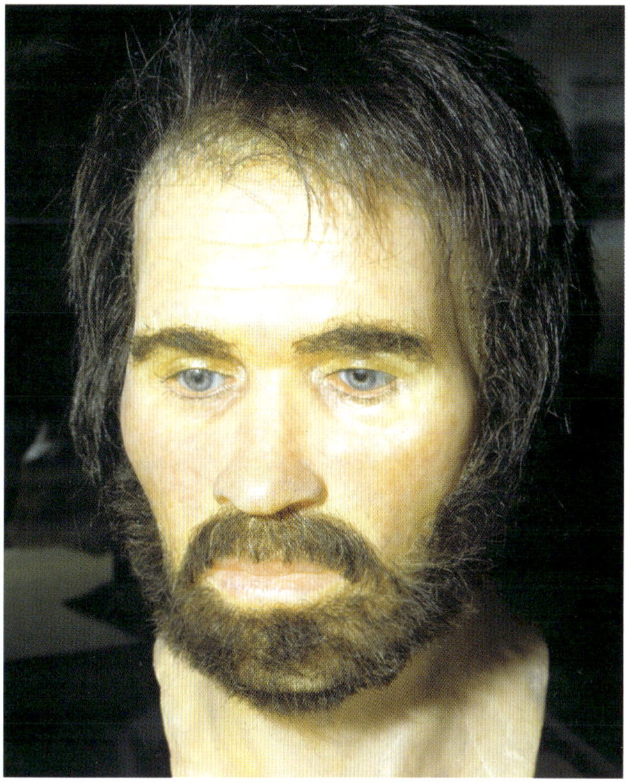

Gegenüber: Der Oberkörper des Lindow-Mannes. Die zusammengedrückten und verfärbten Moorleichen lassen sich manchmal nur schwer erkennen und analysieren. Dennoch beschloss man bei dem Lindow-Mann, eine Gesichtsrekonstruktion zu versuchen.

Oben: Das von einem erfahrenen Team in Manchester rekonstruierte Gesicht des Lindow-Mannes. Einige Aspekte beruhen eher auf Mutmaßungen, z. B. die Haar- und Augenfarbe; andere – die Form des Schädels sowie die Gesichtszüge – stützen sich dagegen auf sorgfältige Untersuchungen. Dasselbe Team rekonstruierte auch das Gesicht des Yde-Mädchens.

Rechts: Der Battersea-Schild wurde in der Themse gefunden und war offenbar eine Votivgabe.

Diskussion stehen. Während der Tollund-Mann erhängt wurde – die Lage der Schlinge passte nicht zu einer Strangulation –, kommen beim Lindow-Mann gleich drei Möglichkeiten infrage. Der Grauballe-Mann, eine andere dänische Moorleiche ungefähr aus dem 1. Jahrhundert n. Chr., hatte eine Stirnwunde, deren Ursache kein Unfall war, ein gebrochenes Bein und eine durchschnittene Kehle. Das Yde-Mädchen aus den Niederlanden, das ebenfalls auf das 1. Jahrhundert v./n. Chr. datiert wird, wurde mit einem Wollband erwürgt, das man ihr dreimal um den Hals geschlungen hatte und einen unter dem linken Ohr festgezurrten Laufknoten besaß. Unter dem Würgemal befand sich eine etwa 4,5 cm lange und 2 cm tiefe Stichwunde, die von der Mitte bis zur linken Seite des Halses reichte. Auch bei ihr kommen daher mehrere Todesursachen in Betracht.

Warum starben sie?

Der römische Historiker Tacitus beschrieb Hinrichtungen bei den Germanen. Er schrieb, manche Verbrecher – jene, die „unnatürlichen Lastern" frönten, womit Untreue oder Homosexualität gemeint sein kann – würden unter einem Weidengeflecht in den Sumpf gedrückt. Darauf beruhte die Annahme, die Moorleichen seien ehemalige Kriminelle. Es ist jedoch durchaus möglich, dass manche von ihnen geopfert wurden. Opfer an nassen und sumpfigen Orten haben eine lange Tradition, und die Tötungen erfolgten offenbar im Rahmen eines Rituals. Viele Opfer hatten anscheinend einen hohen sozialen Status. Ihre Hände sind meist glatt, frei von Schwielen und gepflegt, was darauf hindeutet, dass sie wenig harte Arbeit verrichteten. Zudem wurden sie vor dem Versenken im Moor meist entkleidet, allerdings wissen wir nicht, ob das vor oder nach ihrem Tod geschah. Es gibt Anzeichen dafür, dass sie auf ihre Opferung vorbereitet wurden, etwa durch einen Haarschnitt. Es wird auch vermutet, dass die Gesellschaft, der sie angehörten, diese Opfer angesichts der bedrohlich und aggressiv vorrückenden römischen Truppen für notwendig erachtete. Letztlich wissen wir nicht, ob es sich um Verbrecher oder Opfer handelte, aber sie starben gewiss auf rituelle Weise.

Opfergaben im Moor

In Gewässern und Sümpfen wurden lange Zeit Opfer dargebracht, neben den Leichen auch viele Artefakte. In Großbritannien wurden Objekte in Flüssen, Torfmooren und Seen entdeckt, darunter der Battersea-Schild in der Themse. Viele Funde stammen aus Wales, so z. B. der eiserne Feuerbock von Capel Garmon, der in einem Sumpf in Flintshire lag.

Dänemark schließlich kann mit einigen der kunstvollsten Gegenstände aufwarten, allen voran der 1902 in einem Moor entdeckte Sonnenwagen von Trundholm. Er wird auf etwa 1400 v. Chr. datiert. Zu weiteren wertvollen Objekten der Region gehören darüber hinaus zeremonielle Trompeten oder der außergewöhnliche silberne Kessel von Gundestrup. Er stammt etwa aus der gleichen Zeit wie die meisten Moorleichen und wurde tatsächlich ganz in der Nähe einer solchen Fundstelle entdeckt. Seine Ausführung und seine Motive weisen auf ein südeuropäisches Herkunftsgebiet. Er war gewiss sehr wertvoll und wurde sicherlich mit Absicht im Moor deponiert, vielleicht als Votivgabe für die Götter.

Gegenüber: Der Sonnenwagen von Trundholm stammt aus einem dänischen Moor und wird in die Bronzezeit datiert. Opfergaben in Sümpfen und Mooren haben eine lange Tradition. Dieser Wagen besteht aus Bronzeteilen; die Sonnenscheibe ist auf einer Seite vergoldet. Das Objekt war gewiss sehr wertvoll und bedeutsam.

Rechts: Den Kessel von Gundestrup barg man ebenfalls aus einem Moor in Dänemark, wo er etwa zur gleichen Zeit wie viele Moorleichen deponiert wurde, also zwischen dem 1. Jahrhundert v. Chr. und dem 1. Jahrhundert n. Chr. Hergestellt wurde er in Südeuropa und war vielleicht für einen keltischen Kunden bestimmt, denn die Motive entsprechen der keltischen Bilderwelt. Unklar ist, wie er von Südeuropa in die dänische Moorlandschaft gelangte.

Die Eisenzeit

Ab dem 1. Jahrtausend v. Chr., besonders aber nach etwa 700 v. Chr., verarbeiteten die Menschen immer häufiger Eisen; doch auch Bronze blieb in Gebrauch, was zahlreiche Bronzegegenstände aus eisenzeitlichen Fundorten beweisen. Auch mit anderen Metallen, vor allem mit Gold, gingen die Handwerker immer geschickter um, und es bildeten sich ausgedehnte Handelsnetze, die zum Teil bis in den Mittelmeerraum reichten. Während die meisten Menschen noch in der Landwirtschaft arbeiteten, sorgte der Handel für großen Reichtum und begünstigte die Entstehung lokaler Oberschichten. Es gibt viele archäologische Entdeckungen aus dieser Zeit, sie reichen von Festungen und Höhensiedlungen bis zu Bergwerken, von Wagengräbern bis zu Hortfunden.

Biskupin in Polen ist eine befestigte Stadt aus dem 8. Jahrhundert v. Chr. Sie ist ungewöhnlich gut erhalten, denn sie wurde auf einer flachen, sumpfigen Insel erbaut, sodass ein Absinken ins Wasser unvermeidlich war. Letztlich wurde dadurch aber das Holz konserviert. Einst umgab die Stadt eine ca. 6 m hohe solide Holzpalisade mit einem Laufgang für die Verteidiger sowie einem Wellenbrecher, der sie vor dem Wasser schützte. Die Häuser lagen in dichten Reihen an parallelen Straßen, die ebenfalls aus Kiefernstämmen und gespaltenem Eichenholz bestanden; Boden und Sand dienten als Belag. Dendrochronologen – sie datieren durch Auszählen und Vergleichen von Baumringen – stellten fest, dass das Gros der Tausenden von Bäumen 738–737 v. Chr., also in einem einzigen Winter gefällt worden waren. Derart umfangreiche Arbeiten erforderten eine zentrale örtliche Autorität. Dass sich im Laufe des Jahrtausends immer deutlicher eine Hierarchie herausbildete, bestätigten später die Berichte antiker Autoren.

Gegenüber: Die ersten Höhenfestungen reichen bis in die Bronzezeit zurück, aber ihre Blütezeit erlebten sie erst im 5. und 6. Jahrhundert v. Chr. Viele wurden aufgegeben, einige blieben bewohnt oder wurden später erneut benutzt. Das gilt auch für South Cadbury in Somerset, das wegen seiner Besetzung nach dem Abzug der Römer und seiner Lage im Westen Englands auch als „ursprüngliches Camelot" bezeichnet wird.

Oben: Die eisenzeitliche Höhenfestung Maiden Castle in Dorset, England. Der Hügel wurde aufwendig befestigt und von einem ausgeklügelten Wallsystem geschützt. Vespasians 2. Legion eroberte ihn wahrscheinlich 43 n. Chr.

Rechts: Bronze ersetzte Eisen nicht vollständig, sondern blieb weiter in Verwendung, wie z. B. dieser Stier mit zwei „Göttinnenbüsten" auf dem Rücken zeigt; er stammt aus Maiden Castle.

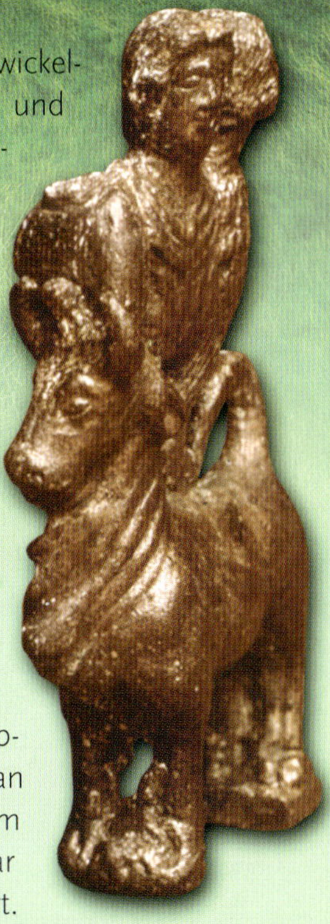

Um die Jahrtausendmitte entwickelten sich regelrechte Produktions- und Handelszentren: So gibt es beispielsweise in Sticna, Slowenien, Hinweise auf Eisenverhüttung, und in Hallstatt, Österreich, wurde Salz abgebaut. Dank der feuchten, salzigen Luft blieben hier zahlreiche Objekte aus Leder, Holz und Pelz erhalten, darunter auch Lederrucksäcke, in denen wohl Werkzeug zur Mine gebracht und Salz hinausgetragen worden war. Hallstatt ist aber nicht nur wegen seines Salzbergwerks bekannt, sondern auch wegen der vielen äußerst üppig ausgestatteten Gräber, die man hier entdeckte. Der Handel mit dem Salz hatte den Menschen offenbar vielfach großen Reichtum beschert. Und ebenso war auch Sticna mehr als nur ein Zentrum für die Verhüttung hochwertigen Eisens; es war ein großer, befestigter Ort mit einer großen Nekropole.

Hochdorf

Gräber der Oberschicht sind ein Merkmal der Eisenzeit in Mittel- und Nordeuropa und wurden an vielen Orten gefunden. Ein besonders herausragendes Beispiel ist das prachtvolle Grab in Hochdorf, Baden-Württemberg, das in den 1970er-Jahren freigelegt wurde. Bei der Ausgrabung des Grabhügels, der ursprünglich bis zu 6 m hoch gewesen, später aber fast völlig erodiert war, stieß man auf ein reiches und intaktes Grab aus der Zeit von 550–

500 v. Chr. Die Arbeit erwies sich als schwierig, vor allem wegen der vielen wertvollen Objekte. Manchmal wurden die Funde deshalb mitsamt dem umgebenden Sediment gehoben und erst im Labor freigelegt und untersucht.

Die Grabkammer bestand aus Holz und wurde von einer weiteren Holzfassung umgeben; eine Steinlage füllte den Zwischenraum. Sie enthielt den Leichnam eines Mannes auf einer außergewöhnlichen Bronzeliege, die in ihrer Form fast an eine Badewanne erinnert – außer, dass die Liege nur eine Längsseite hat. Sie steht auf acht Statuetten in Menschengestalt, die sie auf den Händen zu tragen scheinen. Die Rückenlehne und die Seiten sind verziert mit gepunzten Darstellungen von Tänzern und Wagen, die von Pferden gezogen werden. Einst war die Liege wohl mit Stoffen und Fellen ausgepolstert.

Der auf der Liege Bestattete war etwa 1,80 m groß und trug einen Goldreif um den Hals; seine Kleider waren ebenfalls mit Goldschmuck verziert. Zu den weiteren Funden in der Kammer gehört ein Bronzekessel, der wissenschaftlichen Analysen zufolge einst mit Met gefüllt war. Er stammt wahrscheinlich aus einer griechischen Kolonie in Süditalien. Gegenüber dem Bronzebett stand ein vierrädriger, 4,5 m langer Wagen aus Holz, der vollständig mit Eisenblech überzogen war; zu ihm gehörte das Geschirr für zwei Pferde. Auch in anderen Gräbern aus der Eisenzeit hat man Wagenteile gefunden – in einigen wurde der Tote in einen Wagen gelegt –, aber die Erhaltung des Hochdorfer Exemplars ist bislang einmalig.

Höhenfestungen und Städte

In England gehören Höhenfestungen zu den auffallendsten Zeugnissen der Eisenzeit. Eine natürliche Erhebung wurde durch gewaltige Erdwälle verstärkt, was einen enormen Arbeits- und Zeitaufwand erforderte. Zahlreiche Festungen waren bewohnt, oft von recht großen Gemeinden. Nicht alle dieser Festungen wurden zur gleichen Zeit benutzt; viele wurden etwa bis zum 3. Jahrhundert v. Chr. aufgegeben, während einige wenige ihre Macht ausbauten. Die ersten Festungen entstanden in der Bronzezeit, auch in Süddeutschland; ihre Blütezeit aber datiert ins 6./5. Jahrhundert. Sie waren eindeutig Gemeinschaftswerke, und die Arbeiten wurden höchstwahrscheinlich von einer Autoritätsperson organisiert, z. B. von einem Stammesführer. Eine der bekanntesten ist Maiden Castle, das Sir Mortimer Wheeler ausgrub; zwei weitere sind Danebury und South Cadbury, die von Barry Cunliffe und Leslie Alcock erforscht wurden.

Zunehmend entwickelten sich in Europa befestigte städtische Siedlungen, mit denen die englischen Höhenfestungen vielleicht einiges gemeinsam hatten. Caesar beschrieb diese Siedlungen, *oppida* genannt, in seinem Bericht über den Krieg in Gallien (heute Belgien und Frankreich). Sie waren groß, ungefähr zwischen 30 und 300 Hektar, und von Mauern umgeben. Dicht beieinanderstehende Häuser und Werkstätten bestimmten ihr Erscheinungsbild.

Die Kelten

Antike griechische Autoren nannten die europäischen Völker nördlich und westlich der Alpen Keltoi. Das Wort bedeutet so viel wie „Barbaren“: Menschen, die nicht sind wie wir. Die Römer unterschieden, wenn auch grob, zwischen beiden Gruppen und nannten die Einwohner Frankreichs Galli, um sie von den Germanen östlich des Rheins zu unterscheiden. Das waren allgemeine Bezeichnungen; die Betroffenen selbst nannten sich offenbar anders, z. B. Boii, Parisii oder Brigantes. Diese Namen spiegelten ihre Stammeszugehörigkeit wider, wobei die Stämme oft so groß waren, dass man sogar von Volkstämmen spricht. Es gibt keine Belege dafür, dass sie sich selbst kollektiv „Kelten“ nannten. Möglicherweise gab es nie ein homogenes keltisches Volk, wie die antiken Autoren es beschrieben. Wenn auch heute in der Forschung zunehmend kritisch betrachtet, so wird der Begriff dennoch weiterhin verwendet. Es ist eine pauschale Beschreibung für Funde einer bestimmten Zeit und Ausprägung: So gelten etwa die in großen Gebieten Nordeuropas entdeckten *torques*, schwere Halsringe, als typisch keltisch.

Links: Ein goldener torque *aus Snettisham in Norfolk. Die ersten Objekte wurden 1948 und 1950 in einem Feld in Ostengland gefunden: fünf goldene* torques*. Als einem Amateurarchäologen nachfolgend ein Fund mit einem Metalldetektor gelang, wurde das ganze Feld sorgfältig untersucht. Man entdeckte fünf Horte mit zahlreichen* torques *aus Gold, Elektrum (Legierung aus Gold und Silber), Silber und Bronze sowie viele andere Objekte.*

Gegenüber: Mortimer Wheeler erforscht Verulamium.

Sir Mortimer Wheeler

Mortimer Wheeler, geboren 1890, war einer der größten Archäologen des 20. Jahrhunderts. Er studierte an der University of London. Nach seiner Ernennung zum Direktor des Nationalmuseums von Wales begann er, die Ausgrabungsmethoden des viktorianischen Archäologen General Pitt-Rivers – der als einer der Ersten die Bedeutung systematischer Forschungsarbeit betonte – anzuwenden. Er verbesserte Pitt-Rivers' Technik, indem er im Gelände sorgfältig Schnitte anlegte und Schicht für Schicht ganze Straßennetze und Befestigungen ausgraben und erforschen konnte. In den Jahren vor und nach dem Zweiten Weltkrieg entwickelte er seine Grabungsmethode in England weiter, u. a. in Maiden Castle in Dorset, einer Höhenfestung aus der Eisenzeit, und in Verulamium, dem römischen St. Albans. Darüber hinaus forschte er auch in anderen Regionen, allen voran in Indien. Er starb 1976. Sein Einfluss auf die folgende Generation von Archäologen war groß, zumal viele als junge Volontäre oder Studenten mit ihm an seinen Fundstätten gearbeitet hatten. Außerdem machte er die Archäologie in den Medien populär.

Der Hadrianswall

Das Römische Reich erstreckte sich über ein enormes Gebiet und expandierte viele Jahre lang. Kaiser Augustus hatte im Jahr 9 n. Chr. versucht, eine weitere Ausdehnung zu verhindern; aber seine Nachfolger strebten nach militärischem Ruhm, um ihre Position zu festigen, und setzten daher die Eroberungs- und Herrschaftspolitik fort. Kaiser Hadrian, der von 117–138 regierte, erkannte als Erster, dass das Imperium nicht ewig expandieren konnte, und bemühte sich, die Grenzen zu befrieden. Nordbritannien und Germanien galten als besonders problematisch, und so beschloss Hadrian, dort feste Grenzen zu errichten. In Germanien waren die Truppen im Gebiet zwischen Rhein und Donau weiter vorgerückt; die Grenze sicherte Hadrian nun, indem er einen Palisadenwall bauen ließ, der bei Bonn am Rhein begann und bis Regensburg an der Donau reichte. In Britannien entschied er sich für einen hohen Steinwall. Diese Wälle gehören heute zu den eindrucksvollsten archäologischen Stätten in Westeuropa.

Wie viele andere Zeugnisse einstiger Macht und Größe des Römischen Reiches verschwand auch der Hadrianswall nie vollständig. Chronisten, die erst etwa 500–600 Jahre nach seinem Bau darüber schrieben, waren der Meinung, er sei in der Endphase des römischen Britanniens als Schutzwall errichtet worden. Wie an vielen anderen Stätten begannen seriöse Ausgrabungen und Forschungen erst in der zweiten Hälfte des 19. Jahrhunderts; vorher diente der Wall eher als vorzüglicher Lieferant von Baumaterial oder als gutes Fundament für die Straße, die Britannien durchquerte.

Die Truppen des Kaisers Claudius hatten Britannien im Jahr 43 erobert (Julius Caesar hatte die Insel bereits fast ein Jahrhundert zuvor überfallen, aber nicht dauerhaft erobert), und in den folgenden 40–45 Jahren gelang es, den Süden und Osten unter die militärische Kontrolle zu bringen. Andere Gebiete ließen sich dagegen nur schwer erobern, und als Hadrian an die Macht kam, war Nordbritannien immer noch ein Unruheherd. Die zögernden Vorstöße nach Norden und Rückzüge im Süden müssen sich geradezu demoralisierend auf die Truppen ausgewirkt haben. Hadrians pragmatische Lösung – eine klare Grenze von Küste zu Küste – mag die Moral vielleicht gefestigt und seine fähigen Soldaten lange beschäftigt haben; außerdem musste der Wall verteidigt werden. Die Römer dehnten ihren Einfluss mit Sicherheit über den Wall nach Norden aus, und Hadrians Nachfolger Antoninus Pius versuchte, die Grenze noch weiter nach Norden zu verschieben, jedoch ohne dauerhaften Erfolg.

Wahrscheinlich sollte der Hadrianswall hauptsächlich der Überwachung von Grenzübertritten und nicht als Ausgangspunkt für Kriegszüge dienen; man hat ihn auch mit einem Zollgrenzgebiet verglichen. Gewiss erfüllte er während der rund 250 Jahre seiner aktiven Nutzung viele Zwecke. Gebaut wurde er nach einem genauen Plan: Kleine Festungen, Meilenkastelle genannt, wurden an der Südseite alle 1,5 km (fast eine Meile) errichtet; zwischen den Kastellen standen in gleichen Abständen je zwei Wachtürme. Größere Kastelle baute man etwas später in Abständen von etwa 10–12 km. An manchen Orten mussten dazu Teile des Walls abgerissen und neu errichtet werden. Etwa zur gleichen Zeit wurde im Süden ein riesiger Graben mit flachem Boden ausgehoben und durch Erdwälle an beiden Seiten verstärkt –

Gegenüber: Der Hadrianswall bei Housesteads. Es wäre irrig zu glauben, die hier am Wall dienenden Soldaten hätten unter den herrschenden Witterungsverhältnissen gelitten. Viele von ihnen kamen aus Teilen des Römischen Reiches, in denen das Wetter ähnlich war. Es gibt Dokumente über Hilfssoldaten aus Belgien, Gallien, Germanien, Rumänien und anderen Orten, die am Wall oder in der Nähe stationiert waren.

Oben: Ein Blick auf den Wall bei Walltown Crags zeigt, wie eindrucksvoll das Bauwerk selbst ohne eine hölzerne Brustwehr war.

Unten: Die Karte zeigt das Ausmaß des Hadrianswalls.

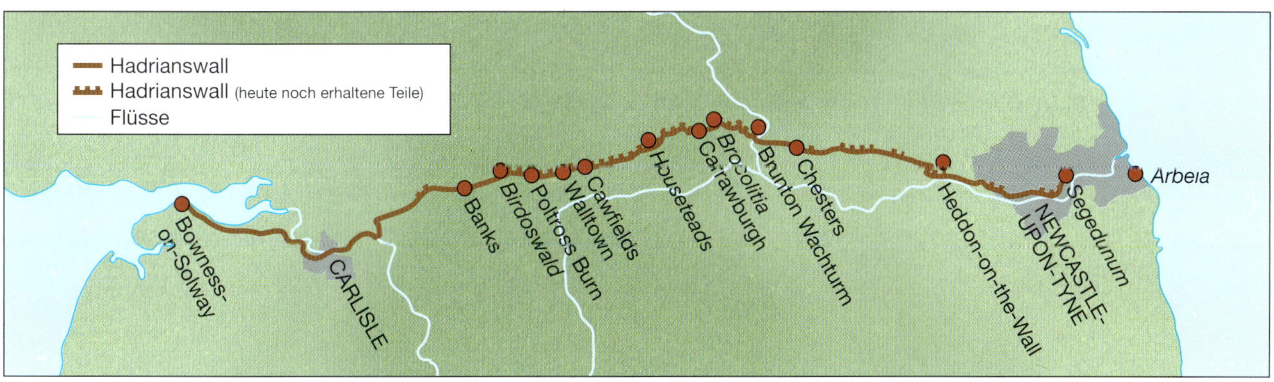

Das römische Heer

Ohne das Heer hätte es kein römisches Imperium und keine Eroberungen gegeben, und Gebiete wie Britannien wären nicht jahrhundertelang besetzt worden. Das Heer war eine effiziente und professionelle Kampfmaschine, aber der Kampf war nicht sein einziger Zweck. Römische Soldaten waren auch Ingenieure, Verwalter, Aufseher und Baumeister.

Das römische Heer hatte zwei Hauptteile: Legionen und Hilfstruppen. Die Legionäre waren römische Bürger und gut ausgebildet; die meisten waren Infanteristen, aber es gab auch eine kleine Kavallerie. Die Soldaten in den Hilfstruppen waren keine Bürger, sie konnten diesen Status jedoch nach 25 Dienstjahren erwerben. Sie wurden in den einzelnen Teilen des Reiches angeworben und dienten meist nicht in ihrem Heimatland. In den Aufzeichnungen von Vindolanda ist beispielsweise von tungrischen und batavischen Söldnern die Rede, die aus Nordeuropa stammten, wo sie an der Maas und an der Rheinmündung gelebt hatten. Die Söldner waren Infanteristen oder Reiter, und ihre Arbeit war weniger spezialisiert und technisch nicht so anspruchsvoll. Den Hadrianswall bauten beispielsweise Legionäre, während Söldner dort ihren Dienst verrichteten, also die Aufträge der Legionäre ausführten.

Das römische Heer war in ca. 30 Legionen zu je rund 5000 Mann eingeteilt. Eine Legion bestand aus zehn Kohorten, neun davon waren in je sechs Zenturien eingeteilt, eine war ein Sonderfall. Eine Zenturie hatte zunächst 100, später 80 Mann und wurde vom Zenturio befehligt. Er und seine Kameraden waren der Rückhalt des Heeres. Hilfstruppen bestanden aus kleineren Einheiten. Manchmal kam eine dritte Gruppe hinzu: die irregulären Soldaten, die wahrscheinlich mit ihren Anführern bei besonderem Bedarf angeheuert wurden.

auch *vallum* genannt; Spuren hiervon sind immer noch im Gelände sichtbar.

Er lag meist durchschnittlich rund 35 m hinter dem Wall. Sein genauer Zweck ist unklar, doch man nimmt an, dass er die Südgrenze der militärisch besetzten Zone markierte.

Die Steine für den Wall kamen aus der Umgebung. Die damalige Breite des Walls können wir heute bestimmen (sie war im Verlauf von Osten nach Westen nicht überall gleich), aber bei der Höhe ist es schwieriger; man geht von mindestens 3,5–4 m aus. Ebenso ist nicht ganz sicher, ob der Wall oben begehbar und mit einer Brustwehr versehen war. Eindeutiger sind da schon wieder die Spuren eines Anstrichs aus weißem Kalkmörtel oder weißer Tünche: Er machte den Wall aus der Ferne gut sichtbar; zudem bot er eventuell einen gewissen Schutz vor der Witterung und machte Schäden leichter erkennbar. Hinter dem Schutzwall befanden sich verschiedene Festungen und Versorgungsstationen, möglicherweise mit Verwaltungseinheiten, Kasernen und Lagerhäusern, wie etwa die gut erhaltenen Getreidespeicher in Corbridge. Das wohl bekannteste Kastell ist Vindolanda. Das Militärkommando für ganz Nordbritannien einschließlich Wall und Festungen befand sich in York. Es war das Hauptquartier der 6. Legion.

Der spektakulärste Teil des heute sichtbaren Walls ist der mittlere Abschnitt, der auf dem Whin Sill gebaut wurde, einer langen Felsformation mit vorzüglicher Aussicht nach Norden und Süden. Die Festung in Housesteads überwachte diesen Sektor. Alle Festungen wurden nach dem gleichen Grundrissschema errichtet, und Housesteads war keine Ausnahme: Innerhalb der Mauern war alles nach einem Raster angelegt. In der Mitte befanden sich das Hauptquartier und das Haus des Befehlshabers. Getreidespeicher, Kasernen, Küchen, ein Krankenla-

Oben: Die Latrinen in Housesteads. Sie gehören mit zu den archäologischen Überresten, die einen guten Eindruck vom alltäglichen Leben vermitteln. Die Sitze befanden sich ursprünglich an den Seiten, darunter waren Abflussrinnen, und das Abwasser floss nach unten und durch die Mauer hinaus. Sehr wahrscheinlich diente es als Dünger.

Unten: Die Reste des Hypokaustums im Badehaus von Halsteads.

Gegenüber: Nick Milecastle, auch als Meilenkastell 39 bekannt, am Hadrianswall in der Nähe von Housesteads. Meilenkastelle waren kleine Festungen, in denen meist etwa zwölf, maximal 30 Soldaten untergebracht waren. Im Grunde waren sie kaum mehr als befestigte Doppeltore im Wall. Neuere Ausgrabungen gleich westlich dieser Stelle zeigen, dass der Wall mit weißem Kalkmörtel gestrichen war. Ob die Farbe ihn besser sichtbar machen oder die Steine schützen sollte, wissen wir nicht genau.

ger und eine Latrine umgaben das Zentrum. Die Hauptbäder – das Haus des Kommandeurs hatte meist ein eigenes Bad – lagen in der Regel außerhalb der Festung, ebenso die Siedlung der Zivilisten (*vicus* genannt), einige Felder und ein paar andere spezielle Gebäude, wie der Tempel des Mithras (dieser Gott war bei den Soldaten besonders beliebt). Die Gräber befanden sich ebenfalls vor der Mauer.

Einer der am vollständigsten freigelegten Teile von Housesteads ist der Latrinenblock in der Südostecke. Es war eine Gemeinschaftseinrichtung, die jedoch nicht groß genug für die ganze Garnison war – die Kaserne besaß möglicherweise ihre eigenen Latrinen. Die Einrichtung hatte hölzerne Sitze an drei Wänden und einen gepflasterten Fußboden. Neben dem Gebäude befand sich eine große Zisterne, die das Wasser zum Waschen lieferte, das umlaufend in Fußhöhe in einer Rinne floss. Das Abwasser sammelte sich in einer tieferen Rinne unter den Sitzen, wo es durch einen Kanal in der Festungsmauer hinausgespült wurde. Der Kommandeur hatte seine eigene Latrine und ein Bad. Bei Ausgrabungen fand man einen Goldring in einem Riss des Abwasserkanals.

Die Siedlung (*vicus*) von Housesteads lag ursprünglich weiter südlich, jenseits vom *vallum*; im 3. und 4. Jahrhundert rückten die Häuser dann näher an die Festung heran. Sie wurde nur teilweise ausgegraben, allerdings mehr, als derzeit zu sehen ist. Unebenheiten im Gras deuten auf weitere Gebäudestrukturen hin. In der Siedlung wohnten die Angehörigen der Soldaten und Leute, deren Lebensunterhalt von der Festung abhing, etwa Kaufleute und Händler. Ein Gebäude, das heute sichtbar freiliegt, überraschte die Ausgräber. Etwa um 300 errichtet, war es rund 70 Jahre später wieder unbewohnt. Ein Trakt zeigte zur südwärts gerichteten Hauptstraße des *vicus* und hatte einen Ladenbereich, hinter dem sich ein großer Raum anschloss. Dort fanden die Ausgräber im Jahr 1932 die Leichen eines Mannes und einer Frau unter einem Lehmestrich. Zwischen den Rippen des Mannes steckte eine abgebrochene Schwertspitze. Das römische Gesetz untersagte Bestattungen innerhalb einer Siedlung, sodass der Name, den die Ausgräber dem Gebäude gaben – „Mörderhaus" –, zutreffend sein dürfte.

Links: Die Arbeiten zur Erhaltung des Hadrianswalls dauern an. Wie an vielen anderen wichtigen archäologischen Stätten gilt es dabei, Schäden zu beheben, die durch die Witterung, aber auch den Tourismus verursacht werden. Gleichzeitig setzen Archäologen jedes Jahr während der Sommermonate ihre Arbeit in Vindolanda fort, um die Forschung voranzutreiben.

Vindolanda

Vindolanda war ein sogenanntes Auxiliar-Kastell im unmittelbaren Hinterland des Hadrianswalls. Die Anlage entspricht dem üblichen Muster. Vor allem ein großer Teil des *vicus* wurde hier ausgegraben, und viele Funde machen Vindolanda – ein einst eher weniger bedeutender Teil des Römischen Reiches – einzigartig.

Seit 1969 wird Vindolanda von Robin Birley ausgegraben, und er hat bereits ungewöhnlich viele Fundstücke geborgen, darunter erstaunlicherweise eine Menge organisches Material: abgetragene Schuhe und Sandalen, Zeltfragmente, Beutel, Lederriemen und Lederreste; hölzerne Objekte wie Schalen, Zeltpflöcke, Kämme und eine Tischplatte; außerdem Reste größerer Gegenstände wie Fußbodenbretter, Balken aus Eichenholz und Wände aus verputztem Flechtwerk. Einige Schuhe gehörten Frauen und Kindern. Man fand eine Kindersocke, eine Einlegesohle und sogar eine Frauenperücke. Offenbar lebten also viele Zivilisten im *vicus*. Sogar Metallgegenstände – Speerspitzen, Nägel, Nadeln, Ringe und Münzen – wurden in vorzüglichem Zustand gefunden, meist ohne Rost.

Dieser gute Erhaltungszustand ist zum Teil darauf zurückzuführen, dass die Festung mehrere Male neu gebaut wurde und man die Böden jedes Mal abdichtete und einebnete. Diese und weitere Faktoren – das benutzte Material, z. B. Adlerfarn und Stroh als Teil des Fußbodens, Gerbstoffe und natürliche Quellen – hielten die untersten Schichten ständig feucht. Als man diese Schichten freilegte, war der Farn teilweise noch grün. Die Abdichtung bestand u. a. aus Abfällen, menschlichen Exkrementen und Urin (das hing wahrscheinlich mit dem Gerben von Leder zusammen, nicht mit unsauberen Wohnverhältnissen). Auch Fliegenlarven und Darmparasiten wurden entdeckt. Organische Reste dieser Art sind an sich schon bemerkenswert; aber noch ungewöhnlicher sind die vielen Dokumente, die man ebenfalls barg. Die Armee brachte anscheinend eine Menge Bürokratie mit sich, aber darüber berichteten nur wenige Quellen. Das Gros der Informationen, über das man verfügte, stammte aus ägyptischen und syrischen Papyri; in Britannien gab es zunächst überhaupt keine Funde. Das änderte sich 1973, als Robin Birley auf einem Holzsplitter Buchstaben aus Tinte bemerkte.

Bisher wurden über 1500 geschriebene Dokumente geborgen. Viele waren in den kompakten Schichten des Fußbodens eingebettet, einige sind an ihren Ecken angesengt; vielleicht sollten sie als Abfall verbrannt werden.

Oben: Dieser Nachbau eines Festungsbereiches von Vindolanda vermittelt einen Eindruck von der römischen Mauertechnik. Die Brustwehr mit Zinnen beruht auf Vermutungen, ist aber wahrscheinlich: Auf einem romischen Gefaß, als Rudge Cup bekannt, ist das Monument mit ebensolchen Zinnen abgebildet. Allerdings wissen wir nicht, welchen Teil der Mauer es zeigt.

Links: Der größte Teil Vindolandas wurde noch nicht ausgegraben, aber die Mauern und Tore sowie das Hauptquartier und der Sitz der Kommandantur sind freigelegt.

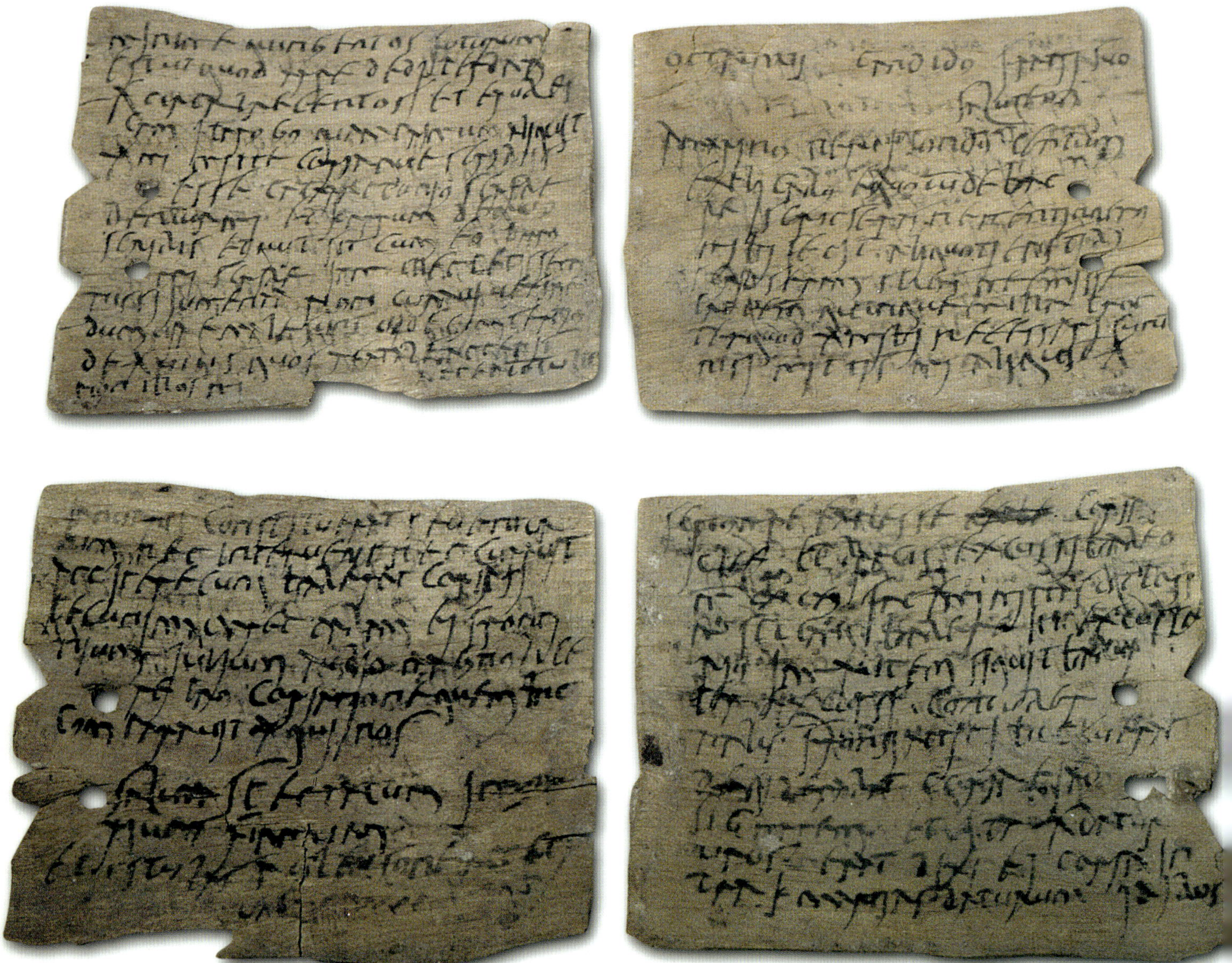

Auf rund 300 Dokumente, die 1993 ausgegraben wurden, trifft das gewiss zu. Es handelte sich offensichtlich um unerwünschte Archive, die abrückende Soldaten unvollständig vernichtet hatten. Überall in der Festung fand man beschriebenes Material: Dokumente u. a. in Abwasserkanälen, in Abfallgruben und Fußböden.

Wachstafeln in Holzrahmen wurden mit einem Metallgriffel beschrieben. Bis auf einige Anschriften sind sie unlesbar, weil mehrere Texte übereinandergeschrieben wurden. Die meisten Texte entdeckte man jedoch auf feinen Holzscheibchen, meist Birke oder Erle. Sie wurden gefaltet (das war kein Problem, solange sie neu waren), und der Adressat stand auf der Rückseite. Einige längere Berichte bestehen aus mehreren seitlich gelochten Stücken, die aufeinandergelegt und zusammengebunden wurden. Die kleineren band man verdeckt zusammen, um die Privatsphäre zu schützen. Die Schreibfläche ist fein und glatt, die Tinte besteht aus Kohle und Gummiarabikum; zum Schreiben verwendete man Federn und Griffel. Schreibwerkzeug für Holzscheibchen und Wachstafeln wurde auch in Vindolanda gefunden. Dienstpläne geben Auskunft über den Arbeitsalltag römischer Soldaten. Die erste tungrische Kohorte bestand beispielsweise aus 752 Mann, von denen jedoch 456 abwesend waren. Einige dienten als Wachen in Corbridge oder beim Statthalter, andere holten in York den Sold oder waren sogar in Gallien. 31 waren dienstuntauglich, 15 krank, sechs verwundet und zehn litten an Augenentzündung.

Es gibt Proviantlisten, Urlaubsgesuche, Beförderungs- und Gnadengesuche, eine Bitte um mehr Bier für die Soldaten („Die Jungs haben kein Bier, bitte schickt etwas") und Listen von Haushaltsgegenständen nebst Einnahmen und Ausgaben. Einige wurden anscheinend von Sklaven geschrieben, die als Protokollführer oder Sekretäre dienten. Es gibt Entwürfe von offiziellen Briefen, Briefwechsel über Kleidung („Ich habe dir zwei Paar Socken aus Sattua, zwei Paar Sandalen und zwei Paar Unterhosen geschickt"), Briefe eines Soldaten an einen Kameraden („Ich bin überrascht, dass du mir so lange nicht geschrieben hast") und sogar ein ärztliches Rezept. In vielen Briefen geht es um Gütertransporte. Ein sehr langer Brief handelt von Problemen mit der Bezahlung und Abholung von Häuten: „Ich hätte sie bereits abgeholt, aber ich wollte die Tiere auf den schlechten Straßen nicht verletzen." Man fand auch eine Notiz über den Krieg gegen die Briten, die abfällig „Brittunculi" genannt werden: „Es gibt sehr viele Berittene. Die Kavalleristen benutzen keine Schwerter. Und die elenden Briten steigen auch nicht auf, um ihre Speere zu werfen."

Einer der bemerkenswertesten Briefe ist die Einladung zu einer Geburtstagsfeier an Sulpicia Lepidina, die Frau von Flavius Cerialis – er war Kommandeur der Batavierkohorte –, verfasst von Claudia Severa, der Frau eines anderen Kommandeurs: „Für den dritten Tag vor den Iden des Septembers [11. September], Schwester, den Tag meiner Geburtstagsfeier, lade ich dich herzlich ein, um sicher zu sein, dass du uns gewiss besuchst und den Tag für mich angenehmer machst ..." Dieser Brief, der augenscheinlich zum größten Teil diktiert wurde, endet mit einer anderen Handschrift, wahrscheinlich der von Claudia Severa. Sie schreibt: „Leb wohl, Schwester, meine liebste Seele ..." Ein anderer Brief von ihr an Lepidina endet ebenso blumig. Dies ist der erste bekannte lateinische Brief einer Frau, und die Beteiligten konnten offenbar lesen und schreiben.

Gegenüber: Ein Brief von Octavius an Candidus, in dem er erklärt, warum er nicht imstande war, Häute abzuholen. Er beginnt mit einem Versprechen: „Die 100 Pfund Sehnen von Marinus werde ich bezahlen." Dann bittet er um Bargeld, um etwas Getreide anzahlen zu können. Es ist ein langer und recht geschwätziger Brief, in dem es um viele Geschäfte geht: „Ich sagte ihm, ich werde ihm die Häute in den Kalenden des März geben. Er entschied, in den Iden des Januars zu kommen. Aber er kam nicht und unternahm auch nichts, um sie bekommen ..." Und: „Wie ich höre, verkauft Frontinius Julius die [Dinge] für Lederarbeiten, die er hier für fünf Dinare pro Stück gekauft hat, zu einem hohen Preis ..."

Unten: Die Geburtstagseinladung von Claudia Severa an Sulpicia Lepidina. Die Anschrift stand auf der Rückseite, und der Stilwechsel ist unten auf dem rechten Blatt deutlich erkennbar – diese Worte hat Claudia Severa selbst hinzugefügt. Außerdem grüßt sie Lepidinas Mann, den Kommandeur in Vindolanda, und sendet Grüße von ihrem Mann Aelius und ihrem „kleinen Sohn".

Sutton Hoo

Edith Pretty, eine Grundbesitzerin aus Suffolk in Ostengland, interessierte sich für Archäologie. Auf ihrem Anwesen befanden sich mehrere große Grabhügel. 1938 beauftragte sie den Archäologen Basil Brown, die Hügel zu untersuchen. Vier wurden geöffnet, und die gefundenen Objekte waren offensichtlich angelsächsisch und stammten aus der zweiten Hälfte des 1. Jahrtausends n. Chr. Einige großartige Entdeckungen machte Brown jedoch im „Hügel 1“, dem größten Hügel.

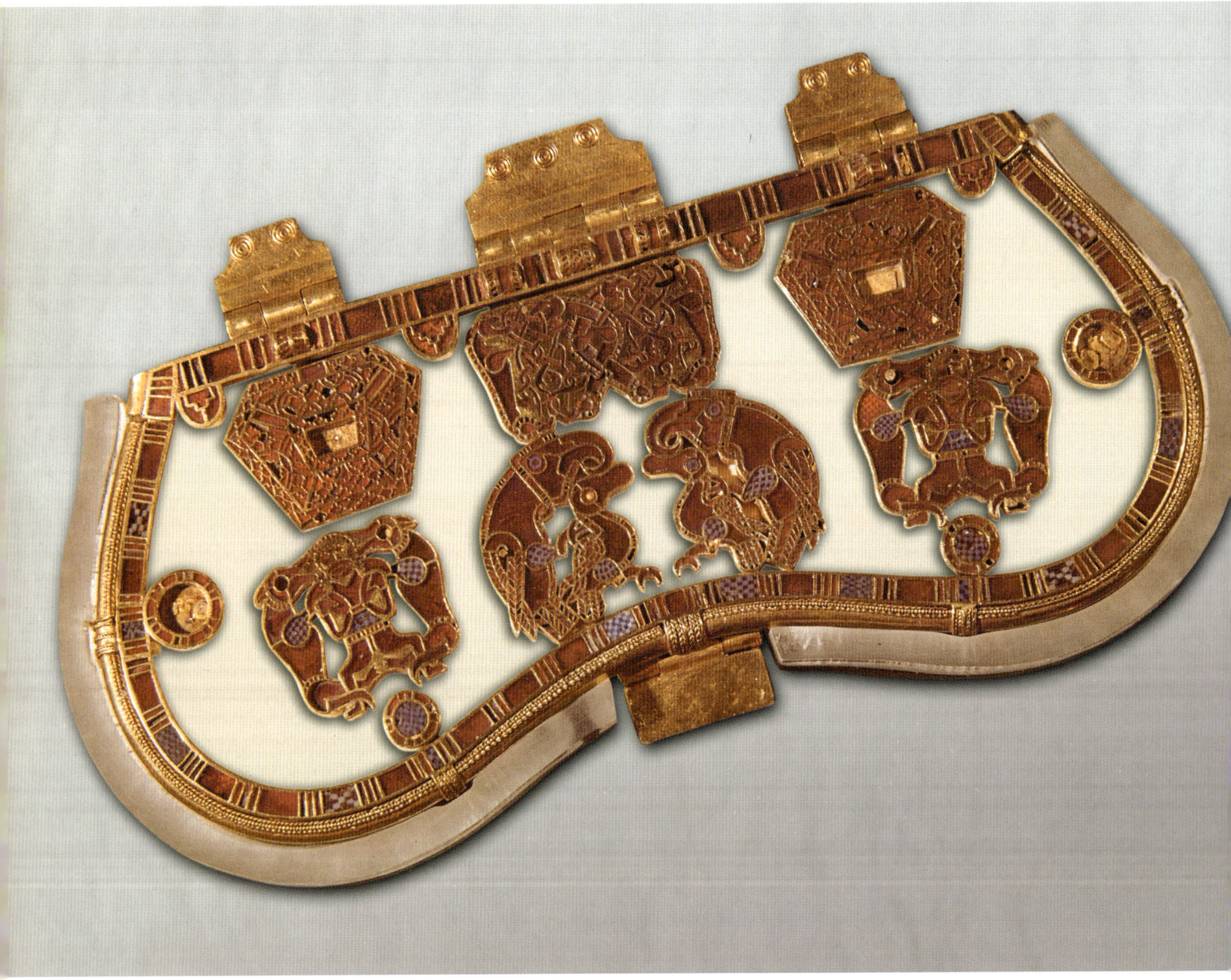

Die Ausgrabungen

Die Grabungen begannen im Mai 1939, nachdem Edith Pretty bestimmt hatte, welcher Hügel als Nächstes geöffnet werden sollte. Man zog einen breiten Graben um den Hügel und barg fünf Eisennägel. Brown, der sich gut in der angelsächsischen Archäologie auskannte, vermutete, dass hier ein Bootsgrab verborgen lag, und tatsächlich stieß er auch bald auf Spuren der Bugkonturen. Das Holz des Schiffes war im sauren Sand nicht erhalten geblieben, sodass die Archäologen vor einer nicht ungewöhnlichen Aufgabe standen: Sie mussten einen „Schatten" erforschen, der aus Verfärbungen des Bodens und in diesem Fall aus Nagelreihen bestand. Die Größe des Schiffes unter Hügel 1 war bereits offensichtlich, und Brown zog weitere Experten zurate. Im Laufe von nur zehn Tagen arbeitete ein sehr erfahrenes Team von Archäologen an der Stätte und fand mehr als 260 Objekte, viele davon einzigartig.

Das Schiff, gefertigt in Klinkerbauweise, hatte eine beträchtliche Länge von etwa 27 m. Es gab keine Anzeichen für einen Mast, allerdings entdeckte Brown, kurz bevor er die Spezialisten rief, Spuren einer ungewöhnlichen Holzstruktur. Alsbald stellte sich heraus, dass es sich hierbei um die Wand einer etwa 5,5 m langen Grabkammer in der Mitte des Schiffes handelte. Ursprünglich besaß sie ein Schrägdach mit Traufen, die auf den Seiten des Schiffes ruhten. Die beiden Enden der Kammer hatten anscheinend Giebel, und ihre Spitze ragte fast 4 m über die Kielplanke hinaus. Der Hügel war um das Bootsgrab herum und darüber aufgeschüttet worden und vermutlich innerhalb eines Jahrhunderts nach dem Begräbnis zusammengebrochen. Der Sand hatte dadurch viele Objekte im Inneren konserviert.

Es war eine heikle Aufgabe, diese Objekte auszugraben und zu bergen. Darum setzte man die Grabung mit kleinsten Werkzeugen, wie Pinseln, fort. Der Sand war feucht, und man musste dafür sorgen, dass einige Objekte – z. B. die aus Leder und Stoff – nicht austrockneten. Sie wurden oft mit dem umgebenden Sediment geborgen, sortiert und erst im Labor gesäubert.

Gegenüber: Einer der schönsten Funde aus Sutton Hoo war dieser Deckel einer Börse, verziert mit Glas, Granaten und Gold.

Oben: Eine Schulterschnalle, in ähnlichem Stil dekoriert wie viele andere Objekte im Grab. Die beiden Hälften sind durch Einführen einer Nadel in der Mitte miteinander verbunden.

Unten: Eine von mehreren Schnallen aus Sutton Hoo, verziert mit Emaille und Gold.

Das Grab

Unter den Funden aus Sutton Hoo gab es viele kostbare Gegenstände. Die goldenen waren in vorzüglichem Zustand – Gold widersteht fast jeder Art von Korrosion –, aber einige andere Metallobjekte sowie das Leder und die Stoffe verlangten nach sorgfältigen Konservierungsmethoden. Das lag zum Teil an dem Schaden, der beim

Einsturz der Kammer entstanden war, und zum Teil am feuchten Sand. Zu den vielen Funden gehörten auch Münzen, sodass man das Grab relativ sicher auf 620–650 n. Chr. datieren konnte. England wurde damals von mehreren regionalen angelsächsischen Königen regiert, und einer von ihnen könnte durchaus in diesem Grab bestattet gewesen sein.

Allerdings gibt es keine Spur vom Leichnam; möglicherweise hatte das säurehaltige Bodenmilieu den Körper völlig zersetzt. Man versuchte, mit Tests herauszufinden, ob es je eine Leiche gegeben hat; aber sie waren leider nicht schlüssig. Eventuell handelte es sich bei dem Schiff um ein Denkmal, ein Kenotaph (symbolisches Grab), in dem nie ein Leichnam lag. Für diese Annahme spricht die Tatsache, dass keine persönlichen Gegenstände, wie Ringe oder Nadeln, an der Kleidung gefunden wurden. Bei einer tatsächlichen Bestattung hätten sie wahrscheinlich nicht gefehlt. Gegen ein Kenotaph sprechen die Spuren von eisernen Sargbeschlägen, die zwischen den Grabbeigaben ein leeres Rechteck bildeten.

Oben: Eine solide Goldschnalle aus Sutton Hoo. Die kunstvoll ineinander verschlungenen Tiermuster bedecken fast die ganze Fläche. Die gesamte Schnalle wiegt fast ein halbes Kilo.

Gegenüber: Der Helm aus Sutton Hoo war nur teilweise intakt, und einige Teile wurden nie gefunden.

Unten: Die Karte zeigt die Lage von Sutton Hoo.

Die Grabbeigaben

Der tote König war üppig mit Beigaben bestattet worden – oder sie sollten an ihn erinnern –, und viele von ihnen bestanden aus Edelmetall. Hinzu kamen zahlreiche Textilien: Vorhangreste, leinene Kissenbezüge und Umhänge, von denen einige sorgfältig zusammengelegt waren. Einige Objekte in der Kammer waren vor der Bestattung in gewebte Stoffstreifen gewickelt worden. Man fand eine Mütze aus Otterfell, die Reste von vier Schuhen und andere Lederkleidung. Ein Silberteller lag neben einem Eimer aus Eibenholz, der einen kleineren Eimer enthielt, und unter dem Silberteller lagen zwei silberne Schalen. Es gab Knochenkämme, einige Eisenmesser mit Griffen aus Knochen und eine Holzkiste mit Eisenbeschlägen. Manche Gegenstände könnten bei Festen benutzt worden sein: zwei Hängeschalen aus Bronze, Trinkhörner mit Silberverzierung und Flaschen aus Ahornholz mit silberner Einfassung. In einem Beutel aus Biberfell lag sogar eine Leier. Ein großer, dekorierter Schleifstein, vielleicht Teil eines Zepters, trug eine Bronzefigur: einen Hirsch auf einem rotierenden Eisenring.

Zur Ausstattung des Königs gehörten auch Waffen, darunter Speere und ein edles Schwert in den Überresten einer Scheide. Ursprünglich hing es wohl am Schwertgurt, dessen Schnallen mit Halbedelsteinen und Gold verziert waren. Reste eines Schildes, verziert mit vergoldeter Bronze, lagen ebenfalls in der Kammer, ebenso Schnallen aus Gold und Granat, die vermutlich die beiden Hälften eines ledernen Brustharnisches zusammenhielten; von ihm war aber nichts erhalten geblieben. Daneben lagen die Reste eines verzierten Visierhelms. Da seine Bruchstücke weit verstreut waren, vermuten die Ausgräber, dass er einst an der Kammerwand hing – vielleicht zerbrach er beim Einsturz der Kammer. Dieser ungewöhnliche Fund gleicht in seiner Formgebung den Helmen, die im großen angelsächsischen Epos *Beowulf* beschrieben werden.

Viele geborgene Gegenstände kamen aus fernen Ländern. Im Westen der Kammer fand man beispielsweise eine schwere Bronzeschale, die aus dem koptischen

Ägypten stammte. Das meiste Silber kam aus dem Mittelmeergebiet. Es gab insgesamt 16 Stücke, von denen einige möglicherweise Geschenke von Diplomaten waren, vielleicht aus Gallien. Eines dieser Silberobjekte – eine große Schale mit mehr als 70 cm Durchmesser – trägt am Fuß das Siegel des byzantinischen Kaisers Anastasius. Andere Schalen, Schöpfkellen und Löffel tragen griechische Namen.

Viel wurde darüber spekuliert, wer in Sutton Hoo unter Hügel 1 begraben oder geehrt wurde. Er scheint einen gewissen Status oder Kontakte außerhalb von England gehabt zu haben; wahrscheinlich war er also ein Herrscher, der in zeitgenössischen Königschroniken verzeichnet ist. Da persönliche Dinge jedoch fehlen, ist keine sichere Aussage möglich. Das Wichtigste ist, dass die Funde von Sutton Hoo zeigen, wie kultiviert die angelsächsische Gesellschaft wirklich war. Vor den Entdeckungen in Sutton Hoo hatte man die Angelsachsen im Großen und Ganzen für rohe Krieger gehalten – eine Ansicht, die sich so nun nicht mehr aufrechterhalten ließ. Einige andere Gräber in Sutton Hoo zeugen allerdings noch von der Härte dieser Gesellschaft.

Nicht nur Bootsgräber ...

Neuere Grabungen in Sutton Hoo in den 1960er- und 1980er-Jahren belegen, dass das angelsächsische Gräberfeld, zu dem auch Hügel 1 gehörte, prähistorische Siedlungsspuren überprägte. Das Gräberfeld selbst umfasst verschiedene Arten der Beisetzung, darunter weitere Bootsgräber, aber auch Flachgräber und Brandbestattungen. In manchen Gräbern fand man noch vage Spuren der sterblichen Überreste. Ein Grab barg den Leichnam eines jungen Mannes in einem Sarg, dazu einen Harnisch aus Leder, vergoldeter Bronze und Eisen sowie die sterblichen Überreste eines Pferdes. Ebenso entdeckte man in anderen Gräbern wertvolle Beigaben, z. B. eine Silberkette, kleine Schnallen und eine Art Châtelaine (ein metallener Gürtel, wie die Frauen ihn in späterer Zeit trugen, versehen mit kurzen Ketten, an denen nützliche Dinge hingen), geborgen aus einem Grab im Ostteil des Gräberfeldes – wahrscheinlich war hier also eine Frau bestattet worden. Aus diesem Bereich stammen auch 23 Gräber von Menschen, die anscheinend hingerichtet wurden, vielleicht wurden sie geopfert. Einige hatten ein gebrochenes Genick oder zusammengebundene Gliedmaßen; sie sind in die gleiche Zeit wie die üppig ausgestatteten Gräber zu datieren.

Die Wikinger

Wikinger werden oft als blutrünstige Plünderer dargestellt. Auch wenn sie für ihre Brutalität berüchtigt gewesen sein mögen, so darf man eines nicht geringschätzen: Sie waren ebenso Bauern und Siedler, Händler und Kaufleute. Sie waren Entdecker und die Ersten, die versuchten, ferne Gebiete zu besiedeln, sogar in Russland und Neufundland.

Wikingerschiffe

Beeindruckende Schiffe waren für die Expansion der Wikinger und die Ausprägung ihrer Kultur von entscheidender Bedeutung. Ein besonders prächtiges Exemplar, das Gokstad-Schiff, wurde 1880 bei Oseberg am Oslo-Fjord ausgegraben. Das um 900 gebaute flache Schiff hatte einen tiefen Kiel, sodass es mühelos vor Küsten und in flachen Gewässern segeln konnte. Zudem konnte es an einem ansteigenden Strand landen, brauchte also keinen speziellen Hafen. Das bestätigen auch die Quellen, in denen Menschen von Wikingerangriffen berichten: Sie hatten nicht mit den Überfällen gerechnet, weil sie weit von einem Hafen entfernt oder an einem angeblich unbefahrbaren Fluss lebten.

Im Jahr 1904 fand man in der Nähe von Oseberg ein weiteres, noch beeindruckenderes Schiff. Wie der frühere Fund hatte es unter einem Hügel gelegen, war ebenfalls sehr gut erhalten und ungefähr so groß wie das Gokstad-Schiff, etwa 5 m breit und 22 m lang. Beide enthielten Grabkammern, aber während es sich beim Gokstad-Schiff um den Leichnam eines Mannes handelte, ruhten im Oseberg-Schiff eine junge und eine ältere Frau. In beiden Fällen waren bereits Grabräuber am Werk gewesen, doch einige Dinge blieben erhalten. Der Mann war mit einem Pfau, sechs Hunden und zwölf Pferden sowie mit einem Schlitten, einigen kleinen Booten und einem großen Kessel bestattet worden. Das Oseberg-Schiff hatte mindestens zehn Pferde, zwei Ochsen, drei Schlitten, Betten samt Bettzeug und einen geschnitzten Wagen enthalten. Wundervolle Schnitzereien verzierten das Schiff. Grabraub kam wahrscheinlich häufig vor und wird mitunter in den nordischen Sagen erwähnt. Diese poetischen Geschichten und Legenden handeln natürlich auch von den imposanten und oft bedrohlichen Schiffen, so wie die erhaltenen Berichte der Menschen, die von Wikingern überfallen wurden.

Internationale Händler und Siedler

Die meisten Wikinger strebten nach Beute. Neben den Raubzügen war der Handel jedoch ein ebenso bedeutender, langfristig wahrscheinlich noch wichtigerer Faktor. Nordische Entdecker folgten Flüssen ostwärts ins Innere von Russland und in muslimische Länder. Viele Güter – Pelze, Honig, Walrosselfenbein und Sklaven – tauschten sie gegen arabisches Silber ein.

Gegenüber: Das Gokstad-Schiff, in dessen Grabkammer ein Mann bestattet worden war. Es ist zwar nicht so kunstvoll dekoriert wie das Oseberg-Schiff, aber ebenfalls beeindruckend.

Rechts: Der Bug des Oseberg-Schiffes mit seinem prächtigen Schnitzwerk. Man fand es unter einem Grabhügel. In seiner Grabkammer ruhten zwei Frauen. Die meisten Beigaben waren jedoch gestohlen worden, wahrscheinlich bald nach der Bestattung.

Unten: Massive Armringe aus Dänemark.

Im Westen waren die Küsten Nordbritanniens ein nahes Ziel; weiter entfernt war da schon Island, das die Wikinger zwischen den 860er- und 870er-Jahren erreichten. Und die Landnahme Grönlands schließlich begann in der zweiten Hälfte des 10. Jahrhunderts, wodurch eine günstige Ausgangsbasis für weitere westwärts führende Reisen geschaffen wurde. Die Sagas berichten von einem „guten Vinland" im fernen Westen. Die von Erik dem Roten gegründete Ansiedlung in Grönland konnte nur wenige Menschen ernähren, obwohl das Klima damals weniger rau als heute war. Darum zog Eriks Sohn Leif nach Westen. Er erreichte mit Sicherheit die Baffininseln und Labrador, und auch in Neufundland wurde eine Siedlung entdeckt. Die genaue Lage von Vinland bleibt jedoch ein Rätsel; seine Beschreibung passt jedenfalls nicht zu Neufundland.

Wikinger auf Neufundland

Im Jahr 1960 wurde in L'Anse aux Meadows auf Neufundland ein Dorf entdeckt, nur 100 m vom Ufer einer flachen Küstenbucht entfernt. Es wurde auf etwa 1000 n. Chr. datiert; die Landnahme könnte also von der nur einige Jahre zuvor durch Erik den Roten gegründeten Siedlung in Grönland aus erfolgt sein. In der Nähe des Dorfes fand man keine Spuren anderer Wikingersiedlungen; es diente offenbar als Ausgangsbasis für weitere Entdeckungsreisen nach Süden. Man fand beispielsweise zwei Butternüsse, eine wilde Walnussart, die dort nicht wächst (und nicht wuchs). L'Anse aux Meadows umfasste acht Gebäude, einige klein, andere recht groß mit mehreren Räumen. Sie bestanden aus Holzgerüsten und Grassoden. In diesem Dorf könnten 70–90 Menschen gelebt haben. Es gab Werkstätten, darunter eine Schreinerei, eine Schiffsreparatur und eine Eisenschmiede; hier findet sich wohl der früheste Nachweis für Eisenverhüttung in Nordamerika. Anzeichen für Landwirtschaft

Gegenüber rechts: Diese Stele (aufrechte Steintafel mit Gravierungen) zeigt Wikinger in einem Schiff und oben Krieger.

Gegenüber links: Die Schmiedekunst der Wikinger war sehr ausgefeilt und oft elegant. Diese Silberbrosche stammt aus Trollakogur auf Island.

Links: Ein Runenstein aus Schweden aus dem 6. Jahrhundert n. Chr. Diese Stele mit Runen und einem Krieger ist einer der ältesten skandinavischen Belege für die damals gebräuchliche Runenschrift.

Oben: Diese Brosche aus dem Hortfund von Hornelund in Dänemark zeugt von der Gravierkunst der Wikinger.

oder Bauernhäuser gibt es nicht. Schiffe zog man an Land, um sie zu warten; von ihnen sind nur Eisennägel und Reste übrig. Ansonsten ist kaum etwas erhalten.

Die Siedlung in L'Anse aux Meadows bestand nicht sehr lange; sie wurde bald nach ihrer Gründung aufgegeben. Die Bewohner hatten fast alles mitgenommen, sodass die Ausgräber nur wenig fanden – Dinge, die möglicherweise verloren wurden oder versehentlich heruntergefallen waren. Man barg beispielsweise fast 100 zerbrochene Nägel – einer davon intakt – eine Bronzenadel, einen Schleifstein, eine Spindel und eine einzelne Glasperle. Warum das Dorf verlassen wurde, ist unklar; aber es war zu klein, um lange zu überleben. Weitere Gründe waren vielleicht die raue Umwelt und die Feindseligkeit der Einheimischen, und die Siedlung in Grönland war ihrerseits zu klein, um L'Anse aux Meadows weiter zu versorgen. Sie bestand etwas länger, etwa bis ins späte 14. Jahrhundert; doch letztlich war die nordische Kultur nicht flexibel genug, um sich dem Leben unter den zunehmend härteren Bedingungen Grönlands anzupassen. Ihre Landwirtschaft war für das sich verschlechternde Klima nicht geeignet, und die Beziehungen zwischen den Siedlern und verschiedenen Einheimischen, die sie Skraelings (Gesindel) nannten, wurden immer problematischer.

Jorvik

Die römische Siedlung York (Eboracum) wurde nie ganz verlassen, und als die Wikinger den Ort 866 n. Chr. einnahmen, fanden sie eher ein Dorf als eine dicht bevölkerte Stadt vor. Dominiert wurde es von den alten Mauern der römischen Festung. Grabungen im heutigen York, vor allem in Coppergate, haben einen großen Teil der Stadt freigelegt, welche die Wikinger zwischen 866 und 1066, bis zur Ankunft der Normannen, bauten. Die Wikingerstadt wurde Jorvik genannt.

Die Einwohner nutzten die römischen Ruinen geschickt und vielfältig. Sie richteten innerhalb der Mauern des einstigen Hauptquartiers, der *principia*, einen Friedhof ein; ein Teil der Kasernen diente fortan als Werkstätten. In einer Werkstatt wurde anscheinend Jett bearbeitet. Die Kirchen von Jorvik bestanden aus Stein, die Häuser und Werkstätten dagegen aus Holz und strohgedeckten Dächern. Dank der überaus günstigen Bedingungen in Coppergate ist viel Holz und mit ihm eine Menge anderes Material erhalten geblieben. In alten Senkgruben fand man beispielsweise nicht nur Fliegen und Käfer, sondern auch Darmparasiten, und anhand von Läusen konnte man sogar bestimmen, welche Gebäude Häuser und welche Werkstätten waren. Schafsläuse waren ein Indiz für Wollproduktion, und an einigen Stellen wurden Abfälle aus Färbebädern in dicken Schichtpaketen gefunden. Gewichte von Webstühlen deuteten ebenfalls auf Tuchmacherei hin, möglicherweise nicht nur in Werkstätten, sondern auch in Häusern. Die Silberbearbeitung war ein wichtiges Handwerk. Man fand zahlreiche Tuche, von denen einige – etwa die seidenen – mit Sicherheit importiert worden waren, zum Teil vielleicht aus Byzanz. Es wird vermutet, dass Wikingerhändler, die Zugang zur mittelasiatischen Seidenstraße hatten, die Seide aus Russland nach Jorvik brachten.

Gegenüber: Holzschnitzerei von der Kirche von Hylestad, Norwegen. Die Szene zeigt einen Schmied und seinen Kunden und spielt offenbar auf einen heidnischen Mythos an.

Unten: Pfosten mit Tierkopf aus dem Oseberg-Schiff.

Der Mittelmeerraum

Knossos und die Minoer

Die Insel Kreta nimmt im östlichen Mittelmeer eine herausragende Stellung ein. Ihre strategisch wie wirtschaftlich günstige Lage führte dazu, dass sie im 2. Jahrtausend v. Chr. eine Vorrangstellung in der Region einnahm. Diese Bedeutung der Insel spiegelt sich auch in der griechische Mythologie wider, insbesondere in den Geschichten von Theseus und dem Minotauros. Bis vor etwa 100 Jahren war allerdings nicht bekannt, dass Kreta in der Bronzezeit das Zentrum einer lebendigen und hoch entwickelten Zivilisation war.

Die Grabungen von Arthur Evans

Knossos wurde 1878 von Minos Kalokairinos entdeckt, und Heinrich Schliemann – der Entdecker von Troja und Mykene –, den die Möglichkeiten Kretas ebenfalls interessierten, hätte das Grundstück, auf dem sich der Palast befand, beinahe gekauft. Arthur Evans sollte das Grundstück schließlich erwerben und begann am 23. März 1900 mit seinen Ausgrabungen in Knossos. Evans war ursprünglich durch antik anmutende Steinmauern auf den Ort aufmerksam geworden, als er Siegelsteine suchte, die ihn weit mehr interessierten als Mythen und Legenden. Innerhalb nur einer Woche wurde eine Tontafel mit Schriftzeichen gefunden. Kurz darauf kamen weitere Tontafeln ans Licht. Obwohl die Tafeln nicht entschlüsselt werden konnten, wurde schnell deutlich, dass es sich um eine hoch stehende Kultur gehandelt haben muss, die über eine Schrift verfügt und offensichtlich administrative Vorgänge aufgezeichnet hatte. Die Grabungen wurden fortgesetzt, und weitere überraschende Funde traten zutage.

Gegenüber: Als Arthur Evans in Knossos mit seinen Grabungen begann, ahnte er noch nichts von den tatsächlichen Ausmaßen der Fundstätte. Das Luftbild zeigt die Komplexität der Palastanlage, die um einen zentralen Hof angeordnet ist, ein typischer Grundriss für minoische Paläste.

Unten: Die auch heute noch eindrucksvolle Fassade des Palastes von Knossos lässt den Reichtum vergangener Tage erahnen.

Rechts: Eine Opferkanne aus dem Grabmal von Katsambas. Die minoische Keramik zeichnet sich durch ihren überschwänglichen Stil aus. Diese dekorierte Kanne ist mit ihrer reliefierten Oberfläche und der reichen Bemalung beispielhaft für den minoischen Stil.

Der Palastkomplex

Das Areal auf dem Hügel barg eine gewaltige Zitadelle sowie einen ausgedehnten, mehrstöckigen Palastkomplex mit kunstvoll ausgeschmückten Räumen und großen Lagerräumen für Öl und Getreide. Etwas Vergleichbares war bis dahin nicht bekannt. Hier offenbarte sich unverhofft eine Zivilisation, die über erstaunliche künstlerische und handwerkliche Fähigkeiten verfügte. Schliemanns Vorgehensweise, archäologische Denkmäler griechischen Mythen zuzuordnen, wurde für Kreta übernommen. Evans bezeichnete diese Kultur nach dem legendären kretischen König Minos als minoisch und den Komplex als Palast des Minos. Die Bezeichnung Palast ist nicht untertrieben, obgleich nicht sicher ist, dass das minoische Kreta von einem einzigen Herrscher regiert wurde. Kultische Handlungen scheinen für die Minoer eine große Rolle gespielt zu haben, sodass z. B. ein religiöser Herrscher oder eine vergleichbar organisierte Gesellschaft vorstellbar wäre. Der um einen Zentralhof errichtete Palast von Knossos erweckte anfänglich aufgrund seiner labyrinthischen Anordnung einen

Gegenüber und oben: Evans' Rekonstruktion des Palastes von Knossos ist zwar umstritten, da er Beton- und Stahlträger verwendete, sie vermittelt jedoch einen lebendigen Eindruck davon, wie der Palast einst ausgesehen haben könnte. Lichtschächte gewährleisteten, dass Frischluft und Sonnenlicht in die unteren Stockwerke der Gebäude gelangen konnten.

verwirrenden Eindruck. Gleichwohl unterliegt der Komplex einem Ordnungsprinzip. Die größeren Räume befanden sich in den höher gelegenen Stockwerken, die über gemauerte Treppen zu erreichen waren. Andere wichtige Räume waren auf den zentralen Hof ausgerichtet. Doppeltüren trennten einen rückwärtigen Bereich ab, sodass die Räume je nach Bedarf verkleinert oder vergrößert werden konnten. Auf der Südostseite des Hügels erstreckten sich über drei Stockwerke prachtvolle Räume, die über eine imposante Treppe miteinander verbunden waren. Tiefe, nach unten verlaufende Lichtschächte gewährleisteten die Zufuhr von Luft und Sonnenlicht in die unteren Stockwerke. Als Evans die Treppe entdeckte, waren die sich elegant verjüngenden Säulen und Holzbalken verfallen. Er konnte sie jedoch rekonstruieren. Zahlreiche Räume des Palastes waren mit kunstvollen Wandmalereien geschmückt. Darüber hinaus verfügte die Palastanlage über ein komplexes System für die Versorgung mit Frischwasser und über ein Abwassersystem.

Schnell wurde bei diesem Palastkomplex klar, dass es sich um eine multifunktionale Anlage gehandelt haben muss. Neben den kunstvoll ausgeschmückten Räumen gab es schlichtere Räume. Vieles spricht dafür, dass der Palast von Knossos auch eine religiöse Kultstätte war, schriftliche Zeugnisse, die diese Theorie belegen, fehlen jedoch bislang. Der Palast selbst war von weiteren kleineren Gebäuden umgeben.

Kretische Mythen

Minos war nach der griechischen Mythologie über drei Generationen hinweg Herrscher von Kreta. Er bat Poseidon, den Gott des Meeres, ihm als Zeichen seiner Königswürde einen prächtigen Stier aus dem Meer zu senden, den er dem Gott zu opfern versprach. Als der Stier erschien, weigerte er sich aber, den Stier zu opfern. Seine Gattin Pasiphaë verliebte sich in den Stier und gebar schließlich Minotauros, eine Gestalt mit menschlichem Körper und dem Kopf eines Stieres.

König Minos ließ daraufhin ein gewaltiges Labyrinth in Knossos bauen, um das Ungeheuer dort zu verbergen. Regelmäßig wurden sieben Jünglinge und sieben Jungfrauen geopfert und dem Minotauros zum Fraß vorgeworfen. Diese Opfer waren Athener, die der König von Athen Minos als Tribut überlassen musste, da er Minos' Sohn getötet hatte. Schließlich wurde Theseus, der spätere König von Athen, zusammen mit einer Gruppe von Opfern nach Kreta geschickt. Als die 14 mutmaßlichen Opfer in Kreta ankamen, wurden sie in das Labyrinth eingesperrt. Nun verliebte sich jedoch die kretische Prinzessin Ariadne in Theseus, als sie diesen erblickte. Sie schenkte ihm ein Wollknäuel, mit dessen Hilfe er später, nachdem er den Minotauros gefunden und getötet hatte, wieder aus dem Labyrinth herausfinden sollte. Zusammen mit Ariadne und seinen Gefährten floh er schließlich von der Insel.

Der erste Palast von Knossos

Der erste Palast von Knossos wurde um 2000 v. Chr. erbaut und war aus Stein. Bevor er im 15. Jahrhundert v. Chr. einem Brand zum Opfer fiel, wurde er erweitert und umgebaut. Die Ausmaße der Palastanlage waren beträchtlich. Schätzungen zufolge sollen in und um die Anlage 15 000–50 000 Menschen gelebt haben, wobei allein die Anlage der sogenannten Neupalastzeit 13 000 qm einnahm. Ein Bauwerk dieser Größenordnung erforderte nicht nur eine beträchtliche Zahl an Arbeitskräften, sondern auch qualifizierte Fachleute.

Das Umland lieferte Nahrungsmittel und andere Güter des täglichen Bedarfs, und vieles spricht für internationalen Handel. Die von Evans gefundenen Lagerräume waren enorm groß. Sie enthielten fast 2 m hohe Vorratsgefäße, sogenannte *pithoi*, in denen Olivenöl, Wein und Getreide aufbewahrt wurden. Vergleichbare Zeugnisse, obgleich nicht in dieser Größenordnung, wurden auch andernorts auf Kreta gefunden. Mittlerweile sind auf anderen griechischen Inseln minoische Funde ebenso zutage gekommen. Evans hatte ein Seereich entdeckt, das den größten Teil der Ägäis umfasste und über internationale Handelsverbindungen verfügte.

Da außer den Tontafeln, auf denen administrative Vorgänge aufgezeichnet wurden, keine Textzeugnisse vorliegen und die Linear-A-Schrift überdies bis heute nur ansatzweise entschlüsselt werden konnte, muss für das Verständnis der minoischen Gesellschaft auf andere Zeugnisse, wie z. B. Wandmalereien, zurückgegriffen werden. Zahlreiche Bilder zeigen Menschen: junge Menschen mit großen Gefäßen, aufwendig gekleidete Frauen mit kunstvollen Frisuren sowie Akrobaten, die über einen Stier springen. Neben Delfinen, Vögeln, Pflanzen und Blumen geben die Fresken auch Alltagsszenen wieder. Wandmalereien wurden auch in Gebäuden außerhalb des Palastes von Knossos und an anderen minoischen Ausgrabungsstätten gefunden.

Gegenüber: Die große Treppe in Knossos. Die restaurierten Wandmalereien des Tempels sind besonders spektakulär. Viele von ihnen zeigen dekorative Motive, wie diese Schilde. Zahlreiche Funde auf Kreta und dem Festland weisen derartige Schilde auf, die sich für die gesamte Bronzezeit nachweisen lassen.

Oben rechts: Meerestiere und Wellen tauchen in der minoischen Kunst regelmäßig auf, oftmals mit vielen Details und Bewegungen wie bei diesem Fresko. Sie betonen die Bedeutung des Meeres für diese maritime Kultur.

Rechts: Ein Stierkopf aus bemaltem Ton. Stilisierte Stierhörner kommen in den unterschiedlichsten Kontexten vor, u. a. als Bestandteile von Gebäuden, auf Keramik oder Siegeln. Sie sollten ursprünglich möglicherweise das Vorhandensein eines Schreins anzeigen.

Der Stiertanz

Stiere hatten für die Minoer offensichtlich eine besondere Bedeutung. Stilisierte Stierhörner sind in der minoischen Kunst ein beliebtes Motiv. Die Tiere finden sich auf Keramik, Metallarbeiten und Siegeln. Eines der eindrucksvollsten Artefakte ist ein Opfergefäß in Form eines Stierkopfes. Darüber hinaus zeugen zahlreiche griechische Mythen von der Bedeutung des Stieres für Kreta. Zu den ungewöhnlichsten Erscheinungsformen dieser Art zählt der sogenannte Stiertanz. Junge Akrobaten springen über einen Stier, was oft auch als Stiersprung bezeichnet wird, wobei sie die Hörner als Hebel einsetzen und sich in Form eines Saltos über den Rücken des Tieres hinwegschleudern lassen, um schließlich wieder sicher auf dem Boden zu landen.

In der Vergangenheit wurde vielfach kontrovers diskutiert, ob es tatsächlich möglich sei, über den Rücken eines Stieres zu springen und ihn dabei bei den Hörnern zu packen. Unabhängig davon, ob die Darstellungen realistischen Vorgängen entsprechen oder nicht, sie waren zweifellos sehr beliebt. Und dies nicht nur in der Wandmalerei, denn in Knossos wurde z. B. auch eine kleine Elfenbeinstatuette eines Stierspringers gefunden. Die Muskeln und Adern des Jünglings wirken überaus realistisch, auch wenn sein Körper etwas gestreckt ist, wodurch vermutlich seine akrobatische Anmut hervorgehoben werden sollte.

Links: Die restaurierte Wandmalerei aus Knossos zeigt junge Akrobaten mit einem Stier. In der minoischen Kunst wurden Frauen üblicherweise mit blasser Haut dargestellt, das heißt, unter den Stierspringern gab es höchstwahrscheinlich auch Frauen.

Der Tempel von Anemospilia

Zahlreichen Artefakten wurde zwar von Archäologen eine kultische Bedeutung zugeschrieben, ob sie jedoch tatsächlich bei religiösen Ritualen verwendet wurden, konnte bislang nicht zweifelfrei geklärt werden. Einige von ihnen zeigen Frauen, wobei unklar ist, ob sie Priesterinnen, Betende oder gar Göttinnen darstellen. Umstrittene Zeugnisse finden sich auch an einem anderen ungewöhnlichen Fundort aus der Zeit um 1700–1650 v. Chr., der durch ein Erdbeben zerstört wurde, wie die erste Palastanlage in Knossos. In Anemospilia, in Zentralkreta, wurde ein kleiner minoischer Tempel gefunden, der durch ein Erdbeben zerstört wurde und anschließend in Brand geriet. In der Vorhalle fanden Archäologen 150 Tongefäße, die darauf hindeuteten, dass dieser Bereich für das Sammeln von Opfergaben bestimmt war. Vor dem Eingang zum zentralen Bereich des Tempels wurde das Skelett eines Menschen entdeckt, der von herabgestürzten Mauerteilen erschlagen worden war. Die einzige Spur, die auf eine Gottheit hinwies, waren zwei Tonfüße einer mutmaßlichen Götterstatue, die von einem Podest herabgefallen sein müssen.

Menschenopfer

Die größte Überraschung hielt der östliche Tempelraum bereit. Er war leer – bis auf drei Skelette. In einer Ecke fand man das Skelett einer etwa 1,50 m großen Frau, das Gesicht nach unten gewandt. In unmittelbarer Nähe lag ein etwa 1,70 m großer Mann im Alter zwischen 30 und 40 Jahren auf dem Rücken. Herabfallende Trümmer hatten ihm die Beine gebrochen. Am kleinen Finger der linken Hand trug er einen Silberring, der in der Bronzezeit überaus selten und wertvoll gewesen sein muss. Außerdem trug er am Handgelenk ein prachtvolles Bernsteinsiegel. Das, was auf den ersten Blick ein Opfertier zu sein schien, lag in der Nähe des Mannes auf einem Podest (einer Art Altar). Als die Archäologen Yannis und Efi Sakellerakis mit ihrer Arbeit begannen, nahmen sie an, dass es sich um ein Tier handelte. Doch das Skelett gehörte einem jungen Mann. Die Haltung des etwa 18 Jahre alten Mannes deutete darauf hin, dass seine Arme auf dem Rücken gefesselt waren. Seine Beine waren gekrümmt, und auf seinem Bauch lag ein 40 cm langer Bronzedolch. Die Klinge war mit eingravierten Tierköpfen verziert.

Diese Entdeckung löste Betroffenheit aus, denn obwohl in den mit Kreta verbundenen Mythen Menschenopfer erwähnt werden, kam die Realität einem Schock gleich. Die Archäologen nahmen an, dass es sich dabei um eine außergewöhnliche Maßnahme handelte, um die für das Erdbeben verantwortliche Gottheit zu

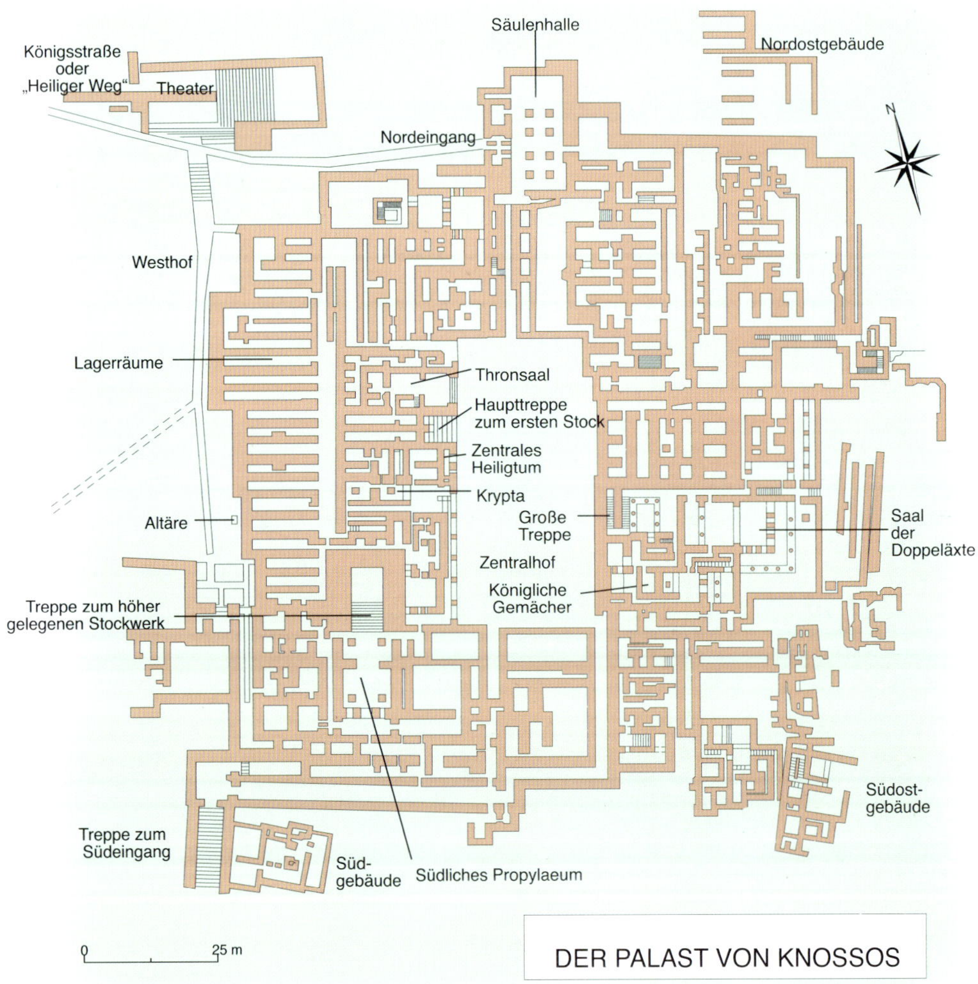

DER PALAST VON KNOSSOS

besänftigen. Die Person, deren Skelett vor dem Eingang lag, hatte vermutlich versucht, nach der Opferhandlung aus dem einstürzenden Gebäude zu fliehen. Der Mann mit dem Ring hatte nach Meinung der Archäologen die Opferhandlung durchgeführt und war während des Erdbebens nach hinten gefallen. Die Frau hatte hingegen in einer Ecke Schutz gesucht.

Seit dieser Entdeckung in den 1970er-Jahren mehrten sich bei weiteren Grabungen Hinweise auf Menschenopfer oder ähnliche Riten, eine Erklärung für die Entdeckung gibt es aber bis heute nicht.

Unten: Die Schlangengöttin stand im Mittelpunkt zahlreicher Diskussionen über den Status und die Rolle der Frau. Es gibt viele ähnliche Darstellungen auf Fresken, Siegeln und Metallarbeiten, unklar ist allerdings, ob sie eine Göttin, eine Priesterin oder eine Betende zeigen.

Rechts: Boxende Jungen auf einem Wandgemälde aus Akrotiri.

Oben: Gebäude der einst blühenden Stadt Akrotiri, die vor ca. 3500 Jahren durch den Ausbruch des Vulkans auf der Insel Thera unter einer Schicht aus Asche und Gestein begraben wurden.

Das Ende der Minoer

Der Mittelmeerraum ist seit jeher von Erdbeben und Vulkanausbrüchen erschüttert worden. Ungefähr um 1500 v. Chr. – die genaue Datierung ist bis heute umstritten – brach auf der 100 km von Kreta entfernt liegenden Insel Thera (Santorin) ein Vulkan aus. Zuvor hatten die Bewohner die Insel wegen eines Erdbebens verlassen müssen. Nachdem sie sich erneut auf Thera niedergelassen und die Schäden beseitigt hatten, brach der Vulkan aus und bedeckte die gesamte Insel mit Asche. Die verlassenen Gebäude lagen nun unter Asche und Vulkangestein begraben. Dann brach die Insel auseinander. Es wird vermutet, dass die Eruption stärker war als auf der Insel Krakatau. Heute sind nur noch Reste der ursprünglichen Insel Thera erhalten, und noch immer sind in diesem Gebiet vulkanische Aktivitäten zu verzeichnen. Ascheablagerungen wurden selbst auf Kreta über minoischen Feldern und in Tiefseesedimenten gefunden, wobei diese Verbreitung darauf hindeutet, dass die Asche von den sommerlichen Nordwestwinden fortgetragen wurde. Sehr wahrscheinlich löste der Vulkanausbruch einen Tsunami aus. Mögliche Anzeichen dafür lassen sich z. B. in Amnisos an der Nordküste Kretas nachweisen, wo große Steinblöcke verschleppt wurden.

Warum Zivilisationen untergehen, lässt sich aus archäologischer oder historischer Sicht nicht mit letzter Sicherheit sagen. Das gilt auch für das minoische Kreta. Es gibt selten nur eine einzige Ursache. Anzeichen für eine Katastrophe auf Kreta lassen sich zweifellos nachweisen: Städte, Paläste und Villen wurden zerstört, größtenteils durch Brände. Die auf den Vulkanausbruch zurückgehenden Ascheschichten befinden sich jedoch unter den Zerstörungsschichten und sind somit älter: Nach der Eruption wurden die Bauten also noch einmal aufgebaut.

Die Eruption von Thera

Der Archäologe Spyridon Marinatos vertrat die Auffassung, dass die Eruption von Thera die Ursache für den Niedergang der minoischen Kultur darstellte, und suchte Beweise für seine Theorie. Er nahm an, dass Grabungen auf Thera seine Theorie stützen würden. Trotz der meterdicken Ascheschichten gelang es ihm, einen poten-

Die Schriften in Knossos

Die zuerst auf Siegelsteinen entdeckten rätselhaften Schriftzeichen, die Arthur Evans nach Kreta geführt hatten, fanden sich auch auf den in Knossos ausgegrabenen Tontafeln. Der Umstand verweist auf eine hoch entwickelte Zivilisation mit eigener Schriftkultur, deren Schriftzeichen jedoch niemand zu entschlüsseln vermochte. Es schien sich um drei Schriften zu handeln, hinter denen sich verschiedene Sprachen verbergen mussten.

Die früheste wurde als hieroglyphisch bezeichnet, da sie einige ägyptische Symbole verwendete, die minoische Sprache war jedoch nicht mit der ägyptischen vergleichbar. Diese Schrift ist bis heute nicht entschlüsselt, ebenso wie die als Linear A bezeichnete Schrift, die auf Kreta und weiteren griechischen Inseln nachgewiesen wurde.

Die späteste, als Linear B bezeichnete Schrift, die Evans auf mehr als 4000 Tafeln fand, stammt aus der jüngeren Palastzeit. Sie wurde auch auf dem griechischen Festland genutzt, u. a. in Mykene. Evans konnte die Ziffern zuordnen und Ideogramme identifizieren, das heißt Zeichen und Symbole, wie Menschen, Pferde oder Getreideähren, nicht jedoch den Code der Schrift entschlüsseln. Die Tafeln schienen hauptsächlich für administrative Zwecke genutzt worden zu sein.

1936 hielt Evans einen öffentlichen Vortrag, in dem er die unverständlichen minoischen Schriftzeichen beschrieb. Ein 14 Jahre alter Junge namens Michael Ventris, der sich ebenfalls unter den Zuhörern befand, sollte dazu bestimmt sein, das Rätsel zu lösen. Nur vier Jahre später publizierte er seinen ersten Aufsatz, seine Arbeit sollte jedoch durch den Zweiten Weltkrieg unterbrochen werden. Nach dem Krieg beschäftigte sich Ventris weiter mit dem Problem, wobei er ursprünglich von Verbindungen zur etruskischen Sprache ausging, 1951 jedoch feststellen musste, dass es sich um eine frühe Form des Griechischen handelte. Ventris, der zu dieser Zeit als Architekt arbeitete, nahm nun die Hilfe des Philologen John Chadwick in Anspruch. Wenig später, 1952, gaben sie die Entschlüsselung bekannt. Ihre Theorie, die von zahlreichen Wissenschaftlern angezweifelt worden war, wurde schließlich von Carl Blegen, dem Entdecker der mykenischen Stadt Pylos, bestätigt. Dieser hatte zahlreiche Tafeln mit Schriftzeichen ausgegraben und eine Lösung zu ihrer Entschlüsselung gefunden, indem er die Ideogramme, die Zeichen mit Bildern von Tieren, Lebensmitteln und Menschen, einer weiteren Prüfung unterzog. Sie stimmten mit den Informationen der Schriftzeichen überein.

Ventris' Entschlüsselung zeigte die Kontinuität zwischen der Bronzezeit der Paläste, der in den Epen von Homer beschriebenen Welt, und der frühen griechischen Kultur des 1. Jahrtausends v. Chr. Tragischerweise kam Ventris 1956 bei einem Unfall ums Leben, sodass er seine Arbeiten zur Entschlüsselung der Linear-A-Schrift nicht fortsetzen konnte.

Links: Der Diskus von Phaistos mit einem Durchmesser von 16 cm ist auf beiden Seiten mit 45 verschiedenen, spiralförmig angeordneten Symbolen beschriftet. Diese Piktogramme entsprechen den sogenannten minoischen Hieroglyphen der frühen Palastzeit. Die 241 Zeichen des Diskus sind durch Trennlinien zu 61 Zeichengruppen zusammengefasst. Es wurden zahlreiche Übersetzungsversuche unternommen, die aber zu keinem Ergebnis führten.

ziellen Fundort zu lokalisieren. Bauern in Akrotiri behaupteten, sie könnten aufgrund der großen Menge an Steinen auf bestimmten Feldern die Erde nicht pflügen, ein Hinweis auf menschliche Hinterlassenschaften. Marinatos begann 1967, an dieser Stelle zu graben.

Die Ausgrabungsstätte von Akrotiri ist ein außergewöhnlicher Ort. Das minoische Äquivalent zu Pompeji wurde von zwei bis drei Stockwerken hohen Ascheschichten verschüttet. Im Gegensatz zu Pompeji fanden sich hier jedoch keine Spuren der ursprünglichen Einwohner. Vermutlich war es ihnen gelungen, die Insel in einem frühen Stadium des Vulkanausbruchs lebend zu verlassen. Da nur wenige wertvolle Artefakte gefunden wurden, deutet alles darauf hin, dass die Bewohner genug Zeit hatten, ihre Wertsachen wegzubringen. Unter den Gegenständen, die vor Ort ausgegraben wurden, waren Bronzewerkzeuge und Gewichte. Die Erdgeschosse der Häuser dienten als Werkstätten und Lagerräume. Die Obergeschosse scheinen hingegen kleinere Räume beherbergt zu haben. Möbel hatten als Negativform in der Asche ihre Spuren hinterlassen, die durch Ausgießen mit Gips rekonstruiert werden konnten. Darüber hinaus kamen Gefäße für Lebensmittel und Wein zum Vorschein. Auf zahlreichen Wänden haben sich Wandmalereien erhalten, die Alltagsszenen zeigen und mit dem kretischen Malstil verwandt sind. Gleichwohl handelt es sich hier um eine eigenständige Kultur, denn die Keramik stammt größtenteils aus lokaler Produktion, auch wenn minoische Importe nachgewiesen werden konnten. Letztere zeigen aufgrund ihrer stilistischen Merkmale, dass die Stadt Akrotiri, die mit der Eruption auf Thera ihr Ende fand, 20 oder 30 Jahre vor dem definitiven Niedergang der kretischen Fundstätten verschüttet wurde.

Daher muss der Vulkanausbruch als einzige Ursache für den Niedergang der minoischen Kultur ausgeschlossen werden. Die Auswirkungen der Eruption von Thera – mit Asche bedeckte Felder, die möglicherweise eine Hungersnot nach sich zogen, sowie Flutwellen, die die Küsten zerstörten und sich negativ auf den Handel auswirkten – müssen zwar gravierend gewesen sein, waren aber vermutlich nicht die unmittelbare Ursache. Knossos hat länger als andere kretische Paläste überlebt, und es gibt dort Anzeichen für eine neue Verwaltungsstruktur, die die frühe griechische Schrift Linear B verwendete, die auch auf dem Festland, u. a. in Pylos und Mykene, nachgewiesen wurde.

Gegenüber: Der Erhaltungszustand von Akrotiri ist sehr gut, was auch durch die zahlreichen Wandmalereien unterstrichen wird. Das Bild des Fischers von Akrotiri hebt die Bedeutung des Meeres für die Bewohner der Stadt hervor.

Unten: Die über zwei Ebenen führenden Treppen und Straßen von Akrotiri vermitteln einen Eindruck vom Ausmaß der Stadt, die 13 Hektar umfasst.

Arthur Evans
Der Entdecker von Knossos

Sir Arthur Evans (1851–1941) hatte von Haus aus einen archäologischen Hintergrund, denn sein Vater war ein renommierter Altertumsforscher, der das Interesse seines Sohnes an der Geschichte der Antike schon sehr früh förderte. Evans begann seine Karriere jedoch als Journalist. Er arbeitete in Bosnien, wo er als politischer Aktivist die Unabhängigkeitsbewegungen gegen das Osmanische Reich unterstützte. Schließlich wurde er Korrespondent des *Manchester Guardian* und kritisierte die österreichische Okkupation Bosniens, wofür er inhaftiert und anschließend des Landes verwiesen wurde.

Seine Leidenschaft für die Archäologie hatte ihn nicht losgelassen, und eine Begegnung mit Schliemann scheint sein Interesse besonders für Münzen und Siegelsteine wieder geweckt zu haben. Zahlreiche Artefakte, die er in Athen gefunden hatte, waren kretischen Ursprungs, sodass er 1894 schließlich nach Kreta reiste. Seine Versuche, das Grundstück zu erwerben, auf dem er den Palast von Knossos vermutete, scheiterten zunächst, da Kreta in Unabhängigkeitsbestrebungen vom Osmanischen Reich verwickelt war. 1900 wurde Kreta schließlich unabhängig, sodass Evans, der die Unabhängigkeitsbewe-

gung unterstützt hatte (was angesichts seiner früheren Aktivitäten auf dem Balkan vorhersehbar war), mit systematischen Grabungen beginnen konnte. Da ihm für die Grabungen die notwendige Erfahrung fehlte, nahm er die professionelle Unterstützung von Duncan Mackenzie in Anspruch. Die ersten Entdeckungen ließen nicht lange auf sich warten.

Arthur Evans' Rekonstruktionen von Teilen des Palastes und die Restaurierung zahlreicher Fresken waren von Anfang an umstritten, da seine Ingenieure Betonpfeiler und Stahlträger verwendeten und die Restaurierung der Wandmalereien mit geringen Sachkenntnissen durchgeführt wurde. Hinzu kam, dass durch die Rekonstruktionen zahlreiche bedeutende Artefakte zerstört wurden und in einigen Fällen, wie beim Thronsaal, die Rekonstruktionen irreführend waren.

Evans war allerdings von Anfang an gezwungen, die Funde schnellstmöglich zu konservieren, so verschlechterte sich der Zustand des Thronsaals mit seinen anfälligen Fresken bereits im ersten Winter. Stellenweise ließ man gewisse Sorgfalt walten. Insbesondere bei der großen Treppe, die sicherlich dort gestanden hat: Ihre Trümmer wurden unter der Geländeoberfläche gefunden. Ansonsten war Evans jedoch bestrebt, Knossos so zu rekonstruieren, wie es seinen Vorstellungen entsprach. Einige der späteren Siedlungsschichten wurden dafür geopfert: Die Überreste eines mykenischen *megaron*, einer Art Thronsaal, wurden beschädigt. Es wurde fälschlicherweise als klassisch eingestuft, wobei die Originalfunde in die ungesicherten Rekonstruktionen von Evans einbezogen wurden.

Dennoch vermittelt Knossos heute einen imposanten Eindruck der minoischen Kultur auf dem Gipfel ihrer Macht. Dies ist in hohem Maße auf die Rekonstruktionsarbeiten zurückzuführen.

Rechts: Detail des Lilienfreskos aus dem Haus der Damen auf Thera.

Troja

Die Stadt Troja galt lange als Ort fiktiver Sagen. In der Antike glaubte man, dass es sich um einen realen Ort handelte, der an der Meerenge der Dardanellen gelegen habe. Die Stadt Ilion, die zwischen 700 v. Chr. und 500 n. Chr. dort existierte, sollte nach weitverbreiteter Ansicht auf oder in der Nähe von Troja erbaut worden sein. Im 19. Jahrhundert wurden zahlreiche Orte in der Türkei, vor allem Bunarbasi und Hisarlık mit Troja in Verbindung gebracht.

Der Brite Frank Calvert erwarb einen Teil des Siedlungshügels in Hisarlık und leitete vielversprechende Testgrabungen, die er jedoch aufgrund fehlender finanzieller Mittel nicht fortsetzen konnte. In Pınarbaşı begann ein deutsches Team mit den Ausgrabungen, die jedoch zu keinem Ergebnis führten. Dann traf Calvert Heinrich Schliemann.

Schliemanns Grabungen in Hisarlik

Schliemann war schnell von den Informationen, die Calvert ihm lieferte, überzeugt und begann in Hisarlık mit umfassenden Grabungen. Die Ausgrabungsstätte des sagenumwobenen Troja befindet sich am Rande eines Plateaus und ist nicht groß. Der größte Teil der Siedlungsschichten ist allerdings durch spätere antike Überbauungen und durch die Ausgrabungen des 19. Jahrhunderts stark gestört. Insbesondere Schliemann ließ, ohne die komplexe Situation der zahlreichen Siedlungsschichten zu beachten, einfach einen breiten Graben ausheben.

Bei den Ausgrabungen von Schliemann und seinen Nachfolgern wurden mehrere übereinanderliegende Siedlungsschichten entdeckt, die chronologisch als Troja I–IX bezeichnet werden und die Zeit zwischen 3000 v. Chr. (Troja I) und 500 n. Chr. (Troja IX) abdecken. Der ursprünglich kleine Ort hat sich schnell zu einer bedeutenden Stadt entwickelt, die vermutlich um 2500 v. Chr. von regionaler Bedeutung war. Diese Stadt wird als Troja II bezeichnet.

Der Schatz des Priamos

Schliemann glaubte, den Schatz des Priamos entdeckt zu haben. Die Artefakte stammten jedoch aus der Zeit zwischen 2400 und 2300 v. Chr., also mehr als 1000 Jahre vor der vermuteten Herrschaft Priamos'. Der Schatz enthielt zahlreiche Schmuckstücke aus Gold, Objekte aus Bronze, Silbergefäße sowie Becher aus Gold und Silber. Viele Archäologen waren lange Zeit der Meinung, dass Schliemann diesen Schatz der frühen Bronzezeit von verschiedenen Fundorten und möglicherweise aus verschiedenen Schichten zusammengetragen hatte, denn seine Aufzeichnungen waren widersprüchlich. Heute geht man jedoch davon aus, dass der Schatz höchstwahrscheinlich aus der Schicht von Troja II stammt, da die Artefakte stilistisch Ähnlichkeiten mit Funden aus dieser Schicht aufweisen. Außerdem wurde bei späteren Grabungen in den 1930er-Jahren fast in jedem Raum von Troja II Gold gefunden, was darauf hindeutet, dass die Einwohner den Ort fluchtartig verlassen haben. Einige Objekte scheinen zur Wiederverwertung vorgesehen worden zu sein, denn zahlreiche Artefakte waren unvollendet, beschädigt oder zerbrochen. Überdies fanden sich eingekerbte „Barren", die eventuell zur Herstellung von Perlenschnüren dienten. Möglicherweise zählten sie lediglich zu den Überresten einer Goldschmiedewerkstatt. Fest steht jedenfalls, dass sie nicht zu einem Schatz

Gegenüber: Die Mauern von Troja VI, für jene, die den Trojanischen Krieg für ein historisches Ereignis halten, die in der Ilias verewigte Stadt.

Rechts: Der sogenannte Schatz des Priamos.

gehörten, der während der von Homer beschriebenen Belagerung Trojas versteckt worden war. Sie waren wie Troja II mehr als 1000 Jahre älter.

Troja VI

Im Laufe der Grabungen wurde schließlich eine andere Siedlungsschicht als das homerische Troja identifiziert: Troja VI. Während der mittleren und späten Bronzezeit umschloss eine befestigte Zitadelle einige Hauptgebäude. Außerhalb der Festungsmauern wurde eine großflächige Bebauung nachgewiesen. Obgleich der höchste Punkt von Troja VI geschleift worden war, um eine spätere Überbauung zu ermöglichen, finden sich zahlreiche Spuren der Verteidigungsanlagen, die mit einer Stärke von 4 m und einer Höhe von 9 m enorm waren. Die Straßen innerhalb der Zitadelle führten zum höchsten Punkt, wo der Palast gestanden haben muss, der jedoch bis jetzt nicht nachgewiesen werden konnte. Unmittelbar darunter befanden sich 25 große Gebäude, die eventuell den Mitgliedern des Königshauses, bedeutenden Familien oder hohen Beamten gehörten. Eines dieser Gebäude, das als Säulenhaus bezeichnet wird, ist mehr als 23 m lang und fast 11 m breit. Es verfügte über eine Haupthalle und einen Kochbereich, das Dach der Halle wurde von Steinsäulen gestützt. Das Obergeschoss bestand höchstwahrscheinlich aus Fachwerk.

Dörpfeld, der mit Schliemann in Troja zusammengearbeitet hatte und die Grabungen nach dessen Tod im Jahre 1890 fortführte, war davon überzeugt, dass es sich bei dieser Siedlungsphase um das Troja Homers handele, da sie infolge kriegerischer Auseinandersetzungen zerstört worden sei. Andere Forscher führten die Zerstörung jedoch auf ein Erdbeben zurück. Aber warum wurden dann die großen Gebäude nicht wieder aufgebaut? Die Verteidigungsanlagen wurden zwar teilweise repariert, aber an zahlreichen Stellen blieben die Trümmer einfach liegen. Es gibt noch weitere Unstimmigkeiten, denn eigentlich scheint sich die Siedlungsart geändert zu haben. Außerdem gibt es Anzeichen für einen Brand, und es wurden Pfeilspitzen sowie menschliche Überreste gefunden. Carl Blegen, der nach Dörpfeld die Grabungen führte, hielt Troja VIIa für die Stadt Homers, da sie ebenfalls vermutlich gewaltsam zerstört wurde. Die Diskussion ist zwar noch nicht abgeschlossen, doch heute gilt Troja VI jenen, die an den Trojanischen Krieg als historisches Ereignis glauben, wieder als die Stadt Homers, da die Datierung der Siedlungsphase der vermuteten Datierung des Krieges entspricht und mittlerweile Zweifel an der Erdbebenhypothese erhoben wurden.

Aktuelle Grabungen

Die Wiederaufnahme der Ausgrabungen erfolgte 1988 mit einem deutsch-türkisch-amerikanischen Team unter Leitung von Manfred Korfmann. Die Küstenlinie der späten Bronzezeit konnte mittlerweile identifiziert werden, wobei in deren unmittelbarer Nähe über 50 Feuerbestattungen nachgewiesen wurden, und zwar zusammen mit mykenischen Grabgottheiten und Keramik aus dem 13. Jahrhundert v. Chr. (Spätzeit Troja VI). Allerdings waren unter den Bestatteten auch Frauen und Kinder, was eher auf eine Handelssiedlung als auf ein militärisches Lager deutet, wie es in der *Ilias* beschrieben wird.

Andererseits scheinen die jüngeren Grabungen in Bezug auf Trinkwasserquellen und die Ortsbestimmung des griechischen Hafens Details der *Ilias* zu bestätigen. Weitere unabhängige Zeugnisse, die einen historisch datierbaren Konflikt stützen könnten, gehen auf hethitische Quellen zurück, die nunmehr analysiert werden. Ob das archäologische Troja jedoch mit der Stadt Homers identisch ist, konnte bis heute nicht mit Sicherheit ermittelt werden.

Unten: Ein goldener Becher mit Doppelhenkel aus der Schicht Troja II, die heute mindestens 1000 Jahre früher datiert wird als der sagenhafte Trojanische Krieg.

Heinrich Schliemann

Der Entdecker von Troja und Mykene

Heinrich Schliemann (1822–1890) entstammt einer Pfarrersfamilie aus Mecklenburg. Er verdiente mit dem Indigohandel ein Vermögen und zog sich früh aus dem Geschäftsleben zurück. Sein Interesse für Homers *Ilias* und *Odyssee* veranlasste ihn, Griechenland und die Türkei zu bereisen, wo er nach den Orten der *Ilias* und *Odyssee* suchte. Schliemann war überzeugt, dass der von Homer beschriebene Trojanische Krieg tatsächlich stattgefunden und der Dichter reale Orte und Menschen beschrieben hatte.

Seine Forschungen und Kontakte, vor allem Frank Calvert, führten ihn zum Siedlungshügel von Hisarlık im Nordwesten der Türkei, unter dem er Troja vermutete. Er führte dort vier Jahre Ausgrabungen durch, wobei er in den beiden letzten Jahren (1882–1883 und 1889–1890) von Wilhelm Dörpfeld unterstützt wurde, der neue Grabungstechniken und eine systematische Auswertung der Funde einführte. Zwischen 1871 und 1873 beschäftigte Schliemann 150 Arbeiter, die tiefe Gräben durch den Hügel von Hisarlık trieben. Die Ausgrabungsstätte war zwar sehr komplex, dennoch konnte er sieben chronologisch aufeinanderfolgende Siedlungsschichten identifizieren, wobei er die zweite für das homerische Troja hielt. Dörpfeld sollte später die sechste Schicht damit in Verbindung bringen. Heute steht fest, dass Schliemann hier irrte, da die zweite Schicht zu alt ist.

Schliemann schilderte seine Erlebnisse gern mit dramatischen Worten, nicht alles entsprach immer den tatsächlichen Begebenheiten. Überdies vergaß er gern, Leistungen von anderen zu erwähnen, wie im Fall von Frank Calvert, der wesentlich zur Identifizierung Trojas beigetragen hatte. So ging Schliemann als Entdecker Trojas in die Geschichtsbücher ein.

Einen Großteil des Priamosschatzes schmuggelte Schliemann aus der Türkei und wurde daher von den türkischen Behörden zur Persona non grata erklärt und zu einer Geldstrafe verurteilt, die er auch zahlte. Dennoch sollte er nicht sofort nach Hisarlık zurückkehren können. 1881 schenkte Schliemann den Schatz der Stadt Berlin und erhielt dafür die Ehrenbürgerschaft. Nach dem Zweiten Weltkrieg wurde der Schatz von der Roten Armee als Beutekunst in die UdSSR verbracht, was allerdings erst 1993 von offizieller russischer Seite bestätigt wurde. Heute befindet er sich im Puschkin-Museum in Moskau.

Die mykenische Welt

Heute ist sich die Forschung weitgehend darüber einig, dass die Epen *Ilias* und *Odyssee* nicht gleichzeitig verfasst wurden. Damit ist die alleinige Autorenschaft von Homer unwahrscheinlich. Manche Wissenschaftler zweifeln die Existenz von Homer überhaupt an. Die um 700 v. Chr. verfassten Werke gehen auf ältere mündliche Überlieferungen zurück. Diese Ursprünge werden allgemein anerkannt, doch die Frage, ob die von Homer beschriebene Welt, in der Eisen als ein edles, nicht alltägliches Metall galt und in der unerschrockene Krieger mit Bronzewaffen gegeneinander kämpften, je existiert hat, ist stark umstritten.

Die Stadt Mykene

Mykene, die Stadt, die Homer mit Agamemnon, dem griechischen oder „achaischen“ Heerführer, verband, existierte tatsächlich und ist eindeutig identifiziert. Homer hatte Mykene als reiche, „wohlgebaute Stadt“ bezeichnet, was sie zu seiner Zeit nicht mehr gewesen sein kann, da sie in der späten Bronzezeit zerstört und nicht mehr vollständig wiederaufgebaut worden war. Interessanterweise listet Homer in Buch 2 der *Ilias* 164 Städte auf, die Truppen nach Troja gesandt haben sollen. Einige dieser Städte existierten zu Homers Zeit zwar immer noch, doch zahlreiche Orte waren bereits verlassen worden und nicht mehr zu lokalisieren. Archäologische und historische Forschungen haben aber inzwischen nachgewiesen, dass es sich bei diesen Städten um historische Orte handelte. Zum Teil hat sie der Dichter, der sie nie gesehen haben kann, genau beschrieben, darunter auch den mykenischen Palast von Pylos. Mykene selbst scheint das Zentrum zahlreicher ähnlicher, wenn auch kleinerer Orte gewesen zu sein. Weitere Paläste wurden an verschiedenen Orten der Peloponnes gefunden, die durch ein gut ausgebautes Straßennetz miteinander verbunden waren.

Mykene wurde im 2. Jahrhundert n. Chr. auch von dem griechischen Reiseschriftsteller Pausanias beschrieben. Bereits im 18. und 19. Jahrhundert wurde die Stadt von zahlreichen Reisenden besucht. Die nach den Riesen aus der griechischen Mythologie benannte Zyklopenmauer, die eindrucksvolle Tholos und die Kuppelgräber sind heute noch zu sehen. Dennoch sollte dieser Ort erst Ende des 19. Jahrhunderts mit der Welt Homers in Verbindung gebracht werden.

Gegenüber: Innerhalb der Burgmauern von Mykene. Gräberrund A, in dem Schliemann Goldmasken und andere Grabbeigaben fand, ist von einer Umfassungsmauer umgeben.

Oben: Das Mitte des 13. Jahrhunderts v. Chr. vollendete Löwentor bildete den Hauptzugang zur Zitadelle. Es zählt zu den imposantesten archäologischen Funden der Peloponnes.

Schliemanns erste Ausgrabungen

Da Heinrich Schliemann die Ausgrabungen in Troja nicht fortsetzen konnte, wandte er sich Mykene zu und begann im September 1876 mit den dortigen Ausgrabungen. Er folgte Pausanias' Angaben, der berichtete, dass Agamemnon und seine Gefährten in der Zitadelle bestattet worden seien, und fand tatsächlich mehrere Schachtgräber sowie in der äußeren Mauer der Burg das Löwentor, das den Hauptzugang zur Burg bildete. In den Gräbern wurden 19 Skelette geborgen, vermutlich neun Frauen, acht Männer und zwei Kinder. Daneben fanden sich spektakuläre Grabbeigaben, wie Goldmasken, Gold-, Silber- und Bronzeschmuck sowie Waffen. Eine der Masken identifizierte Schliemann als „Maske des Agamemnon". Heute ist jedoch bekannt, dass diese Gräber einer früheren Phase der mykenischen Kultur zuzuordnen sind. Sollte Agamemnon eine historische Person gewesen sein, hätte er um 1250 v. Chr. in Mykene gelebt (in Bezug auf die Datierung gehen die Meinungen auseinander), das heißt etwa 300 Jahre später als die in den Gräbern bestatteten Menschen.

Die von Schliemann gefundenen Gräber werden als Gräberrund A bezeichnet. Gräberrund B wurde in den 1950er-Jahren außerhalb der Burgmauer gefunden und ist noch früher zu datieren. Letzteres war jedoch weniger prächtig ausgestattet und enthielt nur eine Maske. Im Gegensatz dazu wurden in den reichsten Gräbern von Gräberrund A mindestens 13 kg Gold geborgen. Die männlichen Skelette wurden mit Waffen begraben, manchmal mit kunstvollen Dolchen, die wohl eher als Schmuck und weniger als Waffe gedient haben. Die Frauen trugen Schmuck, darunter Halsketten mit eingearbeiteten Perlen aus baltischem Bernstein, die Aufschluss über die damaligen Handelsbeziehungen geben. Ferner wurden zahlreiche weitere Objekte gefunden, u. a. Becher und Kupfergefäße. Bei den Bestatteten handelte es sich also um überaus wohlhabende Personen, vermutlich von großer gesellschaftlicher Bedeutung.

Gegenüber: Diese Goldmaske aus den Schachtgräbern von Gräberrund A hielt Schliemann für die Maske des Agamemnon. Bei den Goldmasken handelt es sich jedoch nicht um realistische Abbilder oder gar Abdrücke. Nach heutigen Erkenntnissen stammen sie aus einer vor dem Trojanischen Krieg liegenden Zeitstufe.

Links: Der dreieckige Raum über dem Torsturz, das sogenannte Entlastungsdreieck, wird von zwei sich gegenüberstehenden Löwenskulpturen ausgefüllt, deren Köpfe heute fehlen. Ihr Blick muss ursprünglich auf den von der Landseite kommenden Besucher gerichtet gewesen sein.

Links unten: Ein vergoldetes Kästchen aus den Schachtgräbern von Gräberrund A, das einen Löwen zeigt, der ein Pferd und einen Hirsch jagt.

Die Helden von Mykene

Die Geschichten der mykenischen Helden sind in verschiedenen Fassungen überliefert. Dichter und Dramatiker haben Handlungsstränge hinzugefügt, weggelassen oder erweitert und somit den Blickwinkel der Geschichten verändert. Sie alle stimmen darin überein, dass Agamemnon, der König von Mykene, den Feldzug gegen Troja organisiert hatte und die griechischen Streitkräfte anführte. Die Frau seines Bruders Menelaos, des Königs von Sparta, war von dem trojanischen Prinzen Paris entführt worden.

Als Agamemnon nach Troja ziehen wollte, verhinderte Artemis die Abfahrt der Flotte, indem sie Gegenwind sandte. Um Artemis zu besänftigen und die Fahrt beginnen zu können, opferte Agamemnon der Göttin seine Tochter Iphigenie. Die Truppen waren mehr als zehn Jahre unterwegs, ohne dass in Mykene, wo nun Agamemnons Frau Klytämnestra die Herrschaft übernommen hatte, Nachrichten von der Mission eintrafen. Während dieser Zeit hatte sie einen Liebhaber, Ägisth, mit dem sie zusammen regierte.

Schließlich kündigten Leuchtfeuer den Ausgang des Krieges und die Ankunft Agamemnons in Mykene an. Bei seiner triumphalen Rückkehr hatte er die trojanische Prinzessin Kassandra als Beute an Bord. Sie wurden von Klytämnestra und Ägisth begrüßt und anschließend ermordet. Klytämnestras Kinder Elektra und Orest, die aus ihrer Verbindung mit Agamemnon stammten, sollten später den Tod ihres Vaters rächen.

Die Gräber von Mykene

In Mykene fanden in den vergangenen 130 Jahren zahlreiche Ausgrabungen statt, die für die nachfolgende Archäologengeneration stets neue Fragen aufwarfen. Andere Zeugnisse, wie die sogenannten Tholos-Gräber, bereiteten in Bezug auf Datierung und Bauweise weniger Probleme. Das größte der spektakulären Tholos-Gräber, zu denen auch das Schatzhaus des Atreus gehört, wurde im 14. Jahrhundert v. Chr. erbaut. Ob die Bestattungen ebenso spektakuläre Grabbeigaben enthalten haben wie die Schachtgräber, ist nicht bekannt, denn die Gräber waren geplündert worden. Da die Grabbauten selbst ein eindrucksvolles Zeugnis für den Reichtum ihrer Erbauer darstellen, kann man annehmen, dass die Gräber ursprünglich zahlreiche und prächtige Beigaben enthielten. Vermutlich waren in den Tholos-Gräbern mehrere Mitglieder einer Familie oder Herrschergruppe bestattet worden. Dies legen zumindest einige Schachtgräber nahe, in denen mehrere Skelette aus unterschiedlichen Bestattungsphasen gefunden wurden. Dabei wurden sogar Leichname beiseitegeschoben, um Platz für nachfolgende Bestattungen zu schaffen.

Mykene besteht jedoch nicht nur aus Gräbern. Die Ausgrabungsstätte befindet sich auf einem Hügel, der im Norden und Süden von tiefen Schluchten geschützt wird. In unmittelbarer Nähe befindet sich eine Quelle, die die Stadt mit Trinkwasser versorgte. Der Ausblick von der Zitadelle ist nicht so weitreichend, wie man vielleicht erwarten würde, dafür entschädigt jedoch der Blick vom leicht zu erreichenden Aussichtspunkt des Berges Agios Elias über Mykene. Die massiven Mauern der Stätte haben die Reisenden ebenso wie die Ausgrabungen in der Zitadelle von jeher fasziniert. Die Verteidigungsanlagen konzentrieren sich auf das Haupttor, das monumentale Löwentor, durch das die Besucher vorbei am Gräberrund A in die Zitadelle gelangen. Im Zuge von Erweiterungsmaßnahmen wurde Gräberrund A, im Gegensatz zum Gräberrund B, in die Burgmauer einbezogen. Eventuell wollte sich ein mykenischer Herrscher durch den Bau der Umfassungsmauer von der Grabstätte einer anderen, späteren Herrscherfamilie abgrenzen. Es wurden mehrere Bauphasen identifiziert, wobei der Höhepunkt der mykenischen Kultur wohl im 13. Jahrhundert v. Chr. erreicht worden ist, als die Verteidigungsanlagen verstärkt und das Löwentor gebaut wurden. Die Löwenskulptur über dem Türsturz des massiven Tores bildet das Entlastungsdreieck, das das Gewicht der Mauersteine über dem Türsturz reduziert. Die beiden Löwen symbolisieren die Wächter des mykenischen Königshauses. Darstellungen der Löwenjagd finden sich in Mykene auch auf Dolchen und Siegeln. Darüber hinaus wurden an zahlreichen mykenischen Orten Knochen von Löwen gefunden.

Rechts: Ein Gefäß aus Bergkristall aus dem Gräberrund B.

Oben: In Mykene wurden zahlreiche Elfenbeinschnitzereien gefunden. Die hier abgebildete Darstellung aus dem Palastbereich zeigt zwei Frauen mit einem Kind. Obwohl das Objekt nur 8 cm hoch ist, gibt es zahlreiche Details der Frauenkleidung wieder. Die schweren Volants der Röcke, das eng anliegende Oberteil und der Schmuck sind deutlich zu erkennen. Vermutlich dienten solche Elfenbeinschnitzereien als repräsentative Geschenke.

Gegenüber: Eine der Goldmasken aus den Schachtgräbern von Gräberrund A.

Zitadelle

Innerhalb der Ringmauer befanden sich zahlreiche Gebäude, Lagerräume, Werkstätten sowie der Palast. Vom höchsten Punkt der Zitadelle sind nur noch spärliche Reste vorhanden, und auch die Palastanlage ist nicht gut erhalten. Der Bereich um den Thronsaal, auch *megaron* genannt, ist zum Teil in eine der Schluchten abgebrochen. Andere geschützte Gebäude befinden sich in einem besseren Zustand. Einige von ihnen wurden unlängst von George Mylonas als „Kultzentrum" beschrieben. Dazu zählt ein Bereich südlich des Gräberrunds A, in dem ein Tempel und ein Raum mit einem gut erhaltenen Fresko nachgewiesen wurden. Der Tempel verfügt über ein zentrales Podest und Bänke entlang der Nordmauer. Auf einem seitlichen Podest neben einer Art mobilem Altar befand sich eine Tonfigur. Mit diesem Raum war ein versiegeltes Depot verbunden, das zahlreiche männliche und weibliche Figuren und andere „Kultutensilien" enthielt, darunter die Skulptur einer Schlange. In dem Raum mit dem Fresko wurden ein prachtvoller Elfenbeinkopf und eine kleine Löwenskulptur entdeckt, die beide vermutlich einst ein Möbelstück schmückten.

Das Fresko zeigt zwei große, einander gegenüberstehende Figuren sowie eine kleinere Figur in Bodenhöhe, die sich nicht ohne Weiteres interpretieren lassen. Davor befand sich ein Podest (vielleicht ein

Gegenüber: Unmittelbar hinter dem megaron *von Pylos befand sich ein großes Öldepot mit riesigen Behältern, sogenannten* pithoi. *Der Haupteingang in das* megaron *ist links oben hinter der kreisförmigen Feuerstelle zu erkennen. In unmittelbarer Nähe befanden sich ein weiteres Depot sowie ein Gebäude, in dem Weingefäße gelagert wurden.*

Links: George Mylonas bei der Freilegung eines Grabes in Mykene, 1952. Die beiden Gefäße dieses Grabes, die Kanne mit dem schnabelförmigen Ausguss und das Gefäß mit Doppelhenkel, sind charakteristisch für mykenische Keramik.

Pylos

Homer erwähnt Pylos zwar als Palast des Nestor, einem griechischen Heerführer im Trojanischen Krieg, lange war jedoch umstritten, wo Pylos gelegen haben könnte. Schliemann hatte vergeblich versucht, den Ort zu lokalisieren. In Messina, im Südwesten des Peloponnes, wurden im frühen 20. Jahrhundert wie in Mykene zwei Tholos-Gräber gefunden. Eine Expedition, die im Anschluss an diese Funde durchgeführt wurde und an der auch Carl Blegen beteiligt war, nahm im April 1939 an einem vielversprechenden Ort Testgrabungen vor, wobei Blegen bereits am ersten Tag mykenische Keramik, Fragmente von Fresken und Tontafeln mit Linear-B-Schriftzeichen fand. Die Grabungen mussten aber aufgrund des Zweiten Weltkrieges und des folgenden griechischen Bürgerkrieges unterbrochen werden. Blegen sollte die Arbeiten erst 1952 fortsetzen können.

Der von Blegen ausgegrabene Palastkomplex ist den Anlagen von Mykene und einem weiteren mykenischen Ort, Tiryns, sehr ähnlich. Im Zentrum lagen ein Thronsaal mit einer großen, runden Feuerstelle sowie vier das Dach tragende Säulen. Ein solcher, oft als *megaron* bezeichneter Raum, ist typisch für mykenische Paläste. In unmittelbarer Nähe befanden sich Lagerräume. Die Wohnräume waren auf einen vor dem *megaron* liegenden Hof ausgerichtet. Die Lagerräume enthielten Tausende von Bechern und Tellern sowie Behälter für Wein, Öl und Getreide. In zwei Räumen nahe des Palasteingangs fanden sich zahlreiche sehr gut erhaltene Tontafeln. Da sie einem starken Feuer ausgesetzt gewesen waren, das den Palast im späten 13. Jahrhundert v. Chr. zerstört hatte, waren sie weder verwittert noch wiederverwendet worden. Sie sollten bei der Entschlüsselung der Linear-B-Schrift durch Michael Ventris eine entscheidende Rolle spielen. Bei den Schriften handelte es sich um administrative Aufzeichnungen, die den Alltag des Palastlebens dokumentierten, u. a. die Zuteilungen für die Weber, die von den Schmieden zu verarbeitende Bronze und Opfergaben für die Götter. Auch ein König wird erwähnt, der jedoch nicht namentlich genannt ist. Wie andere mykenische Paläste war Pylos von einer Siedlung umgeben, wobei bislang jedoch keiner dieser Orte vollständig ausgegraben ist.

Altar) mit neun Gefäßen, die eventuell für Opfergaben bestimmt waren. Ferner wurde eine *larnax* entdeckt, ein großer Behälter aus Ton, für den sich mehrere Interpretationsmöglichkeiten anbieten. Eine *larnax* konnte als Urne, Kästchen oder Wanne dienen, wobei das hier genannte Beispiel angesichts seiner Anordnung vermutlich zur rituellen Reinigung diente.

Die mykenische Kultur hat im Gegensatz zum minoischen Kreta schriftliche Quellen hinterlassen, die entziffert werden konnten. Auf Linear-B-Tafeln aus Pylos werden Götternamen erwähnt, darunter Gottheiten wie Zeus, Athena und Poseidon. Eine Tafel führt sogar das Inventar eines Tempeldepots auf, das mit den Funden der Kultstätte in Mykene vergleichbar ist.

Darüber hinaus konnten mithilfe moderner archäologischer Techniken zahlreiche Aspekte des Alltagslebens erforscht werden. Heute lässt sich z. B. bestimmen, was Gefäße enthielten, und somit auch, wie sich die Mykener ernährt haben. Die Laborergebnisse werden durch die Texte auf den Tontafeln bestätigt. Die Grundnahrungsmittel sind in mancher Hinsicht mit der mediterranen Küche von heute vergleichbar. Bei Ausgrabungen wurden Weizen, Gerste, Wicke, Linsen, Bohnen und Erbsen gefunden. Man vermutet, dass das Getreide zu einer Art Brei verarbeitet wurde. Die Aufzeichnungen der Tontafeln verraten, dass die für die Arbeiter bestimmte Verpflegung aus Oliven, Wein und Getreide bestand, wobei einige Texte sogar Feigen und Gewürze aufführen. So werden auf Tafeln aus dem Haus der Sphingen Kardamom, Staudensellerie, Fenchel, Minze und Sesam erwähnt. Wilde Kräuter und andere lokale Gewürze, wie wilde Zwiebeln, scheinen ebenfalls verwendet worden zu sein. Ferner fanden sich Muscheln – Fischgräten sind aufgrund der lokalen Bedingungen nicht erhalten – und Anzeichen für Schafe, Ziegen, Schweine und Rinder. Höchstwahrscheinlich spielten bei der Ernährung auch Milchprodukte eine Rolle, worauf auch DNS-Tests hindeuten. Wild ist in Form von Hirschen, Wildschweinen und Hasen vertreten. In Abfällen, die aus der Frühzeit der Zitadelle datieren, wurden zahlreiche Knochen von Schafen und Schweinen gefunden sowie große Mengen an Austern- und Miesmuschelschalen. Die Analyse von organischen Überresten in drei Gefäßen ergab, dass zwei von ihnen einen aus Olivenöl, Fleisch und Linsen bestehenden Brei enthielten und das dritte Gefäß eine Mischung aus Olivenöl, Wein und Fisch. Für einige mykenische Ausgrabungsstätten konnte ein aus Getreide und Honig bestehendes, fermentiertes Getränk nachgewiesen werden. Hier fanden sich auch zahlreiche Gefäße, die Wein enthalten hatten, darunter eine geharzte Sorte.

Oben: Ein rhyton *aus Gold in Form eines Löwenkopfes aus Gräberrund A. Als* rhyton *bezeichnet man ein zu zeremoniellen oder rituellen Zwecken verwendetes Gefäß.*

Rechts: Eine stilisierte Krone aus Gräberrund A, die vermutlich als Gürtelschmuck diente.

Das Schatzhaus des Atreus

Der Name dieses eindrucksvollen als Tholos bezeichneten Kuppelgrabes, das auch Pausanias, ein Reiseschriftsteller des 2. Jahrhunderts n. Chr., besichtigte, geht auf Agamemnons Vater zurück. Das Bauwerk, für das Unmengen an Arbeitskräften mobilisiert worden sein müssen, basiert zweifellos auf einer Kultur, die bestrebt war, ihren Herrschern oder Herrscherfamilien ein Denkmal zu setzen. Diese Grabstätte entstand wahrscheinlich in der zweiten Hälfte des 14. Jahrhunderts v. Chr. Sie ist sicherlich das Werk erfahrener Baumeister, denen man aufgrund von Ähnlichkeiten mit dem Grab von Orchomenos auch dieses etwa zeitgleiche Bauwerk zuweist. Für den Bau wurde lokaler Kalkstein verwendet, der mit Hämmern bearbeitet und anschließend geschliffen wurde. Der imposante Eingang muss früher, als das Tor und das über dem Türsturz befindliche Entlastungsdreieck von Halbsäulen aus grünem Marmor flankiert wurden, wesentlich eindrucksvoller gewesen sein. Die Toröffnung ist 5,40 m hoch, wobei einiges darauf hindeutet, dass es einst über massive Türflügel verfügte. Der Weg zum Tor ist von großen Steinquadern gefasst, die schwer zu transportieren gewesen sein müssen. Höchstwahrscheinlich haben die Erbauer für den Transport Erdrampen und Rollen eingesetzt.

Die Hauptkammer hat einen Durchmesser von 14,5 m und ist am höchsten Punkt des prächtigen Kraggewölbes 13,2 m hoch. In einer Seitenkammer war vermutlich die eigentliche Grabstätte untergebracht. Bei einem Kraggewölbe bilden waagerechte Mauersteine, die auskragen, eine Bogenform, die sich nach oben bis zu einem zumeist größeren Abschlussstein verjüngt. Die Innenseite des Gewölbes war ursprünglich mit Bronzerosetten geschmückt, von denen im 19. Jahrhundert, trotz Plünderungen, noch einige sichtbar waren. Die Fähigkeiten der Baumeister kommen auch bei dem Entlastungsdreieck zum Ausdruck, das das Gewicht der Mauersteine über dem Türsturz reduziert.

Die Krieger der Bronzezeit

Bronze ist eine Legierung aus Kupfer und Zinn. Das Material wurde in Form von Barren gehandelt, die dann z. B. zu Schilden und Schwertern verarbeitet wurden. Anhand antiker Gussformen ließ sich ermitteln, wie aus geschmolzener Bronze Waffen gegossen wurden. Je nach Verwendungszweck wurde Bronze mit unterschiedlichem Zinn- und Kupfergehalt verwendet. Für Schwerter, Lanzenspitzen, Äxte und Räder war eine härtere Bronze nötig, für Rüstungen dagegen eine weichere, flexiblere Bronze.

Ein typischer mykenischer Krieger verfügte über mehrere Schwerter, die kunstvoll verziert sein konnten, einen Dolch und eine Lanze. Sowohl die Dolche als auch die Schwerter hatten einen konstruktionsbedingten Schwachpunkt zwischen Klinge und Griff, der in der Folgezeit weitere Modifizierungen nach sich ziehen sollte. Diese haben vermutlich wiederum zu einer Veränderung der Kampftechnik geführt, wobei nicht mehr auf den Gegner eingestochen, sondern eingeschlagen wurde.

Rüstungen fanden sich äußerst selten bei archäologischen Ausgrabungen. In einem Grab in Dendra kam ein Plattenpanzer zum Vorschein. Er bedeckte den Rumpf, schützte Arme und Unterkörper und verfügte über einen zusätzlichen Schutz für die Schulterpartien. Aufgrund des hohen Gewichts (etwa 25 kg) muss die Bewegungsfreiheit des Kämpfenden eingeschränkt gewesen sein. Daher wird angenommen, dass die Krieger gewöhnlich Panzer aus Leder getragen haben, die eventuell durch Bronzeplatten verstärkt waren. Für die Herstellung von Helmen wurde jedenfalls Leder verwendet. Ein Exemplar des von Homer beschriebenen, ungewöhnlichen Eberzahnhelms, von dem man lange annahm, er sei der Fantasie des Dichters entsprungen, fand sich in Dendra. Dieser Helm bestand aus Leder, das durch Eberzähne verstärkt wurde. Darüber hinaus entdeckte man kleine Köpfe aus Elfenbein, die mykenischen Krieger darstellen und ebenfalls einen solchen Helm tragen.

Die einzigen Zeugnisse von Schilden stammen von Fresken, Darstellungen auf Gefäßen und Siegeln sowie Elfenbeinstatuetten. Auf dem Löwenjagd-Dolch sind Schilde dargestellt, die sich in zwei Typen unterscheiden lassen: einen achteckigen und einen quadratischen großen Typ. Sie wurden vermutlich aus Leder gefertigt, das über einen geflochtenen Rahmen gespannt wurde. Später, im 12. Jahrhundert v. Chr., sollten kleinere Schilde aufkommen.

Links: Ein mit Gold und Silber beschlagener Bronzedolch aus Gräberrund A, der aus der Mitte des 16. Jahrhunderts v. Chr. stammt, zeigt Jäger bei der Löwenjagd. Jüngere Untersuchungen haben gezeigt, dass es sich bei dem schwarzen Hintergrund um eine Legierung aus Bronze, Gold und Silber handelt.

Der Untergang von Mykene

Was schließlich zum Untergang von Mykene und anderen mykenischen Städten geführt hat, konnte bislang nicht mit Sicherheit ermittelt werden. Weder die früheren Bewohner der Zitadelle noch die Ausgrabungen Schliemanns lieferten den heutigen Archäologen aufschlussreiches Material. Schliemann hat die von ihm ausgegrabenen Paläste leer geräumt, ohne die Funde, vor allem die Keramik, adäquat zu dokumentieren: Sie hätte wesentlich zur Datierung beigetragen. In Mykene deutet vieles auf Zerstörungen durch Erdbeben und Brände hin, wobei Letztere in unmittelbarem Zusammenhang mit den Erdbeben gestanden haben könnten.

In einigen mykenischen Zitadellen, einschließlich Mykene, gibt es sichere Anzeichen dafür, dass die Befestigungsanlagen während des 13. Jahrhunderts v. Chr. erneuert oder verstärkt wurden. Da die Trinkwasserversorgung bei einer Belagerung stets einen Schwachpunkt darstellte, wurden in Mykene im späten 13. Jahrhundert v. Chr. die Burgmauern erweitert, wobei an der Ostseite der Zitadelle eine natürliche Terrasse und ein Korridor zur früheren Zisterne einbezogen wurden. Ähnliche Arbeiten wurden etwa zur gleichen Zeit in Tiryns, einem weiteren mykenischen Palast, und in Athen durchgeführt. Dennoch wurden die meisten mykenischen Paläste entweder von ihren Bewohnern aufgegeben oder zerstört. Als Ursachen für das Verschwinden der mykenischen Kultur werden verschiedene Möglichkeiten diskutiert: Vielleicht war Mykene Angriffen fremder Truppen ausgesetzt – eine in der Vergangenheit beliebte Hypothese –, wahrscheinlicher ist jedoch, dass lokale Konflikte eine entscheidende Rolle gespielt haben. Rivalitäten zwischen verschiedenen mykenischen Herrschern, innere Unruhen, Überbevölkerung und Ernteausfälle infolge von Dürren wurden als mögliche Gründe für den Niedergang angeführt.

Nach der Zerstörung lebten an einigen Orten, insbesondere in Mykene, zwar weiterhin Menschen, jedoch weitaus bescheidener. Auch der internationale Handel wurde nie völlig eingestellt. Errungenschaften, wie Architektur, Kunst, Handwerk und Schriftkultur, durch die sich die mykenische Kultur in ihrer Blütezeit auszeichnete, sollten jedoch verschwinden. Mykene und andere Städte wurden zur Legende.

Oben: Die große Feuerstelle im Zentrum des megaron, *dem Hauptsaal des Palastes, war in Pylos von vier großen Säulen umgeben. Die Feuerstelle eines* megaron *war oft mit Flammen und Spiralen verziert, und auch die Wände konnten mit Fresken geschmückt sein. Die Böden waren gemustert und die Decken sehr wahrscheinlich bemalt.*

Athen

Im Griechenland der klassischen Zeit bezeichnete sich niemand als Grieche. Die Einwohner Griechenlands betrachteten sich vielmehr als Athener, Spartaner, Thebaner, Korinther usw. Zwar verband die Bewohner dieser Städte eine gemeinsame Sprache, doch die Städte bildeten unabhängige Stadtstaaten. Die Perser haben zwischen 490 und 479 v. Chr. dreimal versucht, Griechenland zu erobern, wurden jedoch durch eine von Athen und Sparta angeführte Allianz geschlagen. Innerhalb von 30 Jahren konnten zahlreiche von den Persern besetzte Gebiete zurückerobert werden. Nach dieser Zeit sollte insbesondere Athen aufblühen.

Athen war der größte Stadtstaat, der bereits lange vor der klassischen Zeit bewohnt war. An den Nordhängen der Akropolis wurden Schächte entdeckt, die bis ins Neolithikum zurückreichen. Hier wurden auch einige mykenische Grabkammern gefunden, und auf dem Hügel könnte sich ein mykenischer Palast befunden haben. Im Bereich der Agora, unmittelbar unterhalb der Akropolis, wurden Anzeichen für neolithische und mykenische Aktivitäten entdeckt.

Seine Blütezeit hatte Athen jedoch im 5. Jahrhundert v. Chr. In dieser Zeit hatte die Stadt eine hohe Einwohnerzahl. 480 v. Chr. wurde Athen von den Persern geplündert und zerstört. In der Folge wurde das aufstrebende Athen wieder prächtig aufgebaut. Es wurden Festungsmauern errichtet, die sogenannten langen Mauern, die bis zum Hafen von Piräus reichten, um bei einer Belagerung die Versorgung Athens auf dem Seeweg zu gewährleisten. Auf der Akropolis wurden neue Tempel errichtet, so z. B. auch der Parthenon.

Gegenüber: Die meisten dorischen Tempel hatten auf der Frontseite sechs Säulen, der Parthenon hatte dagegen acht Säulen. In einem der beiden Innenräume stand die überdimensionale Statue der Göttin Athena.

Der 447 v. Chr. begonnene Parthenon war der Tempel der Stadtpatronin Athena Parthenos. Das heutige Erscheinungsbild des Tempels lässt kaum noch die ursprüngliche Gestaltung des Tempels erahnen. So besaß der Tempel einst bunt bemalte Skulpturen in den Giebeln und einen rundum laufenden farbenprächtigen Fries oberhalb der Säulen. Der Fries gehörte zu den bedeutendsten Werken der klassisch-griechischen Kunst, allerdings wurden er zusammen mit den Giebelskulpturen im 19. Jahrhundert entfernt und ins British Museum nach London gebracht. Im Tempel befand sich eine überdimensionale Athena-Statue aus Gold und Elfenbein, die der schon zu Lebzeiten berühmte Bildhauer Phidias gefertigt hatte. Er schuf auch die riesige Zeus-Statue von Olympia. Doch der Parthenon diente nicht nur als Tempel der Gottheit, sondern war auch das Schatzhaus der Stadt, in dem die Staatskasse und unzählige für die Göttin bestimmte Opfergaben aufbewahrt wurden.

Der heutige Parthenon geht auf einen älteren Bau an dieser Stelle zurück. Die große Fundamentterrasse aus Kalkstein, die die Basis bildet, stammte vom Vorgängerbau und bedurfte einer Erweiterung. Manche Forscher vermuten, dass ein Großteil der Säulentrommeln aus Marmor ursprünglich für den älteren Bau bestimmt war. Die Akropolis ist überdies Standort von weiteren Tempeln, die Athena gewidmet waren und andere Eigenschaften der Göttin ehrten, so z. B. einen Tempel für Athena Nike (die Sieg bringende Athena) und Athena Promachos (die Kriegerin).

Oben: Eine athenische Silbermünze, eine Tetradrachme, mit dem Bildnis der Göttin Athena auf der Vorderseite und ihrem Symbol, der Eule, auf der Rückseite. Die Münzen wurden daher auch als Eulen bezeichnet.

Unten: Die Agora mit der Attalos-Stoa, die von der American School of Classical Studies rekonstruiert wurde. Diese Stoa, die heute ein Museum beherbergt, scheint als Einkaufsbereich genutzt worden zu sein.

Die Agora

Unterhalb der Akropolis befand sich die Agora, der Marktplatz und Mittelpunkt der Stadt. Der Platz beherbergte nicht nur eine Reihe von administrativen Gebäuden und Räumen, hier wurden auch Geschäfte gemacht, oder man traf sich zu philosophischen Gesprächen. Die Agora wurde mit einigen Unterbrechungen seit den 1930er-Jahren von Archäologen der American School of Classical Studies in Athen ausgegraben.

Die Verwaltungsgebäude der Stadt lagen überwiegend auf der Westseite der Agora. Hier befanden sich das *bouleuterion*, das Rathaus, und die Tholos, wo die 50 Mitglieder des Stadtrates zusammenkamen und gemeinsam speisten. Die Mahlzeiten wurden in einem Küchenanbau zubereitet. Bei Grabungen in diesem Bereich wurden Keramikscherben gefunden, die als öffentliches Eigentum gekennzeichnet waren. Ferner gab es hier ein Justizgebäude und mehrere Säulenhallen (Stoen) mit offenen Kolonnaden an der Frontseite, die den Besuchern der Agora Schutz vor Sonne, Regen und Wind boten. Die

Venus von Milo

Zahlreiche Skulpturen der klassischen Zeit wurden in den nachfolgenden Jahrhunderten versehentlich oder mutwillig zerstört oder beschädigt. Einige Objekte, wie eine im 14. Jahrhundert entdeckte Statue eines Herakles, wurden wieder vergraben. In der Renaissance suchte man dann gezielt nach Statuen, die in den Palästen und Gütern des Adels und der Päpste in Rom aufgestellt wurden. Im 18. Jahrhundert erwarben junge Aristokraten aus ganz Europa auf ihren Bildungsreisen durch Italien Statuen und andere Antiken für ihre Schlösser. Der Besitz echter antiker Statuen wurde zum Statussymbol des gebildeten und wohlhabenden Mannes.

Manchmal wurden die Skulpturen an merkwürdigen Orten gefunden. So fand E. D. Clark eine große Skulptur, die ursprünglich aus dem Heiligtum der Demeter in Eleusis, Griechenland, stammte, in einem Misthaufen. Die Statue ging später an die Universität von Cambridge.

Die als Venus von Milo bekannte Statue, die die halbnackte griechische Göttin Aphrodite darstellt, wurde 1820 von einem Bauern auf der Insel Melos gefunden. Die aus zwei Marmorblöcken gefertigte Skulptur stammt aus dem 2. Jahrhundert v. Chr. Sie wurde zusammen mit einer Plinthe entdeckt, die auf einen Bildhauer in Antiochia verweist, allerdings ist die Zuweisung der Plinthe zu der Statue nicht gesichert. Die Statue wurde im Auftrag der französischen Botschaft von einem französischen Marineoffizier und dem französischen Vizekonsul erworben. Letzterer schenkte sie dem französischen König Ludwig XVIII., um sich die Gunst des Herrschers zu sichern. Frankreich hatte nämlich gerade eine Statue, die Venus von Medici, zurückgeben müssen, die Napoleon mit zahlreichen anderen Beutegütern aus italienischen Museen nach Paris hatte bringen lassen. So tauchte die Venus von Milo gerade zum rechten Zeitpunkt als gleichwertiger Ersatz auf.

Stoa war ein charakteristisches Element der griechischen Architektur und konnte die unterschiedlichsten Funktionen haben. Einige von ihnen, wie die Süd-Stoa, besaßen vermutlich Räume mit Liegen, in denen man Essen zu sich nehmen konnte. In diesem Bau waren auch die Amtsstuben der Beamten untergebracht. Händler konnten hier Lager- und Ladenräume mieten. Die Räume der Attalos-Stoa an der Ostseite der Agora wurden für kommerzielle Zwecke genutzt, wobei angenommen wird, dass sie als vornehme Einkaufsarkaden dienten. Eine Stoa in Korinth wurde sogar als Fischmarkt genutzt. Darüber hinaus dienten Stoen wie auch die gesamte Agora als Treffpunkt. Die Philosophenschule der Stoiker leitet ihren Namen von der bemalten Stoa ab, in der Zeno seine Schule begründete.

Der Zutritt zur Agora war ein Privileg. Bis zum 4. Jahrhundert v. Chr. konnten Personen, die einen schlechten Ruf hatten, von der Stoa verbannt werden. Zu diesem Zweck gab es Grenzsteine, von denen sich in Athen einer erhalten hat.

Zeugnisse belegen, dass auf der Agora vom Staat Maße und Gewichte kontrolliert wurden. Überdies konnte hier die Verarbeitung von Bronze nachgewiesen werden, man entdeckte Abgussreste und Überreste einer Gussform, offensichtlich für die Statue eines nackten Jünglings, eines sogenannten *kouros*, der für den nahe gelegenen Apollon-Tempel bestimmt war.

Auf der gesamten Agora, die nicht nur weltlichen Geschäften diente, waren verschiedene Gottheiten anzutreffen. So konnte hier das Hephaisteion, der Hephaistos und Athena geweihte Tempel aus dem 5. Jahrhundert v. Chr., identifiziert werden. Überdies standen auf der Agora überall Statuen von Göttern und Heroen. Der Hauptweg durch die Agora war die Panathenäen-Straße, über die alle vier Jahre die Prozession der Panathenäen führte. Dieses Fest zu Ehren Athenas ist vermutlich auf dem Parthenonsfries dargestellt.

Gegenüber oben: Vasenbild mit der Darstellung einer spinnenden Frau, um 490 v. Chr.

Gegenüber unten: Archäologen bei Ausgrabungsarbeiten in Athen. Während der Bauarbeiten für die Olympischen Spiele 2004 wurden zahlreiche neue Funde gemacht.

Rechts: Die meisten Menschen in der Stadt waren auf das Wasser von öffentlichen Brunnen angewiesen. Diese Treffpunkte waren, wie hier auf einer Vase gezeigt, oftmals überdacht. Das Wasser wurde im Allgemeinen von Frauen geschöpft.

Kerameikos

Der Kerameikos, dessen Name auf die nahe gelegenen Keramikwerkstätten zurückgeht, zählt zu den interessantesten Stadtteilen Athens. Die Stadtmauer teilte das Viertel, wobei der Bereich außerhalb der Stadt als Friedhof diente. Hier fanden sich zahlreiche der berühmten Marmorreliefs, die als Grabsteine genutzt wurden. Die Datierung der Gräber reicht weit bis in die Frühzeit zurück, es konnten sowohl Phasen mit überwiegend Urnenbestattungen als auch Phasen mit überwiegend Körperbestattungen nachgewiesen werden. Sie wurden durch große Kratere (Gefäße) oder Amphoren abgegrenzt oder von Grabhügeln abgedeckt, die mit Statuen oder Grabsteinen geschmückt waren. In der archaischen Zeit (um 700–480 v. Chr.) haben wohlhabende Familien die Gräber mit *kouroi*, Statuen nackter Jünglinge, oder Koren, Statuen bekleideter junger Frauen, versehen, die Gottheiten oder die in den Gräbern bestatteten Familienangehörigen verkörperten. Manchmal weist eine Inschrift auf dem Sockel auf die jeweilige Bestimmung hin.

Zum Kerameikos gehörte auch eine weniger friedliche Seite, denn hier war das Rotlichtmilieu angesiedelt. Einige Prostituierte, die von zeitgenössischen Schriftstellern wie dem Komödiendichter Aristophanes beschrieben wurden, sind wahrscheinlich in nahe gelegenen Bordellen oder auf dem Friedhof ihrem Gewerbe nachgegangen. Piräus, der Hafen von Athen, war zwar ebenfalls für seine Prostituierten berühmt, aber im Kerameikos konnte das Gewerbe auch durch archäologische Zeugnisse in einem Gebäude Z genannten Bau nachgewiesen werden.

Umland

Große griechische Städte wie Athen waren auf die Versorgung aus dem umliegenden Land angewiesen. Nahrungsmittel kamen aus dem zum Stadtstaat gehörenden Umland oder aus anderen Regionen Griechenlands. Das Umland von Athen ist allerdings bei Weitem nicht so intensiv erforscht wie die Stadt. Die Situation änderte sich erst in jüngster Zeit. Dabei haben erste Ergebnisse gezeigt, dass das ländliche Griechenland äußerst aktiv war. Es gab zwar ein aus Bauernhöfen und Dörfern bestehendes Netzwerk, der Großteil der Landarbeiter lebte jedoch in den Städten und begab sich zur Arbeit aufs Land.

Zu den Hauptnahrungsmitteln der Menschen zählten Getreide, Gemüse und Oliven. Die Aufzucht von Schafen und Ziegen stellte die Versorgung mit Fleisch und Milchprodukten sicher. Außerdem wurde Wein angebaut. In Küstennähe stand oft Fisch auf der Speisekarte, mit dem ebenso wie mit Schwämmen und Salz Handel getrieben wurde.

Gebäude Z

Im Kerameikos wurde von der deutschen Archäologin Ursula Knigge ein auffälliges Gebäude ausgegraben, das nach der Mitte des 5. Jahrhunderts v. Chr. errichtet und über einen Zeitraum von 150 Jahren mehrfach umgebaut wurde, wobei der Grundriss jedoch nahezu identisch blieb.

Durch eine Tür im Schatten der Stadtmauer gelangte man in eine große Vorhalle, von der aus ein schmaler Korridor an kleineren Räumen entlangführte und in einen Hof mündete. Von dort aus gingen weitere Türen ab, während sich auf einer Seite der Vorraum zu einem größeren, eindrucksvolleren Raum mit einem Mosaikboden befand. Durch diesen Raum gelangten die Besucher zur Westseite des Gebäudes, wo größere, rot gestrichene Räume lagen, an die sich ein weiterer Hof anschloss. Mehr als 15 Räume waren durch Korridore und Freiflächen miteinander verbunden und stellten wohl ein verwirrendes Labyrinth für die Besucher dar. In den Räumen wurden zahlreiche von Frauen genutzte Artefakte und Keramik gefunden.

Das Gebäude scheint bei einem Erdbeben zerstört worden zu sein. Beim Wiederaufbau wurden der Haupthof erweitert und zusätzliche Räume geschaffen. Zu einem späteren Zeitpunkt wurde das Gebäude durch einen Brand erneut zerstört.

Im Anschluss daran lag das Gebäude einige Zeit brach. 50 Jahre später wurde dann das nächste Gebäude auf dem gleichen Grundriss errichtet. In den Räumlichkeiten fanden sich u. a. auch Statuetten fremder Gottheiten, die darauf hindeuten, dass einige Bewohner aus anderen Regionen stammten, aus Thrakien, Syrien und Kleinasien, von wo die meisten attischen Sklaven kamen. Sollte das Gebäude Z als Bordell und Taverne gedient haben, was sehr wahrscheinlich ist, waren vermutlich manche Prostituierte Sklavinnen.

Ferner deuten einige Funde auf eine Weberei hin, was für ein antikes Bordell nicht ungewöhnlich gewesen wäre. Arbeitende Frauen hatten, ungeachtet der Art ihrer Tätigkeit, einen schlechten Ruf, so arbeiteten nur Frauen, die sonst keine anderen Einnahmequellen hatten. Einige Vasenbilder zeigen spinnende Frauen in Bordellen. Ein Parfümgefäß z. B. gibt eine Garn spinnende Frau wieder, der ein Mann Geld anbietet. Auf einer weiteren Vase ist eine Frau dargestellt, die von ihrer Arbeit ablässt, als sich ein Mann nähert, während ihre Gefährtin einen anderen männlichen Besucher begrüßt. Daher ist gut vorstellbar, dass Webarbeiten für die Bordelle eine zusätzliche Einnahmequelle darstellten. Ein Großteil des Bordellgeschäfts spielte sich nach Einbruch der Dunkelheit ab. Sollte es Sklaven in diesem Zusammenhang etwa tagsüber gestattet gewesen sein, untätig zu sein? Das ist unwahrscheinlich. Das Gebäude Z wurde höchstwahrscheinlich durch Erdbeben am Ende des 4. Jahrhunderts v. Chr. endgültig zerstört. Funde deuten darauf hin, dass sich der Zusammensturz am Tage ereignete, während die Frauen an ihren Webstühlen arbeiteten. Vieles ist an diesen Räumlichkeiten zwar weiterhin ungewiss, sicher ist jedoch, dass im Gebäude Z Weberei, Frauen und Wein eine große Rolle gespielt haben.

In Laurion befanden sich auch Werkstätten, in denen das abgebaute Erz sortiert, gebrochen und weiterverarbeitet wurde. Vermutlich wurde es dort auch eingeschmolzen, obgleich keine entsprechenden Brennöfen gefunden wurden. Aus dem Silber von Laurion wurden die berühmten athenischen Silbermünzen hergestellt, die auf der Vorderseite das Bildnis Athenas und auf der Rückseite ihr Attribut, die Eule, zeigen. Diese Münzen wurden erstmals im 6. Jahrhundert v. Chr. geprägt. Im 2. Jahrhundert n. Chr. beschrieb der Reiseschriftsteller Pausanias Laurion als den „Ort, an dem Athen einst Silberminen besaß".

Gegenüber: Diese rotfigurige Vase zeigt eine spinnende Frau, die das Interesse eines jungen Mannes auf sich zieht. Die Verbindung zwischen Spinnen, Weberei und Prostitution ist hier offensichtlich.

Links: Der Grabstein vom Kerameikos erinnert an den Soldaten Dexileos, der 394 v. Chr. in Korinth gefallen war.

Unten: Eine Tetradrachme mit dem Bildnis der Göttin Athena.

Silberminen

Auf dem Territorium des Stadtstaates Athen lagen die Silberminen von Laurion, die wesentlich zum Reichtum Athens beitrugen. Mit diesem Silber, das unter äußerst harten Bedingungen größtenteils von Sklaven abgebaut wurde, finanzierte die Stadt zahlreiche Bauprojekte. Ursprünglich ließen sich die Vorkommen, die durch Erosionen an die Erdoberfläche gelangt waren, leicht abtragen. Später mussten die Flöze unterirdisch abgebaut werden.

Vorkommen in tieferen Erdschichten wurden mithilfe von mehr als 100 m tiefen vertikalen Schächten erschlossen. Die Stollen, in denen die Arbeiter arbeiteten, waren oft kaum mehr als 1 m hoch. Die Bergmänner lagen dabei auf dem Rücken oder auf der Seite und trugen das Erz mithilfe von Hämmern und Hacken ab. Als Lichtquellen dienten ihnen Fackeln oder Öllampen. Rauch und Staub erschwerten die Arbeit zusätzlich.

Obgleich manchmal Lüftungsschächte angelegt wurden, erstickten zahlreiche Bergleute. Einige Zeugnisse deuten auch auf Konflikte mit Sklaven hin. So flohen während der spartanischen Angriffe auf Attika zahlreiche Sklaven. Der Rückgang der Aktivitäten im 3. und 2. Jahrhundert v. Chr. sollte sich durch Sklavenaufstände noch weiter verschlimmern.

Delphi und Olympia

Einige Heiligtümer galten während der gesamten Antike in ganz Griechenland als bedeutende Kultstätten. Auf dem griechischen Festland gehörten hierzu vier Heiligtümer: Delphi, Olympia, Nemea und Isthmia bei Korinth. Die beiden erstgenannten zählen heute zu den besterforschten Stätten.

Heiligtümer stellten einen wichtigen Bestandteil des Lebens in der Antike dar und spielten auch politisch eine große Rolle. Es konnte sich um Kultstätten handeln, die wie die Akropolis in Athen mit einem Stadtstaat fest verbunden waren, oder um Orte, an denen wie in Delphi oder Olympia bedeutende Feste oder Sportwettkämpfe stattfanden, zu denen Menschen aus der gesamten griechischen Welt kamen.

Delphi

Die Geschichte Delphis

Die Geschichte Delphis reicht weit zurück. In mykenischer Zeit befand sich hier eine Siedlung, und unter dem Athena-Heiligtum fand man etwa 200 Tonfiguren einer Göttin aus dem 2. Jahrtausend v. Chr., die vermutlich Opfergaben darstellten. Der Ort wurde wahrscheinlich im 10. Jahrhundert v. Chr in nachmykenischer Zeit aufgegeben.

Die Lage des Ortes abseits der damaligen Ballungszentren scheint ungewöhnlich zu sein, doch diese Entfernung gewährleistete Delphi eine wertvolle Neutralität. Auch heute noch strahlt der Ort zweifellos Macht und Einfluss aus. Die Griechen sahen in Delphi den Mittelpunkt ihrer Welt, und obgleich der Ort abseits der Machtzentren lag, war er keinesfalls isoliert, da er über eine der nach Norden führenden Hauptstraßen und auch vom Meer aus erreichbar war. Die ersten drei Apollon geweihten Tempel waren der Legende nach aus Lorbeer, Bienenwachs, Federn und Bronze erbaut worden. Das erste nachweisbare Apollon-Heiligtum stammt aus dem 7. Jahrhundert v. Chr. Es wurde im folgenden Jahrhundert nach einem Brand durch einen neuen Tempel ersetzt, der jedoch bei einem Erdbeben großen Schaden nahm und wiederaufgebaut werden musste. Obgleich die Stätte hauptsächlich als ein Apollon geweihter Ort bekannt ist, gab es dort auch ein Heiligtum der Göttin Athena. Delphi war über die griechische Welt hinaus Anziehungspunkt für Pilger, die zahlreich anreisten, um das Orakel zu befragen.

Gegenüber: Der Apollon-Tempel aus dem 4. Jahrhundert v. Chr. Das Orakel soll sich im Inneren des Heiligtums befunden haben, vermutlich auf der Rückseite des Hauptraums.

Rechts oben: Die runde Tholos im Athena-Heiligtum ist neben dem Apollon-Tempel das bekannteste Denkmal von Delphi. Ihre Funktion ist allerdings unsicher. Der Name des Architekten ist jedoch überliefert: Theodorus. Ursprünglich verfügte die Tholos über 20 Säulen, von denen drei wieder aufgerichtet wurden.

Rechts unten: Die Kastalia-Quelle befand sich an der Straße zum Athena-Heiligtum. Das Wasser wurde zu rituellen Reinigungszwecken verwendet, und die Pythia badete dort, bevor sie Lorbeerblätter und Gerstenkörner verbrannte, um sich dann zum Apollon-Tempel zu begeben, wo sie, auf einem Dreifuß sitzend, ihre Weissagungen offenbarte.

Das Orakel

Die größte Anziehungskraft im Apollon-Heiligtum übte sicherlich das als Pythia bekannte Orakel aus. Das Orakel ist bereits für das 8. Jahrhundert v. Chr. nachweisbar, denn historische Quellen berichten, dass zu jener Zeit bei zahlreichen wichtigen politischen Entscheidungen der Rat des Orakels eingeholt wurde. Um 600 v. Chr. war das Orakel schon über Griechenland hinaus bekannt. Ursprünglich konnte das Orakel nur an einem Tag im Jahr befragt werden, später wurde der Zeitraum auf neun Tage ausgedehnt. Wer das Orakel konsultieren wollte, musste sich reinigen und eine Opfergabe darbringen. Im Anschluss daran wurde ein Tier geopfert. Wenn das Omen günstig ausfiel, durfte der Ratsuchende den Tempel betreten und ein weiteres Opfer darbringen. Schließlich konnte er die Pythia selbst fragen. Die Pythia war eine Priesterin, die, inspiriert von Apollon, die Weissagungen verkündete. Der Überlieferung nach sprach sie in Trance und unter Dämpfen, die aus Erdspalten aufstiegen. Ihre Worte wurden von Priestern in Versen übersetzt. Manchmal waren die Antworten sehr direkt, oft jedoch auch rätselhaft. Berühmt ist die zweideutige Antwort, die König Krösus von Lydien erhielt, als er fragte, ob er gegen die Perser in den Krieg ziehen solle. Die Pythia antwortete ihm, er werde ein großes Reich zerstören. Krösus, der glaubte, die Antwort beziehe sich auf das Perserreich, zog in den Krieg und zerstörte sein eigenes Reich.

Der Ort wurde im Laufe der Zeit mehrfach gebrandschatzt, so z. B. 86 v. Chr. von dem römischen Feldherrn Sulla, und danach wiederaufgebaut. Doch in Vergessenheit ist Delphi nie geraten.

Gegenüber: Der Apollon-Tempel von Delphi.

Unten: Das Theater von Delphi, das sich innerhalb des Apollon-Heiligtums befindet, wurde für Versammlungen und bei den Pythischen Spielen zu musischen Wettstreiten genutzt. Es verfügte über 35 Sitzreihen, die 5000 Zuschauern Platz boten.

Die Reichtümer des Heiligtums

Die Opfergaben, die jeder potenzielle Ratsuchende des Orakels zu entrichten hatte, konnten beträchtlich sein. Der Historiker Herodot führt auf, was Krösus aufzuwenden hatte. Auch wenn seine Ausführungen übertrieben sein mögen, so wird doch klar, dass hier große Mengen an Edelmetall gefordert waren. Einige griechische Stadtstaaten haben in Delphi Schatzhäuser gebaut, die u. a. mit Kunstwerken auf eindrucksvolle und manchmal provokante Weise die Macht des jeweiligen Staates illustrierten.

Überdies wurden dem Heiligtum auch Dankesgaben dargebracht, etwa für einen gewonnenen Wettstreit oder eine glückliche Fügung. Die Kerkyrer spendeten z. B. einen gewaltigen Bronzestier, nachdem ihnen ein großer Thunfischschwarm ins Netz gegangen war. Nur wenige dieser Bronzeskulpturen haben sich erhalten, da das Metall später eingeschmolzen wurde. Eine seltene Ausnahme ist der sogenannte Wagenlenker von Delphi. Da er bei einem Erdbeben verschüttet wurde, entging er dem Schmelzofen. Die Skulptur zeigt einen bekleideten Jüngling, der in einer Hand noch die Zügel seiner Pferde hält (der andere Arm ist verloren gegangen). Ursprünglich stand sie auf einem Sockel mit Inschrift, die die Statue als Geschenk des sizilianischen Tyrannen Polyzalos von Gela beschreibt. Polyzalos hatte 478 oder 474 v. Chr. bei den Pythischen Spielen von Delphi ein Wagenrennen gewonnen.

Olympia

Die Spiele

Olympia ist aufgrund der hier abgehaltenen Spiele berühmt geworden. Wie bei anderen Heiligtümern fanden diese Spiele, zu denen die griechischen Staaten ihre besten Athleten und Künstler entsandten, alle vier Jahre statt. Es gab sowohl Trainingseinrichtungen als auch Sportstätten, wo die verschiedenen Wettkämpfe ausgetragen wurden. Die Tradition der Olympischen Spiele sollte im 19. Jahrhundert wieder aufgenommen werden.

Zu den Sportarten der antiken Olympischen Spiele zählten Wagenrennen, Boxen, Ringen, Pankration (eine Kombination aus Boxen und Ringen, wobei ohne Bandagen gekämpft wurde) und athletische Wettbewerbe wie Laufen. Während der Spiele herrschte ein zeitweiliger Waffenstillstand, der die sichere Teilnahme an den Wettbewerben gewährleistete. Die Sieger durften ein Standbild ihrer Person im Heiligtum aufstellen, darüber hinaus genossen sie in ihren Heimatstädten fortan großes Ansehen. So erhielten sie z. B. auf Lebenszeit kostenlose Verpflegung.

Das heutige Stadion ist eine erweiterte Version eines früheren Stadions am gleichen Ort. Die Wettbewerbe konnten von bis zu 40 000 Zuschauern verfolgt werden, die auf Graswällen saßen. Im Gegensatz zu anderen Orten sind diese nie durch Sitzreihen aus Stein ersetzt worden. In der Nähe der Start- oder Ziellinie (an beiden Enden der 192 m langen Bahn sind noch heute die Rillen der Start- und Zielschwellen zu sehen) befand sich eine Tribüne für die Schiedsrichter, und es gab 20 Startplätze für die Läufer. Die Athleten und Schiedsrichter gelangten durch einen überwölbten Gang, der unter dem westlichen Besucherwall hindurchführte, ins Stadion. Frauen war es nicht gestattet, den Spielen beizuwohnen. Im 2. Jahrhundert n. Chr. wurden zu Ehren

Oben: Durch diesen Eingang gelangten Athleten und Schiedsrichter ins Stadion. Zehn Schiedsrichter beaufsichtigten die Wettbewerbe. An der Südseite des Stadions befand sich eine befestigte Schiedsrichtertribüne.

Links: Die umgestürzten Säulentrommeln des Zeus-Tempels von Olympia. Sie zeigen, dass Säulen in der Antike aus mehreren Bestandteilen zusammengesetzt wurden.

Heras, der Gattin des Zeus, Spiele für Frauen eingeführt, die alle vier Jahre stattfanden.

Politische und religiöse Bedeutung

Das hohe Ansehen, das die Spiele in Olympia, dem Sitz des Göttervaters Zeus, genossen, führte dazu, dass der Ort auch politische Bedeutung erlangte. Wie in Delphi gab es hier ebenfalls eine Rivalität zwischen den griechischen Stadtstaaten, ihre Anwesenheit bestmöglich zu präsentieren. Dazu errichteten sie Schatzhäuser, in denen Stiftungen der Staaten, der Herrscher oder einzelner Personen zur Schau gestellt wurden, die ihre Bedeutung unterstreichen sollten. So fand man z. B. einen Goldbecher, dessen Inschrift belegt, dass er nach der Plünderung einer nicht zu lokalisierenden Stadt namens Herakleia von einer korinthischen Familie gestiftet wurde.

Neben Delphi zählte das Heiligtum von Olympia zu den bedeutendsten religiösen Zentren Griechenlands. Es war Zeus geweiht, dem höchsten griechischen Gott. Die Ruinen des Tempels zeugen heute noch von der einstigen Größe des Baus. Die große Zeus-Statue im Tempel zählte in der Antike zu den sieben Weltwundern. Das riesige thronende Götterbildnis aus Gold und Elfenbein füllte den Tempel in seiner Höhe und der Breite des Mittelschiffs komplett aus. Strabon, ein Geograf aus römischer Zeit, beschrieb die Größe der Statue mit den Worten: „Man gewinnt den Eindruck, der Gott würde das Tempeldach durchstoßen, wenn er aufstünde.“ Die Skulptur stammte von Phidias, der auch die große Statue der Athena in Athen geschaffen hatte. Seine Werkstatt, in der er das Götterbildnis gefertigt hatte, konnte in Olympia lokalisiert werden. Hier wurden Gussformen aus Ton gefunden, die eventuell für die Goldverkleidungen verwendet worden waren, sowie Glasstücke und Splitter von Edelsteinen.

Außen war der Zeus-Tempel am Gebälk mit Reliefs geschmückt. Die Metopen – die quadratischen Platten oberhalb der Säulen – illustrierten die zwölf Taten des Herakles. Herakles, der in ganz Griechenland überaus beliebt war, galt als mythischer Begründer der Spiele.

Aus schriftlichen Quellen weiß man, dass nordöstlich des Tempels der Altar des Zeus lag. Er soll aus Asche- und Knochenresten der Zeus dargebrachten Opfertiere errichtet worden sein, die mit Ton und Wasser vermischt wurden. Nach Pausanias Beschreibung, der den Altar im 2. Jahrhundert n.Chr. sah, soll er über 7 m hoch gewesen sein.

Unten: Die Palästra des Gymnasion von Olympia: Hier hielten sich die Athleten während der Spiele auf und trainierten. Hinter den Säulenhallen befanden sich zahlreiche Räume und Hallen. In der südwestlichen Ecke konnte ein Speisesaal identifiziert werden, und an der Nordseite scheinen drei Räume als Bibliothek gedient zu haben.

Vergina

Die Bewohner der klassischen griechischen Stadtstaaten bezeichneten ihre makedonischen Nachbarn als Barbaren. Der makedonische König Philipp II., der Vater Alexanders des Großen, konnte Makedonien aber zur bedeutendsten Macht in Griechenland etablieren. Bei der Schlacht von Chaironeia im Jahr 338 v. Chr. siegte er über eine Koalition griechischer Städte. Zur Zeit Philipps hieß die Hauptstadt von Makedonien Pella. Die alte Hauptstadt war jedoch ein Ort namens Aigai, der lange nicht genau lokalisiert werden konnte. Bekannt war Altertumsforschern allerdings, dass das makedonische Königshaus seine Toten auch nach dem Wegzug weiterhin in Aigai bestattet hatte. Der Ort wurde schon früh mit Vergina identifiziert, wo zahlreiche antike Gräber ausgegraben worden waren. Kritiker der Theorie bemängelten jedoch, dass die Gräber zu alt oder nicht prachtvoll genug seien. Die Gräber waren auch geplündert worden. Doch schließlich sollten die Archäologen auf den großen Tumulus stoßen.

Der grosse Tumulus

Der große Tumulus ist ein Grabhügel, der einst einen Durchmesser von 110 m und eine Höhe von 12 m hatte. Die Ausgrabungen in Vergina begannen zwar bereits im 19. Jahrhundert, der große Tumulus wurde jedoch erst 1976 von dem griechischen Archäologen Manolis Andronikos erschlossen. Dabei wurde der Hügel größtenteils abgetragen und später wiederhergestellt. Die drei darunterliegenden Gräber wurden 1977 entdeckt. Das früheste Grab 1 war zwar bereits in der Antike geplündert worden, verfügte jedoch über kunstvolle Fresken. Das späteste Grab 3 war unberührt und mit prachtvollen und kostbaren Grabbeigaben ausgestattet. Dieses sollte jedoch noch durch das Grab 2 übertroffen werden, das als eine der erstaunlichsten archäologischen Entdeckungen der letzten Jahre gilt.

Die Schätze aus Grab 2

Nachdem das Dach geöffnet worden war, erkannte man, dass die Hauptkammer unberührt war. An der Wand lehnte ein Bronzepanzer, und auf dem Boden standen Silbergefäße. An der Rückseite der Kammer, gegenüber der Türe, befand sich ein Sarkophag aus Marmor. Ferner wurden Spuren von Holzmöbeln gefunden. Das Holz war zwar verrottet, die Einlegearbeiten aus Elfenbein und Gold waren jedoch noch erhalten. Weitere auf dem Boden liegende Teile aus Gold und Elfenbein schienen zu den Überresten eines kunstvollen Schilds zu gehören, doch der Höhepunkt war damit noch nicht erreicht. In dem Marmorsarkophag befand sich eine prachtvolle, 11 kg schwere Schatulle aus Gold, die mit einem Stern verziert war, dem Symbol des makedonischen Königshauses. Sie enthielt die verbrannten Gebeine eines Mannes, die ehemals in ein Purpurtuch eingewickelt waren, und einen goldenen Eichenkranz. An der Vorderseite wurde eine weitere Grabkammer entdeckt, die ebenfalls Möbelstücke, einen vergoldeten Bronzepanzer und einen vergoldeten Köcher aus Silber enthielt sowie eine weitere Schatulle aus Gold, in der sich ebenfalls in Purpurstoff gehüllte, verbrannte Gebeine befanden. In diesem Vorraum wurden drei Goldscheiben gefunden, die auch mit dem makedonischen Stern verziert waren. Die Wände waren mit Fresken bemalt, die wie die sonstigen Funde der Grabstätte aus der zweiten Hälfte des 4. Jahrhunderts v. Chr. stammten. Alles deutete darauf hin, dass hier Angehörige des makedonischen Königshauses bestattet waren. Allem Anschein nach waren die in der Hauptkammer gefundenen Gebeine einem König zuzuschreiben.

Aufgrund des Alters wies man das Grab schnell Philipp zu. Die Gebeine in der Hauptkammer stammten von einem Mann im Alter zwischen 35 und 55 Jahren, wobei Philipp im Alter von 46 Jahren verstorben war. Unter Umständen könnte es sich bei dem Mann auch um einen Sohn Philipps handeln, der ebenfalls Philipp hieß und im Jahre 317 v. Chr. ermordet worden war. Doch die Gebeine weisen eine verheilte Knochenwunde am rechten Auge auf, wie sie in schriftlichen Quellen für Philipp II. überliefert ist. Er soll sich die Wunde 18 Jahre vor seinem Tod zugezogen haben. Das Institut für Gerichtsmedizin in Manchester hat eine Rekonstruktion des Gesichts vorgenommen, die die Vermutungen über die Identität des Toten zu bestätigen scheint. Vergleiche der Rekonstruktion von Manchester mit bekannten Porträts des Königs deuten darauf hin, dass die Gebeine aus der Hauptkammer tatsächlich von Philipp II. stammen könnten.

Gegenüber: Zwei der Gräber bei Vergina enthielten einen solchen Thron. Einer von ihnen konnte sicher auf ein Datum um 340 v. Chr. datiert werden.

Oben: Lage von Vergina.

Unten: Ein vergoldeter Köcher aus Silber aus den Gräbern von Vergina.

Schiffswracks im Mittelmeer

Das Mittelmeer stellte mehrere Tausend Jahre lang den Hauptverkehrsweg für den Handel dar. Belegt ist der Seehandel auf dem Mittelmeer seit der Bronzezeit, auf dem Meeresboden haben sich zahlreiche Wracks mit ihren Ladungen erhalten.

Die großen Kulturen der Bronzezeit im östlichen Mittelmeerraum trieben einen regen Handel miteinander und unterhielten in einigen Fällen sogar diplomatische Beziehungen. Der Austausch von Luxusgütern ist gut dokumentiert. Ferner gibt es auch Hinweise für den Handel mit alltäglichen Waren, insbesondere mit Rohstoffen, die zum Teil auf dem Landweg, größtenteils jedoch auf dem Seeweg transportiert wurden. Oftmals war der Seeweg schneller und einfacher. Der Seehandel ist durch zahlreiche Fresken auf der ägäischen Insel Thera sowie durch ägyptische Aufzeichnungen dokumentiert. Der Warentransport innerhalb der Region lässt sich durch archäologische Funde auf dem Festland, aber immer mehr auch durch Schiffswracks verfolgen.

Das Wetter kann im Mittelmeerraum trügerisch sein und stellte in der Antike eine große Gefahr für die Schiffe dar. Überdies war Piraterie weitverbreitet. Mehr als 1000 vormittelalterliche Wracks aus dem Mittelmeerraum sind bekannt, wobei die ständig besser werdende Technologie und Methodik der Unterwasserarchäologie einen maßgeblichen Anteil daran hat, dass immer mehr Wracks entdeckt werden.

Ulu Burun

Eines der frühesten Schiffswracks ist das aus dem 14. Jahrhundert v. Chr. stammende Wrack von Ulu Burun. Es wurde 1982 von einem türkischen Schwammtaucher in der Nähe von Kaş in der Südtürkei gefunden. Das Wrack wurde 1984 von George Bass und Cemal Pulak geborgen. Es befand sich 45 m unter dem Meeresspiegel an einem Abhang, was die Bergung erheblich erschwerte. Die Route des Schiffs konnte anhand der Fracht ermittelt werden. Es scheint einer Standardroute gefolgt zu sein, die vom östlichen Mittelmeer aus entlang der Süd- und Westküste der Türkei zur Ägäis und dann zurück Richtung Ägypten führte.

Die Fracht des Schiffes war sensationell. Es hatte 350 große Kupferbarren aus Zypern geladen, die mehr als zehn Tonnen schwer waren, sowie eine Tonne Zinnbarren. Kupfer war der Hauptbestandteil für die Bronzeherstellung und zusammen mit dem gefundenen Zinn hätten damit sehr große Mengen an Werkzeugen, Luxusgegenständen und Waffen hergestellt werden können. Außerdem hatte das Schiff Glasbarren, Ebenholz aus Ägypten und Elfenbein an Bord. Ferner konnte man Straußeneierschalen sowie Gewürze und Früchte, darun-

Gegenüber: Das aus dem römischen Nordafrika stammende Mosaik zeigt das Löschen eines Schiffes. Die Seerouten zwischen Nordafrika und Rom waren von lebenswichtiger Bedeutung und scheinen besonders verkehrsreich gewesen zu sein.

Oben: Details von Fresken aus der bronzezeitlichen Stadt Akrotiri auf der Insel Thera. Die Schiffe wurden von zahlreichen Ruderern angetrieben und von einem behelmten Steuermann gesteuert. Dieses Fresko war ursprünglich mehr als 6 m lang und verlief als kontinuierlicher Fries oberhalb der Türen und Fenster der höher gelegenen Räume der Stadt.

ter Granatäpfel, Feigen, Oliven, Mandeln und Eicheln, nachweisen. Eine aufklappbare Schreibtafel, bei der die einzelnen Holztafeln wahrscheinlich mit Wachsschichten überzogen waren, kam ebenfalls zum Vorschein.

Das Schiff hatte auch zahlreiche Keramikgefäße geladen: zehn große Gefäße, sogenannte *pithoi*, von denen eines weitere Gefäße enthielt, sowie etwa 150 Amphoren. Etwa 100 dieser Gefäße enthielten Terebinthenharz, das eventuell zur Herstellung von Parfüm verwendet wurde. Neben Rohstoffen befanden sich im Wrack auch zahlreiche Waffen, die wie die Gefäße von verschiedenen, an der Reiseroute gelegenen Orten in der Ägäis, auf Zypern und im östlichen Mittelmeerraum stammten. Ferner wurden Rollsiegel verschiedenen Ursprungs sowie ein goldener Skarabäus der ägyptischen Königin Nofretete entdeckt. Daneben fanden sich mehr als 700 Perlen aus Achat und baltischem Bernstein. Werkzeuge wie Beile und Sicheln gehörten ebenso zur Ladung wie Gewichte zum Abwiegen von Waren und ein Paar Fingerzimbeln. Erstaunlicherweise war das Schiff nur 15 m lang.

Das Schiffswrack von Ulu Burun ist ein Zeugnis für die weitreichenden Handelsbeziehungen im Mittelmeerraum. Ein Teil der Fracht war zwar sicherlich für einen bestimmten Zielort vorgesehen, eventuell für eines der mykenischen Zentren auf dem Festland, aber einige Waren scheinen auch für den Handel unterwegs bestimmt gewesen zu sein.

Das Schiff von Ulu Burun gilt zwar als eines der frühesten Wrackfunde, es ist jedoch nicht singulär. Die meisten im Mittelmeerraum gefundenen Wracks stammen aus der Zeit zwischen 500 v. Chr. und 500 n. Chr. Ein ähnlich spektakuläres Wrack wurde Anfang des 20. Jahrhunderts vor der Küste von Mahdia in Tunesien von Tauchern entdeckt. Es stammt aus der Zeit zwischen 70 und 90 v. Chr.

Der römische Handel

Mit der Ausdehnung des Römischen Reiches intensivierte sich auch der Handel mit Rohstoffen, Lebensmitteln und Luxusgütern. Das 40 m lange Schiff von Mahdia hatte z. B. eine sehr gemischte Fracht an Bord. Das Schiff, das auf dem Weg von Griechenland nach Rom oder Mittelitalien war, hatte 60 Marmorsäulen, Lampen, zahlreiche Skulpturen und Ähnliches an Bord. Während diese Funde ihren Ursprung in Griechenland hatten, stammten andere Teile der Ladung aus den unterschiedlichsten Orten des Mittelmeerraums. Obgleich der Transport der Säulen und Statuen den Hauptzweck der Reise darstellte, spielte der Handel entlang der Reiseroute offensichtlich ebenfalls eine wichtige Rolle.

Die zahlreichen römischen Schiffswracks, die bislang entdeckt wurden, erlauben es, verschiedene Aspekte der überregionalen Beziehungen zu untersuchen, wie etwa den kommerziellen Handel, Zölle oder den Transport von Kriegsbeute (die Mahdia-Skulpturen wurden vermutlich im Zuge der römischen Plünderungen in Griechenland im Jahre 86 v. Chr. abtransportiert). Zwischen 200 v. Chr. und 200 n. Chr. nahm der Seehandel stark zu, wobei das Spektrum der transportierten Güter äußerst vielfältig war. Ein römisches Wrack, das vor Tarent in Süditalien gefunden wurde, hatte halbfertige Sarkophage an Bord, die für die Bestattung wohlhabender Personen bestimmt waren. Schiffswracks aus Südfrankreich hatten Amphoren geladen, die Wein, Olivenöl und konservierten Fisch enthielten. Bei einigen dieser Gefäße konnte man den Ursprungsort ermitteln, sie stammten aus der Nähe von Cosa in der Toskana.

1999 wurden neun römische Schiffe aus der Zeit zwischen dem 2. Jahrhundert v. Chr. und dem 5. Jahrhundert n. Chr. im versandeten Hafen von Pisa gefunden. Alle waren sehr gut erhalten und stellen die größte Gruppe römischer Schiffe dar, die an einer Stelle lagen.

Gegenüber oben: Amphoren unterschiedlicher Größe wurden für die verschiedensten Transportzwecke verwendet. Sie wiesen häufig gestempelte Kennzeichnungen auf, sodass sie manchmal bis zum Ort der Herstellung oder Abfüllung zurückverfolgt werden konnten.

Gegenüber unten: Nägel aus dem Wrack von Tarent. Anhand von Vermessungen kann geklärt werden, ob sie zur Fracht oder zum Schiff gehörten.

Unten: Die auf dem Meeresboden gefundenen Objekte müssen sorgfältig konserviert werden, damit sie durch Luftkontakt nicht zerstört werden. Wie bei anderen archäologischen Disziplinen müssen die verschiedenen Artefakte auch bei der Unterwasserarchäologie genauestens dokumentiert werden. Diese Funde stammen aus dem Wrack von Tarent.

Unterwasser-archäologie

Die Archäologie beschäftigt sich nicht nur mit Bodendenkmälern, sondern widmet sich auch archäologischen Quellen, die unter Wasser erhalten geblieben sind, insbesondere Resten alter Siedlungen. Zu den bedeutendsten Unterwasserdenkmälern zählen versunkene Häfen und Städte, wie Alexandria, und Schiffswracks.

Die technische Entwicklung bei Tauchgeräten hat dazu geführt, dass in den letzten Jahren die Anzahl der entdeckten Denkmäler stark angestiegen ist. So konnten beispielsweise im Mittelmeer Wracks in Meerestiefen untersucht werden, die früher unerreichbar waren. Obwohl auch unter Wasser geophysikalische Untersuchungen durchgeführt werden, wurden die wichtigsten Funde, wie z. B. das Schiffswrack von Ulu Burun, meist von Schwammtauchern entdeckt.

Die Arbeit unter Wasser ist schwierig und kostenintensiv. Außerdem ist die Konservierung der Funde oftmals sehr aufwendig. Manchmal müssen mächtige Sedimentschichten abgetragen werden. Ein weiteres Problem stellt die Bergung sperriger Objekte, wie z. B. Kanonen und große Transportgefäße, dar. In den letzten Jahren wurden zahlreiche nützliche Hilfsmittel entwickelt, insbesondere Schläuche zum Absaugen von Schlamm und Ablagerungen. Der Aufwand ist die Mühe wert, denn Schiffswracks stellen ein unvergleichliches Zeitdokument dar, sie dokumentieren eine historische Momentaufnahme.

Rechts: Ein Taucher mit einem Keramikgefäß aus dem Schiffswrack im Hafen von Serce, Portugal, das 1025 n. Chr. gesunken ist. Der Unterwasserarchäologe George Bass vermutete, dass das Schiff Glas transportierte, und bezeichnete es daher als Glaswrack.

Die Etrusker

Die Etrusker, die ihre Blütezeit zwischen 700 und 400 v. Chr. im Nordwesten Mittelitaliens erlebten, galten lange als rätselhaft. Die überwiegende Zahl der etruskischen Hinterlassenschaften stammt aus Gräbern, daher hat man die Kultur oft mit Tod in Verbindung gebracht. Die Kunstwerke sprühen jedoch vor Lebensfreude. Der geheimnisvolle Ruf der Etrusker geht zum Teil auf ihre Sprache zurück, die lange als eigenartig und unverständlich galt. Mittlerweise konnte sie zwar größtenteils entschlüsselt werden, es sind jedoch nur wenige Textzeugnisse überliefert. Die meisten antiken Textquellen über die Etrusker stammen von ihren Feinden und sind kaum objektiv.

Etrurien, die Region, in der die Etrusker lebten, entspricht ungefähr dem Gebiet der heutigen Toskana. Die Etrusker kannten keinen Zentralstaat. Die zwölf etruskischen Stadtstaaten, darunter Tarquinia und Cerveteri, hatten sich zu einem losen Städtebund, dem sogenannten Zwölfstädtebund, zusammengeschlossen. Auch wenn heute nur wenig über diese Städte bekannt ist, so dürften sie doch gut befestigt gewesen sein und strategisch günstig auf Hügeln gelegen haben. Im Laufe der Zeit dehnte sich das Einflussgebiet der Etrusker in Italien immer mehr aus. Sie verfügten zweifellos über gute überregionale Beziehungen, denn die Grabbeigaben kamen aus dem gesamten Mittelmeerraum, zum Teil aus Griechenland. Einige Objekte aus den frühesten Gräbern stammten sogar aus Ägypten. Darüber hinaus pflegten sie Beziehungen zu den Phöniziern. Über die ursprüngliche Herkunft der Etrusker wurde bereits in der Antike spekuliert, so berichtete Herodot, sie seien aus Kleinasien ausgewandert. Heute geht man jedoch davon aus, dass sie vermutlich aus Mittelitalien stammten.

Im Gegensatz zu den etruskischen Städten, die archäologisch bislang kaum erschlossen wurden, sind die Grabstätten besser untersucht und dokumentiert, aber auch geplündert. Bei den Plünderungen gingen nicht nur wertvolle Objekte verloren, es wurden vor allem die Fundkontexte, die für das Verständnis der Objekte wesentlich sind, zerstört. Während der 1830er-Jahre wurden in nur einem Jahr schätzungsweise 3400 Gefäße aus den Grabstätten geraubt und landeten in den Sammlungen der europäischen Museen.

Gegenüber: Die Nekropole von Cerveteri umfasst sowohl runde als auch quadratische Gräber. Die Kammern wurden aus dem Fels gemeißelt. Anschließend wurden die Grabkammern mit Erdhügeln abgedeckt. Schon im 18. und 19. Jahrhundert waren Reisende von diesen Nekropolen fasziniert.

Oben: Grabnischen eines columbarium.

Oben Mitte: Lage von Cerveteri und Tarquinia.

Etruskische Gräber

Etruskische Grabfelder sind im Allgemeinen sehr ausgedehnt wie in Cerveteri. Die Befunde in den Grabstätten deuten darauf, dass die etruskische Gesellschaft streng hierarchisch gegliedert war und eine klar abgegrenzte Oberschicht hatte. Die Bauweise der reichen Grabstätten änderte sich im Laufe der Zeit. Die ursprünglich runden Tumulus-Gräber wurden später durch würfelförmige Gräber ersetzt. Die runden Kammergräber von Cerveteri wurden anfangs aus dem weichen Fels (Tuffstein) gemeißelt und mit Erdhügeln abgedeckt, die einen Durchmesser von mehr als 40 m haben konnten. Im Inneren waren die Gräber wie Wohnhäuser gestaltet. Das sogenannte Reliefgrab von Cerveteri verfügt beispielsweise über einen Bankettraum und eine mit bemalten Stuckreliefs verzierte Grabkammer, die über mehrere, aus dem Fels gehauene Liegen verfügte. Die Reliefs zeigten hauptsächlich Gegenstände des täglichen Gebrauchs, darunter Hausrat.

Viele Grabstätten waren mit prachtvollen Wandmalereien geschmückt. Die Auswahl der Bildthemen scheint für einen Grabbau überraschend, denn die Fresken zeigen Annehmlichkeiten des Lebens, ein Umstand, der zu dem geheimnisvollen Ruf der Etrusker beigetragen hat. Bei den zahlreichen Bankettszenen könnte es sich um Totenfeiern handeln oder – wie manche Forscher vermuten – um Jenseitsvorstellungen der Etrusker, die sich das Leben nach dem Tod vielleicht als Bankett vorgestellt haben. Im Grab der Leoparden in Tarquinia haben sich schöne Beispiele für diese Art von Szenen erhalten. Die Speisenden lehnen sich hier zurück, während ihnen Speisen und Getränke gereicht werden und Tänzer ihre Künste darbieten. Ein Musikant spielt auf einer Doppelflöte, einem Instrument, das auch von anderen Grabmalereien bekannt ist. Manche Fresken zeigen sportliche Wettkämpfe. Im Grab der Auguren in Tarquinia sind zwei Ringkämpfe dargestellt. Auch hier könnte eine Zeremonie zu Ehren des Verstorbenen dargestellt sein, z. B. Begräbnisspiele.

Im Vergleich zu den Griechen und Römern scheinen bei den Etruskern Frauen eine relativ emanzipierte Position eingenommen zu haben. Grabfresken, darunter auch das Grab der Leoparden, zeigen Frauen, die zusammen mit Männern speisen, was im antiken Griechenland nicht üblich war. Auch die Sarkophage, die die Verstorbenen zuweilen als Teilnehmer eines Banketts darstellen, zeigen, dass Frauen eine ähnliche Position eingeräumt wurde wie ihren Ehemännern.

Gegenüber: Diese Wandmalerei illustriert ein Erntedankfest.

Oben: Ein Musikant aus dem Tinclinio-Grab von Tarquinia spielt auf einer Lyra. Tierdarstellungen sind auf Grabfresken nicht ungewöhnlich. Neben Leoparden sind im gleichnamigen Grab von Tarquinia, wie hier, auch kleine Vögel anzutreffen.

In bestimmten Zeitabschnitten überwog die Feuerbestattung. Die verbrannten Gebeine wurden in *columbarien* (Nischen, die aus dem Fels gemeißelt wurden) bestattet.

Bei der heutigen Betrachtung der Etrusker spielen vor allem die Sarkophagbestattungen eine große Rolle. Die Sarkophage wurden mit Figuren geschmückt, die die Verstorbenen darstellten, wobei die Darstellung der Personen im Laufe der Zeit scheinbar immer realistischer wurden. Denn bei vielen späteren Figuren scheint es sich um Porträts gehandelt zu haben.

Sarkophage und Beigaben

Die Sarkophage wurden aus Terrakotta, weichem, regionalem Tuffstein oder Alabaster gefertigt. Gewöhnlich bestanden sie aus drei Teilen: dem eigentlichen, zumeist aus einem Stück bestehenden Sarg, einer Deckplatte und einem Deckel. Letzterer wurde oft aus zwei Teilen gefertigt und stellte eine lebensgroße Figur des Verstorbenen dar. Die Porträtierten wurden wie auf den Fresken oft in liegender Position wiedergegeben, als Teilnehmer eines Festmahls.

Ursprünglich enthielten die Gräber zahlreiche Objekte, die nicht aus Etrurien stammten, und zwar nicht nur rot- und schwarzfigurige Vasen aus Griechenland, sondern auch Artefakte aus Elfenbein und Bernstein, die auf die damalige Bedeutung des Handels schließen lassen. Die Etrusker führten aber nicht nur Waren ein, sie exportierten auch eigene Produkte. So fand man in Schiffswracks etruskische Amphoren und in mitteleuropäischen Gräbern etruskische Bronzegefäße. Ob die zweifellos prächtigen griechischen Gefäße wegen ihrer spezifischen Qualitäten geschätzt oder tatsächlich nur als Behälter für kostbare Produkte, wie z. B. Wein, benutzt wurden, ist bis heute umstritten.

Die größte Gefahr für die Gräber sind heute die Grabräuber. Nach wie vor werden etruskische Gräber geplündert. Die Komplizen und Auftraggeber der Grabräuber sitzen im internationalen Antiquitätenhandel.

Gegenüber: Ein Paar auf einem etruskischen Sarkophag aus Cerveteri, um 525–500 v. Chr. Die Darstellung konzentriert sich auf die Köpfe und weniger auf die Körper. Wichtiger als realistische Abbilder der Personen war die Wiedergabe einer Idealvorstellung.

Oben: Der Sarkophag von Larthia Seianti, der 1877 in der Nähe der nordetrurischen Stadt Chiusi in einem Familiengrab gefunden wurde. Er stammt aus dem 2. Jahrhundert v. Chr.

Links: Die Fresken aus dem Grab der Leoparden in Tarquinia zeigen Speisende, die bedient und unterhalten werden.

Die etruskische Sprache

Die etruskische Sprache zählt heute zu den ausgestorbenen Sprachen. Da sie nicht auf Latein oder eine andere in Italien gesprochene Sprache zurückging, vermuteten bereits antike Schriftsteller, dass sowohl die etruskische Sprache wie auch die Etrusker selbst fremden Ursprungs seien. Der griechische Historiker Herdodot gab an, dass das etruskische Volk aus Kleinasien stamme. Eindeutige Hinweise für diese Theorie fehlten bislang, daher gehen die meisten Archäologen davon aus, dass die etruskische Kultur sich in Italien entwickelte. Doch die allerneuesten DNS-Analysen könnten nun Herodots Bericht bestätigen, sie verweisen nämlich in den Nahen Osten.

Eine Besonderheit dieser Kultur ist ihr Alphabet, das sich aus dem griechischen Alphabet entwickelte, so wie sich die griechischen Buchstaben aus dem phönizischen Alphabet entwickelt haben. 10 000 schriftliche Zeugnisse der Etrusker haben sich erhalten, die mühelos gelesen und verstanden werden können. Allerdings sind die meisten sehr kurz und wenig aussagekräftig, wie z. B. „Ich gehöre Thancvil Fulni" – einfache Inschriften, die den Besitzer ausweisen, oder Namen auf Sarkophagen. Von diesen 10 000 Zeugnissen umfassen nur sechs mehr als 50 Wörter.

Erst zwei jüngere Funde erlauben einen neuen Blick auf die etruskische Kultur. In Pyrgi, der Hafenstadt von Cerveteri, wurden drei Goldbleche gefunden, zwei in etruskischer und eines in phönizischer Sprache. Sie enthalten einen der etruskischen Göttin Uni gewidmeten Text von einem Autor namens Thefarie Valianus. Der zweite bedeutende Beitrag stammt aus der in Zagreb gefundenen sogenannten Agramer Mumienbinde, einem etruskischen Text, der etwa 1200 Wörter umfasst. Dabei handelt es sich um einen religiösen Kalender, der Details zu verschiedenen Ritualen und Zeremonien enthält.

Rom

Rom war das politische Machtzentrum des Imperium Romanum. Der Ursprung der Stadt war Gegenstand zahlreicher Legenden, und bedeutende römische Autoren wie Livius und Vergil haben die Anfänge Roms ausführlich beschrieben. Rom wuchs schnell zu einer Stadt von etwa einer Million Einwohnern und wurde das Zentrum eines großen Reiches. Verlässliche Informationen über die Entwicklung der Stadt gewinnen Altertumsforscher eher durch archäologische Zeugnisse als durch antike literarische Quellen.

Frühe Zeugnisse

Innerhalb des antiken Stadtgebietes fanden sich frühe Siedlungsreste, insbesondere Spuren von Hütten und Gräbern der Eisenzeit, die aus dem 9. bis 7. Jahrhundert v. Chr. stammen. Es ist durchaus möglich, dass das Gebiet sogar früher besiedelt war, angesichts der vielfachen Überbauung sind allerdings keine älteren Spuren nachweisbar. Rom war immer bewohnt und geriet nie in Vergessenheit. Die Stadt zählt vielmehr zu den komplexesten und größten archäologischen Ausgrabungsstätten der Welt. Zahlreiche antike Gebäude haben sich bis heute erhalten, oftmals weil sie im Laufe der Zeit zu unterschiedlichen Zwecken verwendet und z. B. in Kirchen umgewandelt wurden. Manche wurden auch nur als Steinbruch genutzt. Seit den 1980er-Jahren haben die archäologischen Aktivitäten zugenommen, doch die Arbeitsbedingungen in der bevölkerungsreichen Hauptstadt sind nicht immer einfach.

Gegenüber: Das Pantheon wurde 115–125 n. Chr. von Hadrian anstelle eines Vorgängerbaus errichtet. Da es später als Kirche genutzt wurde, hat sich der Bau bis heute erhalten. Er war in römischer Zeit allen römischen Götter geweiht, wie er allerdings genau genutzt wurde, ist nicht bekannt.

Oben: Die Karte zeigt die Ausdehnung des Römischen Reiches im 2. Jahrhundert n. Chr., ein Gebiet, das sich vom Hadrianswall in Großbritannien bis nach Ägypten erstreckt und die gesamte Mittelmeerküste umfasst.

Im 6. Jahrhundert v. Chr. setzte mit den tarquinischen Königen eine Entwicklung ein, die das ursprüngliche Dorf in die Hauptstadt des Römischen Reiches verwandeln sollte. Es wurde ein Abwasserkanal gebaut, die Cloaca Maxima, mit der ein Teil der Sumpfgebiete entwässert werden konnte. Die Könige der Frühzeit wurden durch die Konsuln der Republik ersetzt, die von 509–27 v. Chr. Bestand hatte, und Rom begann seinen Macht-

bereich auszubauen. Verschiedene Staatsmänner und Persönlichkeiten des öffentlichen Lebens stifteten spektakuläre Bauten, um die Bevölkerung politisch zu beeinflussen, eine Methode, die dann auch von den Kaisern fortgesetzt werden sollte. Im 2. Jahrhundert n. Chr. erstreckte sich das Römische Reich von Britannien bis Ägypten und von der portugiesischen Atlantikküste bis zu den südlichen Ausläufern des Schwarzen Meeres.

Rom profitierte als Hauptstadt davon in vielfacher Hinsicht, denn die in anderen Ländern erbeuteten Schätze landeten zu einem Großteil in der Stadt. Unruhen in Rom konnten für die Herrscher verhängnisvoll sein, so versuchten sie, die Stadtbevölkerung zufriedenzustellen. Um die Versorgung der Bevölkerung zu gewährleisten, gab es besondere Getreidezuteilungen. Darüber hinaus wurden in der Hauptstadt besonders prachtvolle Feiern und Darstellungen geboten: So wurden für die Tierhetzen exotische Tiere aus Afrika importiert. Spezielle Unternehmen kümmerten sich um die Beschaffung und Versorgung dieser Tiere. Solche Darbietungen waren zwar nicht nur auf Rom beschränkt, denn sie galten als wesentlicher Bestandteil der römischen Kultur, doch in Rom waren die Veranstaltungen besonders spektakulär.

Das Kolosseum

Das größte Amphitheater des Römischen Reiches war das Kolosseum in Rom, das sogenannte Amphitheatrum Flavium. Der Bau wurde 70 n. Chr. unter Kaiser Vespasian begonnen und zehn Jahre später von dessen Sohn Titus vollendet und eingeweiht. Für den größten Bau der Stadt waren 100 000 Kubikmeter Travertin (ein poröser Kalkstein) und 300 Tonnen Eisenklammern, mit denen die Steinblöcke zusammengehalten wurden, notwendig. Große Mengen an Ziegeln und Gussmörtel (dem sogenannten *opus caementicium*, dem römischen Beton) wurden für die Gewölbe und Sitzreihen verbaut.

Das Veranstaltungsprogramm des Kolosseums bestand aus Gladiatorenkämpfen und Tierhetzen, dane-

Links: Detail des Kolosseums. Es war das größte Gebäude des antiken Roms und muss sowohl für die Zuschauer als auch für die Akteure sehr eindrucksvoll gewesen sein.

Unten: Das Fragment einer Bauinschrift vor einer römischen Ziegelmauer.

ben fanden hier öffentliche Hinrichtungen statt. Sie wurden oft als Nachstellungen grausamer Mythen und Legenden inszeniert. Einige römische Autoren haben den Variationsreichtum dieser Spiele geschildert, darunter auch Martial, der sogar weibliche Gladiatoren erwähnt.

Oben: Innenansicht des Kolosseums. Die unteren Sitze waren aus Stein. Die erste Reihe, in unmittelbarer Nähe zum Geschehen, war dem Kaiser, den Vestalinnen und den Senatoren vorbehalten. Ganz oben befanden sich die Stehplätze des einfachen Volkes und der Sklaven. Unter der Arena befand sich ein kompliziertes System aus Gängen und Räumen, in denen die Gladiatoren und wilden Tiere untergebracht waren. Ein unterirdischer Ausgang führte unmittelbar zum Ludus Magnus, der Gladiatorenkaserne.

Im Inneren des Kolosseums

Schätzungen zufolge fanden im Kolosseum zwischen 50 000 und 70 000 Zuschauer Platz, wobei deren sozialer Status bestimmte, wo sie Platz nehmen durften. Arme, Sklaven und Frauen saßen ganz oben, während wohlhabende Bürger auf den tiefer liegenden Rängen Platz nahmen. Je höher der soziale Status, desto näher war man am Geschehen. Der Kaiser und die Vestalinnen hatten spezielle, einander gegenüberliegende Logen, die Sitze der Senatoren waren in den ersten Reihen. Einige Plätze weisen noch heute die in den Stein gemeißelten Namen verschiedener Senatoren des späten Römischen Reiches auf. Über ihnen saß der Stand der *equites* (Ritter) und oberhalb der Ritter die einfachen Bürger, die Plebs.

Außerdem war ein spezieller Bereich Jungen und ihren Tutoren vorbehalten. Auch Soldaten verfügten wie ausländische Würdenträger und ein Teil der Priesterschaft über einen eigenen Bereich. Ganz oben, in einer Höhe von 40 m und etwa 50 m von der Arena entfernt, befanden sich die Stehplätze der untersten Schichten – Sklaven, Arme – und der Frauen. Einigen Gruppen war die Teilnahme an den Veranstaltungen ganz untersagt: Schauspieler, ehemalige Gladiatoren und Totengräber

Gladiatoren

Um den Anforderungen des Kolosseums zu genügen, wurden die Gladiatoren in speziellen Schulen trainiert. Die bedeutendste, der Ludus Magnus, befand sich an der Ostseite des Kolosseums. 1937 wurde ein Teil der Schule ausgegraben, mehr als die Hälfte konnte jedoch bislang nicht erschlossen werden, da sich dieser Bereich unter bestehenden Straßen und Gebäuden befindet. Die Schule verfügte über eine eigene Arena mit Sitzplätzen für etwa 3000 Zuschauer. Dort trainierten die Gladiatoren vor einem Publikum, das sich so einen Überblick über die Fähigkeiten, insbesondere die Stärken und Schwächen, der Kämpfer verschaffen konnte. Die Gladiatoren waren unterschiedlicher sozialer Herkunft. Einige von ihnen waren verurteilte Kriminelle, andere stellten Berufskämpfer dar, die Sklaven, Freigelassene oder Freiwillige sein konnten. Sträflinge hatten im Allgemeinen keine hohe Lebenserwartung. Freigelassene oder Freiwillige kämpften hingegen auf eigene Rechnung oder für die Truppe, der sie angeschlossen waren. Ein guter, durchtrainierter Gladiator war ein äußerst wertvoller Spieler und wurde deshalb ausreichend geschützt. Doch die Chancen, als Gladiator in der Arena zu überleben, waren gering, und kein Kämpfer wurde in die Arena gelassen, solange er nicht geschworen hatte, „bereitwillig und aus freien Stücken" sein Leben zu lassen. Die Gladiatoren wurden ihrer Kampftechnik, ihrer Rüstung und ihren Waffen entsprechend in verschiedene Gruppen eingeteilt.

Die Gladiatorenkämpfe wurden ursprünglich entweder von Privatleuten oder von der Stadt ausgerichtet, doch seit Domitian (81–96 n. Chr.) durften sie in Rom nur noch vom Kaiser veranstaltet werden. Das Tagesprogramm war im Allgemeinen in drei Abschnitte aufgeteilt, wobei die eigentlichen Gladiatorenkämpfe am Nachmittag stattfanden. In den Morgenstunden fanden Tierhetzen und gegen Mittag Hinrichtungen statt. Die Spiele konnten relativ kurz sein oder sich über mehrere Tage erstrecken. Trajan soll 107 v. Chr. die Eroberung von Dakien mit Spielen gefeiert haben, die über 123 Tage dauerten und bei denen 11 000 Tiere und 10 000 Gladiatoren beteiligt gewesen sein sollen.

Gegenüber: Ein Mosaik mit der Darstellung von Gladiatoren. Der unterlegene Kämpfer kniet vor seinem Gegner.

Oben: Darstellungen von Gladiatoren finden sich überall. Hier auf einer Öllampe.

Links: Das Mosaik zeigt einen Gladiator, der gegen einen Löwen kämpft. Tierkämpfe fanden vor allem am Morgen statt, die eigentlichen Gladiatorenkämpfe am Nachmittag.

durften die Spiele im Kolosseum nicht besuchen.

Heute liegen die unter der Arena befindlichen Substruktionen, die ursprünglich von Holzplanken abgedeckt waren, frei. Die Arena war, wie auch das Amphitheater selbst, in römischer Zeit die größte ihrer Art und konnte für Aufführungen raffinierter und extravaganter Spektakel genutzt werden. Bei den ersten Spielen wurden offensichtlich sogar Seeschlachten nachgestellt, selbst Krokodile und andere Tiere sollen im Wasser geschwommen sein. Unklar ist bis heute, wie diese Inszenierungen realisiert wurden.

Auf beiden Seiten der Substruktionen gibt es Vorrichtungen, die von manchen Archäologen als Bestandteil von hydraulischen Aufzügen gedeutet werden, andere sehen sie lediglich als Einrichtung für die Wasserversorgung. Das in der Arena gesammelte Regenwasser wurde über ein Kanalsystem in einen großen Kanal und von dort aus in den Tiber geleitet.

Durch unterirdische Gänge gelangten Kämpfer und Tiere in die Arena. Ein unteririscher Zugang an der Ostseite verband das Kolosseum mit der Gladiatorenkaserne. Auch die Vestalinnen hatten einen eigenen Zugang ins Kolosseum, damit sie ungestört zu ihren Logen gelangen konnten. Auf dem Obergeschoss des Kolosseums befanden sich Mastbäume, die von Matrosen der römischen Flotte mit einem Sonnensegel (ein sogenanntes *velarium*) bespannt wurden. Die Funktionsweise dieser Einrichtung war Gegenstand zahlreicher Spekulationen, Computermodelle und Rekonstruktionsversuche.

Das Forum

Für die Mehrheit der Einwohner Roms war das Forum Romanum der wichtigste Ort der Stadt. Das Forum diente als Marktplatz, Museum, Gerichtshof sowie Verwaltungszentrum und war religiöses Zentrum der Stadt. Hier stifteten bedeutende Personen prachtvolle Bauten, um ihre Macht und ihren Wohlstand zu demonstrieren.

Auf dem Forum Romanum fanden auch politische Versammlungen – und Unruhen – sowie öffentliche Feste statt. Unter Julius Caesar und den ihm nachfolgenden Kaisern wurde dieser ungeordnete Raum in ein Monument der kaiserlichen Macht verwandelt. Im Laufe der Zeit kamen große Tempel, Basiliken (Säulenhallen), ein neues Senatsgebäude sowie Triumphbögen hinzu. Doch das Forum hatte auch weiterhin praktischen Nutzen für die römische Bevölkerung, denn die Basiliken wurden für Rechtsangelegenheiten genutzt, und die Gerichtsverfahren waren nicht selten eine andere Form der Volksbelustigung, sodass die Gerichtssäle oft überfüllt waren. Die gegnerischen Parteien brachten oft ihre Unterstützer mit, und das Spektakel zog viele Schaulustige an.

In einigen Basiliken, wie z. B. auf den Treppenstufen der Basilica Julia, fand man in den Boden eingeritzte Spielbretter, offensichtlich spielten manche Menschen in

Oben: Diese Ansicht vermittelt einen Eindruck von der Komplexität des Forum Romanum. Der zentrale Bereich wurde erst Ende des 19. Jahrhunderts freigelegt. Das Forum war das politische Zentrum der Stadt.

diesen öffentlichen Gebäuden, vielleicht während der langweiligen Pausen zwischen den Prozessen. Einige Gebäude wurden von öffentlichen Ämtern genutzt, in einem Gebäude wurden die staatlichen Maße und Gewichte aufbewahrt. Außerdem wurden hier Staatsbegräbnisse abgehalten und Tempel für verstorbene Kaiser errichtet. 283 n. Chr. gab es auf dem Forum Romanum einen verheerenden Brand, dem ein umfangreicher Wiederaufbau folgte.

In späterer Zeit wurde das Forum zu anderen Zwecken genutzt. So wurde z. B. das Senatsgebäude 630 n. Chr. in eine Kirche umgewandelt (St. Hadrian). 1935–1938 wurden die Umbauten jedoch wieder rückgängig gemacht.

Im frühen Mittelalter ging die Einwohnerzahl der Stadt stark zurück, Schätzungen gehen von nur noch 10 000 Einwohnern aus, in der Antike lebten in der Stadt bis zu einer Million Menschen. Die Gebäude des Forums wurden dem Verfall preisgegeben und begannen einzustürzen, sodass das Areal eine Gefahr für die Bevölkerung darstellte. Im 15. und 16. Jahrhundert wurden die Ruinen als Steinbruch für den Bau von Renaissancegebäuden genutzt. Eine systematische Untersuchung des Forums setzte erst Anfang des 19. Jahrhunderts ein, die sich jedoch auf einzelne Teile des Platzes konzentrierte. Erst ab 1870 wurde allmählich der zentrale Bereich erschlossen.

Oben: Rom in republikanischer Zeit.

Links: Ausblick auf das Forum Romanum.

Die Versorgung Roms

Aufgrund der großen Bevölkerungszahl der Stadt und der Tatsache, dass die Mehrheit der Einwohner arm war, war die Aufrechterhaltung der Versorgungslage nicht nur lebensnotwendig für die Herrscher, sondern auch für die Wahrung des inneren Friedens.

Die römischen Grundnahrungsmittel waren Getreide, Öl und Wein. Fleisch spielte hingegen in den meisten Haushalten keine besonders große Rolle, da es zu teuer war. Die Versorgung Roms mit Getreide, dem wichtigsten Grundnahrungsmittel, war von Importen abhängig. Im Allgemeinen war das Transportsystem für Nahrungsmittel zuverlässig, dennoch kam es zuweilen zu Engpässen. Dann horteten Kaufleute die Nahrungsmittel, um die Preise nach oben zu treiben, was oft Unruhen nach sich zog. Manche Lebensmittel, vor allem Getreide, wurden daher an Bedürftige kostenlos verteilt.

Ein weiteres Problem in Rom waren Arbeitsplätze. Unter Augustus (27 v. Chr.–14 n. Chr.) wurden vor allem durch die großen staatlichen Bauprojekte viele Arbeitsplätze geschaffen.

Oben: Römische Häuser und Lagerhäuser in Ostia. Viele verfügten aus Sicherheitsgründen nur über sehr kleine Fenster.

Ostia – der Hafen Roms

Die meisten Importe Roms gelangten auf dem Seeweg in die Stadt. Der Tiber war über die gesamte 22 km lange Strecke von der Küste ins Stadtzentrum schiffbar. Die an der Mündung des Tiber liegende Stadt Ostia diente Rom zwar als Hafen, die Ankerplätze und Hafeneinrichtungen waren jedoch unzureichend, und der Hafen drohte zu versanden. Schließlich baute Kaiser Claudius 42 n. Chr. einen neuen Hafen, der über Kanäle mit dem Tiber verbunden und durch Molen geschützt war. Unter Trajan wurde der Hafen um ein sechseckiges künstliches Hafenbecken erweitert.

Ostia und Rom verfügten über zahlreiche Lagerhäuser, die zum Teil mehrstöckig und sehr groß waren. Eines der Lagerhäuser, die Horrea Galbana, hatte allein im Erdgeschoss über 140 Räume. Viele von ihnen hatten Doppelböden, um das Getreide vor Feuchtigkeit (und möglicherweise vor Ungeziefer) zu schützen, und waren mit ihren sehr starken Mauern äußerst solide. Auch auf die Sicherheit der Gebäude wurde großen Wert gelegt: Die schmalen, auf ein Minimum beschränkten Fenster der Außenmauern waren relativ hoch angebracht. Außerdem wurden Spuren komplizierter Verriegelungssysteme für die Außen- und Innentüren gefunden. Die Türen waren viel zu schmal für große Karren, was darauf hinweist, dass die meisten Waren von zahlreichen Arbeitskräften transportiert wurden.

Das Versorgungssystem wurde von sogenannten Kollegien, Berufsvereinigungen, kontrolliert. Es gab Kollegien für Kaufleute, die mit den unterschiedlichen Waren handelten, Kollegien für Transporteure, Schiffer und Bauleute, die für den Bau von Werften verantwortlich waren. In Ostia scheinen viele dieser Kollegien an der Piazzale delle Corporazioni angesiedelt gewesen zu sein, einem von einer Portikus gesäumten Platz, hinter dem

Gegenüber unten: Mosaik eines Schiffes in Ostia. Die Transportschiffe, wie z. B. die Getreideschiffe aus Ägypten, scheinen ihre Ankunft durch kleinere Botenschiffe angekündigt zu haben. Zuverlässige Ankunftszeiten waren offensichtlich kaum vorherzusagen, was den Seehandel erschwerte.

Oben: Diese großen in den Boden eingelassenen Vorratsgefäße wurden in Ostia zur Lagerung von Getreide verwendet.

Rechts: Die Grundnahrungsmittel waren Getreide, Olivenöl und Wein, daneben spielten auch andere Nahrungsmittel eine große Rolle, insbesondere Fisch. Fisch war vor allem zur Produktion der Fischsaucen sehr wichtig. Diese wurden aus gegorenem Fisch hergestellt und als Würzmittel verwendet. Die äußerst intensiven Saucen waren sehr teuer.

sich 70 kleinere Räume befinden. Vor vielen Räumen fanden sich Mosaikenbilder, die auf das jeweilige Kollegium hinwiesen.

Monte Testaccio

Ein außergewöhnliches Zeugnis für Konsum – und Müll – stammt von einem künstlichen Hügel. Der Monte Testaccio bedeckt eine Fläche von 20 000 qm und ist über 35 m hoch. Er besteht fast vollständig aus Scherben von zerbrochenen Amphoren, die aus der Zeit zwischen 140 und 250 n. Chr. stammen. Die meisten Gefäße enthielten einst Olivenöl. Der Hügel war jedoch keine wilde Müllkippe, sondern wurde hinter einem Ring von Lagerhäusern sorgfältig aufgeschichtet. Um eine ausreichende Stabilität zu gewährleisten, wurden dabei Schichten aus größeren, gröberen Scherben mit kleineren ausgefüllt. Der Hügel war terrassenförmig aufgebaut und verfügte über Stützmauern aus Amphoren, die vielleicht intakt auf den Abfall gesetzt und dann zertrümmert worden waren. Anschließend wurde Kalk darübergeschüttet, um unangenehmen Gerüchen vorzubeugen. Man nimmt an, dass die Olivenölamphoren nicht wiederverwendet wurden, da man befürchtete, sich mit dem ranzigen Öl, das sich an den Innenwänden absetzte, zu vergiften. Entleerte Amphoren wurden auch auf dem Bau eingesetzt, und zwar als Füllmaterial oder zur Herstellung von Mörtel.

Den Bedarf an Verbrauchsgütern in Rom kann man nur schätzen, denn verlässliche Zahlen sind nicht überliefert. Der Jahresbedarf an Öl betrug für die geschätzte Einwohnerzahl von einer Million vermutlich etwa 20 Millionen Liter – oder annähernd 290 000 Amphoren.

Die Versorgung Roms bot sowohl in der Stadt selbst als auch im Reich unzähligen Menschen Arbeit. Auch wenn historische Quellen immer wieder von

Gegenüber: Das Mosaik aus Pompeji zeigt einen Sklaven in einer Küche mit einem Teller Feigen und einem Gefäß mit Fischen.

Oben: Eine Straße in Ostia mit verschiedenen Mühlsteinen.

Links: Etwa ein Viertel der Bevölkerung Roms wurde vom Staat unentgeltlich mit Nahrungsmitteln versorgt. Dieses Wandbild aus Pompeji zeigt die kostenlose Verteilung von Brot.

Nahrungsmittelknappheit und den damit einhergehenden Unruhen berichten, war die Versorgung die meiste Zeit gesichert.

Die Bevölkerung Roms

Die Bevölkerung Roms war sehr inhomogen, was sich im Laufe der Zeit weiter verstärken sollte. Einwanderer aus dem ganzen Reich ließen die Einwohnerzahlen nach oben schnellen. Es kamen immer mehr Sklaven in die Stadt, aber auch viele römische Bürger außerhalb von Rom wurden von der großen Stadt magisch angezogen. Doch nicht überall herrschte in Rom großer Wohlstand, es gab auch viele Elendsviertel.

Das Leben der Ärmsten war äußerst hart. Es gibt aus spätantiker Zeit Hinweise darauf, dass sie in Gräbern, unter Sonnensegeln von Theatern oder in Hütten am Stadtrand lebten. Zweifellos waren die Umstände in früheren Zeiten nicht besser, doch fehlen archäologische Zeugnisse dafür, da diese Menschen und ihre Lebensweisen kaum Zeugnisse hinterließen. Die Sterblichkeitsrate war zu allen Zeiten ausgesprochen hoch, denn die Bevölkerung lebte auf engstem Raum, ansteckende Krankheiten verbreiteten sich in Windeseile. Die ärmsten Bewohner der Stadt wurden in Massengräbern bestattet. Die Trinkwasserversorgung funktionierte nicht immer, und die sanitären Einrichtungen waren unzureichend. Es gab zwar einige öffentliche Latrinen, das Abwassersystem reichte jedoch nicht in alle Gebiete der Stadt. Dafür scheint es zahlreiche Jauchegruben gegeben zu haben. Überdies war das Abwassersystem nicht abgedichtet, sodass Gase aus den Abwasserkanälen entweichen konnten, was nicht nur mit übel riechenden Gerüchen verbunden war, sondern auch zu Explosionen führen konnte. In den tiefer gelegenen Gebieten konnte bei einem Anstieg des Tiber das Abwasser in die Kanäle und Straßen zurückgeschwemmt werden.

Dennoch war Rom das Vorbild für alle Städte des Römischen Reiches, denn alle Orte versuchten mehr oder weniger dem Vorbild nachzueifern. So fand man in vielen Städten der Provinzen ähnlich gebaute Amphitheater, Tempel, Bäder, Stadtmauern, Verwaltungsgebäude, Gerichtshöfe und Straßenanlagen. Diese Gemeinsamkeiten der Städte waren verbindend und definierten zugleich die römische Kultur.

Die Vestalinnen

Vesta war die römische Göttin des Feuers, Hüterin von Heim und Herd, die schließlich zur Schutzgöttin des römischen Staates werden sollte. Ihr Tempel befand sich unmittelbar hinter dem Forum. Hier brannte das heilige Feuer, das die Priesterinnen der Vesta, die Vestalinnen, hüten mussten. In der Renaissance wurde der Bau als Steinbruch genutzt, sodass von dem Tempel nur ein von Tuffsteinblöcken eingefasster Mörtelhügel übrig blieb.

Die Rolle der Vestalinnen

Es gab sechs Vestalinnen, die vom Oberpriester, dem Kaiser, berufen wurden. Nur Mädchen im Alter zwischen sechs und zehn Jahren konnten zur Vestalin ernannt werden (sie mussten noch Jungfrau sein) und mussten 30 Jahre dienen. Erst nach dieser Zeit durften sie heiraten.

Die sechs Vestalinnen trugen traditionell ein eher altmodisches Gewand und hatten sehr aufwendige Frisuren, die von den meisten Frauen nur zu Hochzeiten getragen wurden. Für die Dauer ihres Priesteramts mussten sie ein Leben in Keuschheit führen. Im Gegenzug durften sie über ihren Besitz frei verfügen, was anderen Frauen nicht gestattet war, und nach ihrem Tod fiel der Besitz nicht ihren Familien zu, sondern dem Staat. Die Vestalinnen durften mit dem Wagen durch die Stadt fahren, ein Privileg, das nur wenigen vorbehalten war, und auf überfüllten Straßen genossen sie ein Vorfahrtsrecht.

Die Priesterinnen lebten in der Nähe des Tempels in einem Haus, das nach dem verheerenden Brand im Jahre 64 n. Chr. mit großem Aufwand wiederaufgebaut worden war. Mit ihnen lebte eine große Anzahl von Bediensteten und Sklaven. Das Haus war ausreichend groß, jede der Priesterinnen besaß eine eigene Wohnung und verfügte über eigene Gärten und Bäder.

Vestalinnen waren hoch angesehene Persönlichkeiten im öffentlichen Leben, anders als die meisten römischen Frauen mussten sie sich nicht einem Mann unterordnen. Doch ihre Sittlichkeit war eine öffentliche Angelegenheit, und die Konsequenzen für Fehltritte waren grausam. Für Verstöße gegen ihr Keuschheitsgelübde konnten sie bei lebendigem Leib begraben werden, da angenommen wurde, dass ihre Fehltritte für die Gemeinschaft negative Folgen haben könnten. So wurden beispielsweise lockere Sitten unter den Vestalinnen, eher noch als militärische Inkompetenz, für eine Niederlage bei einer Schlacht verantwortlich gemacht.

Rechts: Die Statue einer Vestalin vom Forum aus.

Gegenüber: Die Wandmalerei aus Pompeji zeigt entweder Flora oder Primavera, die Verkörperung des Frühlings. Dieses Fresko vermittelt einen besseren Eindruck von den fließenden Frauengewändern im 1. Jahrhundert n. Chr. als manche Statue. Obwohl die Gewänder der Vestalinnen eher altmodisch waren, müssen sie doch eine gewisse Eleganz ausgestrahlt haben.

Hadriansvilla

Der Besitz einer oder mehrerer Villen war Ausdruck eines gehobenen sozialen Status. Cicero, der nicht gerade als besonders wohlhabend galt, besaß mindestens acht. Eine besondere Gruppe bildeten die kaiserlichen Villen, wobei die größte ihrer Art die Villa des Kaisers Hadrian (117–138 n. Chr.) in Tivoli, im Nordosten Roms, war.

Das genaue Ausmaß des Gebäudekomplexes lässt sich nur schwer bestimmen, es muss jedoch immens gewesen sein. Die gesamte Anlage, die etwa doppelt so groß wie die Stadt Pompeji war, umfasste eine Fläche von 120 Hektar, während Pompeji innerhalb der Stadtmauern nur 65 Hektar groß war. Ungefähr die Hälfte des Areals befindet sich heute im Besitz des italienischen Staates. Doch nur ein Teil des Gebietes wurde bislang freigelegt und nur ein Bruchteil davon ausgegraben. Es wurden zwar einige Restaurierungsmaßnahmen vorgenommen, viele Bereiche sind jedoch unzugänglich, so auch ein Großteil der unterirdischen Gänge.

Die ersten Grabungen wurden bereits Ende des 15. Jahrhunderts auf dem Gelände durchgeführt, später fertigte der italienische Künstler Piranesi einen Plan der Villa an, der nach seinem Tod im Jahre 1781 veröffentlicht wurde. Systematische archäologische Untersuchungen begannen erst Ende des 19. Jahrhunderts. Die Forschungen dauern noch an, und noch liegt kein zusammenhängendes Bild der Hadriansvilla vor.

Ein Großteil der Bauarbeiten scheint zwischen 118 und 125 n. Chr. erfolgt zu sein, worauf auch

schriftliche Zeugnisse in den Ruinen hindeuten, so weisen die verwendeten Ziegel Stempel auf, die eine genaue Datierung erlauben: Die meisten wurden zwischen 123 und 124 n. Chr. gefertigt.

Der Zweck einiger spezieller Gebäude ist zwar unklar, ein Teil der Villa muss jedoch als Residenz des Kaisers gedient haben, da er von Dienstgebäuden umgeben war. Man geht davon aus, dass es sich dabei um Lagerräume, Lagerhäuser und Werkstätten handelte und dass die Sklaven und Bediensteten der Villa andernorts untergebracht waren. Außerdem gab es hier kleine Schreibstuben. Unter den Ruinen wurden auch Schreine identifiziert, ebenso zählten Tempel zu dem Anwesen. Ferner gab es Theater, Badehäuser und Gärten wie den Canopus, den Nachbau eines ägyptischen Kanals. Das Gelände verfügte über Säulengänge und Terrassen, die als Aussichtsplattform dienten, um den Blick über die umliegenden Täler genießen zu können, sowie ein weitverzweigtes unterirdisches Netz von Gängen. Einige Gebäude entsprechen dem damals üblichen römischen Baustil, andere sind wiederum Neuinterpretationen alter Formen und Typen. Es überrascht daher kaum, dass die Hadriansvilla bis heute große Wirkung auf Künstler und Architekten hat.

Gegenüber und oben: Ansichten der Hadriansvilla. Spiegelungen auf der Wasseroberfläche waren ein wesentlicher Bestandteil in der Gestaltung des Canopus-Kanals, wobei die Statuen so ausgerichtet waren, als ob sie auf den Kanal schauten. Die hier aufgestellten Statuen sind Kopien, die Originale befinden sich heute in einem geschützten Bau in unmittelbarer Nähe. Die dort gefundenen Fragmente von Malereien und Mosaiken deuten darauf hin, dass in diesem Bau ursprünglich privilegierte Bewohner untergebracht waren.

Pompeji und Herculaneum

Der gewaltige Vulkanausbruch vom 24. August 79 zerstörte – und konservierte – im Küstenbereich des Golfs von Neapel zwei außergewöhnliche archäologische Denkmäler: Pompeji und Herculaneum.

Der Ausbruch des Vesuvs an diesem Augustabend ist oft als Beginn einer langen Tragödie beschrieben worden. Es war keine plötzliche Katastrophe wie ein Erdbeben, auch kein Lavastrom, der alles zerstört, was seinen Weg kreuzte. Vielmehr wurden die beiden Städte über 20 Stunden unter einer Schicht aus Asche und Vulkangestein begraben. Damit wurde das Leben einer Stadt in einer Momentaufnahme konserviert: Häuser, Geschäfte, Werkstätten, Theater, Verwaltungsgebäude, öffentliche Bäder und auch einige Menschen, die zu spät flohen. Schätzungen gehen von etwa 20 000 Einwohnern in Pompeji aus. Herculaneum, das näher am Vesuv lag, scheint deutlich kleiner gewesen zu sein, man vermutet hier nur etwa 4000 Einwohner. Der römische Schriftsteller Plinius der Jüngere war Augenzeuge des Ereignisses und hielt das Gesehene in einem Bericht fest. Er war bei seinem Onkel, Plinius dem Älteren, zu Besuch, der sich in Misenium, einer Stadt etwa 30 km vom Vesuv entfernt, aufhielt. Sein Onkel fiel dem Vulkanausbruch zum Opfer, als er einem Hilferuf folgte und Richtung Vesuv segelte.

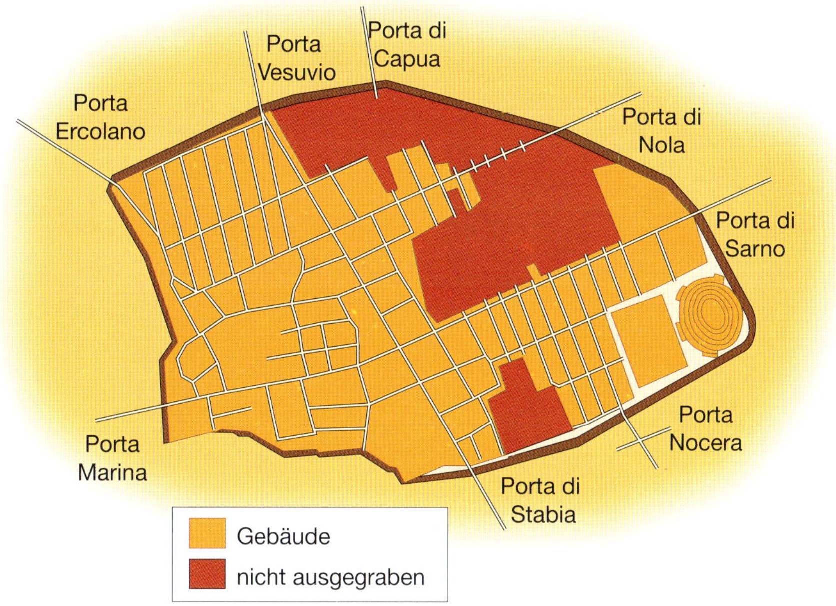

Gegenüber: Das Forum von Pompeji, mit dem Vesuv im Hintergrund.

Oben: Ein Stadtplan von Pompeji.

Links: Wahrscheinlich waren Wachhunde – ähnlich wie heute – auch in Pompeji beliebt. Die Inschrift „cave canem" bedeutet „Vorsicht, Hund".

Einigen Bewohnern der Stadt gelang in den ersten Phasen des Ausbruchs die Flucht. Über die Zahl der Opfer gibt es nur Spekulationen. Bis heute gibt es keine zuverlässigen Grundlagen für Schätzungen. Funde aus frühen Ausgrabungen wurden nicht dokumentiert, und weite Teile in beiden Städten sind noch nicht ausgegraben, in Herculaneum liegen noch 75 Prozent unter der Erde. Hinzu kommt, dass es auch auf dem Land viele Opfer gegeben haben muss, über ihre Anzahl kann nur spekuliert werden.

Früher ging man davon aus, dass der größte Teil der Bevölkerung von Herculaneum fliehen konnte – so schien es, dass sich viele Flüchtlinge in Neapel angesiedelt hatten –, doch die 1980 begonnenen Ausgrabungen haben gezeigt, dass auch an der Küste viele Menschen ums Leben kamen.

Die Morgendämmerung des 26. August enthüllte eine Landschaft, die sich vollständig verändert hatte. Die Spitze des Vesuvs war verschwunden, und die Küste hatte sich verändert. Pompeji war etwa 5 m hoch mit Asche und Bimsstein bedeckt. Vermutlich waren die oberen

Stockwerke einiger Gebäude noch sichtbar, aber der Rest der Stadt war verschüttet. Herculaneum war vollkommen verschwunden, denn das Vulkangestein lag bis zu 25 m hoch. Lavaströme drangen hier in die Gebäude ein und füllten sie komplett aus, sodass die Stadt heute weniger ausgegraben als vielmehr aus dem Stein herausgeschält werden muss.

Oben: Da Herculaneum schneller und höher verschüttet wurde, haben sich die Gebäude in einer größeren Höhe erhalten. Außerdem wurde hier viel Holz gefunden, da es durch die extremen Temperaturen während des Vulkanausbruches sofort verkohlte.

Nach dem Ausbruch

Der hohe Konservierungsgrad der Städte Pompeji und Herculaneum wirkt auf den heutigen Betrachter wie eine Momentaufnahme des Lebens in der Stadt. Dies stimmt jedoch nur zum Teil, denn der Ausbruch veränderte u. a. die Küste, und spätere menschliche Aktivitäten hatten ebenso Auswirkungen auf das Bild gehabt. So gab es in Pompeji bereits in der Antike unmittelbar nach dem Vulkanausbruch Grabungsversuche, möglicherweise durch Plünderer oder Menschen, die nach Familienmitgliedern oder ihrem Besitz suchten. Herculaneum war zwar völlig verschüttet, doch im 18. Jahrhundert kamen durch Brunnenbohrungen antike Überreste zum Vorschein. Dies führte dazu, dass Prinz d'Elbeuf, von einer Brunnenbohrung ausgehend, einen Schacht graben ließ, um weitere Antiken für seine Villa zu finden. Die Grabungen wurden von den Bourbonenfürsten von Neapel ausgeweitet, da sie aber zu teuer und gefährlich waren, richtete man die Aufmerksamkeit wieder auf Pompeji.

Pompeji wurde zwar nie ganz vergessen – das Gebiet rund um die Stadt war lokal bekannt als „la civita" (die Stadt) –, aber über die Jahre ging das Wissen um die genaue Lage verloren, bis beim Graben eines Kanals im

16. Jahrhundert antike Objekte ans Tageslicht gelangten. Ende des 18. Jahrhunderts wurden die ersten Gebäude ausgegraben: der Tempel der Isis, das größere der beiden Theater, das Forum und eine Villa mit 20 Toten, die eine Sensation auslösten. Das Hauptziel dieser frühen Ausgrabungen war die Suche nach Kunstgegenständen oder nach Objekten aus Gold und Silber. Seit dem 19. Jahrhundert wurde die Grabungsstätte dann zu einem touristischen Anziehungspunkt. Doch erst unter der Leitung von Giuseppe Fiorelli wurde der Ort systematisch erforscht. Heute besteht die Hauptaufgabe darin, die bisherige Arbeit zu dokumentieren, da viele Funde nicht veröffentlicht und daher Forschern nicht zugänglich sind. Eine weitere umfassende Aufgabe ist die Konservierung der Ruinen.

Abbild des Alltags

Trotz der Veränderungen nach dem Ausbruch bieten beide Ausgrabungsstätten ein wertvolles Abbild des Alltags in einer römischen Stadt. In Herculaneum hat sich durch den Kontakt mit pyroklastischem Material und den Einschluss in Vulkanschlamm selbst Holz erhalten, das bei den hohen Temperaturen verkohlt worden war. In Pompeji werden hölzerne Strukturen, die Negativformen in dem Vulkangestein hinterlassen haben, durch eine Gipsabgusstechnik rekonstruiert, eine Technik, die auch bei Hohlkörpern angewandt wird, die Tote hinterlassen haben. So gibt es z. B. Abgüsse der Holzläden, mit denen Geschäfte verschlossen wurden. Selbst Brotlaibe konnten so rekonstruiert werden. Ein Laib aus Herculaneum trägt die Initialen A und M, vermutlich die Initialen des Besitzers, der sein Brot mit anderen Laiben in einer öffentlichen Backstube backte.

Zu den faszinierendsten Räumen von Pompeji zählen die Läden, Tavernen und Häuser in den kleinen Straßen. Öffentliche Gebäude sind heute noch in vielen römischen Städten zu sehen, doch Bauten der einfachen Bevölkerung haben sich selten erhalten. Hier finden sich zahlreiche Graffiti, die ein lebendiges Bild der Stadt vermitteln. Ohne Pompeji hätte man vermutlich nie erfahren, dass Wahlslogans in der Antike an die Mauern geschrieben wurden.

Oben: Eine Theke in einem Lebensmittel- oder Weinladen an der Via di Terme in Pompeji. In die Theken waren Vorratsgefäße – dolia *– eingelassen. Sie enthielten vermutlich nur selten fertig zubereitete Lebensmittel, sondern vielmehr Trockenware wie Nüsse oder vielleicht Gemüse und Früchte.*

Links: Die Straßen von Pompeji hatten lange Bestand, waren aber holprig. Da die Art der Bürgersteige oft von Grundstück zu Grundstück variiert, geht man davon aus, dass für die Instandhaltung und möglicherweise auch den Bau der Bürgersteige die Bürger verantwortlich waren. Die Straßen wurden aber von der Stadt instand gehalten.

Läden und Werkstätten

Was in den Läden und Werkstätten verkauft oder hergestellt wurde, ist nur selten bekannt, in einigen Fällen erlaubt die Einrichtung jedoch Rückschlüsse. Bäckereien sind leicht an den Kornmühlen zu erkennen. In einem Fall wurden die Esel, die die Kornmühle antrieben, zurückgelassen, als die Besitzer aus dem Laden flohen und dabei die Türen verschlossen. Außerdem gab es zahlreiche Lebensmittelgeschäfte. Ein solcher Laden in Herculaneum verfügte über ein großes, mehr als mannshohes Holzregal, in dem Amphoren gelagert wurden. Die in Pompeji erhaltenen Lebensmittelgeschäfte haben deutlich erkennbare Ladentheken in L-Form. So konnte die Person hinter der Theke sowohl Kunden im Laden als auch auf der Straße bedienen.

Ähnliche Ladengeschäfte, die an der Straßenseite eine Möblierung besaßen und im hinteren Teil des Ladens über einen Raum verfügten, werden auf Inschriften als *hospitium* (Gasthaus) beschrieben und der Besitzer als *caupo* oder *copo* (Gastwirt). Zusätzliche Räume, wie sie manche Läden hatten, waren wohl nicht nur für die Familie bestimmt, sondern hatten vermutlich weitere Sitzgelegenheiten. Einige dieser Wirtshäuser, so z. B. das erst kürzlich ausgegrabene Haus der Liebenden, sind mit Fresken geschmückt. Eines der Bilder zeigt Besucher beim Spielen, Essen und Trinken, während ihre Becher nachgefüllt werden. Ein anderes stellt eine Weinlieferung mit einem Eselskarren dar.

Lebensmittel

Lebensmittel haben sich nur teilweise erhalten, entweder verkohlt, wie die Brotlaibe, oder mineralisiert, wie die Obstkerne und Samen, die im Abwassersystem von

Pompeji gefunden wurden (es war ein geschlossenes System ohne Abfluss ins Meer und funktionierte vermutlich wie eine Sickergrube). So wurden verkohlte Granatäpfel, Weintraubenkerne, Kirschkerne und Feigensamen gefunden. Knochenfragmente deuten darauf hin, dass die Bewohner von Pompeji und Herculaneum kleine Vögel und sehr viel Fisch gegessen haben. Muschelschalen weisen auf den Verzehr von Meeresfrüchten wie Jakobsmuscheln hin.

Der Lebensmittelmarkt lag nordöstlich vom Forum und besaß einen zentralen Pavillon mit fließendem Wasser, das vermutlich für die Fische benutzt wurde. Dort wurden ebenfalls Schalen und Knochen gefunden. Der Nachschub für den Markt kam von der Küste und aus der umliegenden Region, im Allgemeinen in Karren und Wagen. In den Straßen haben sich Spurrinnen erhalten. Da die Straßen oft schlammig und dreckig waren, liefen die Passanten auf Bürgersteigen und überquerten die Fahrwege mithilfe von Trittsteinen.

Beide Städte weisen eine große Zahl unterschiedlicher Haustypen auf. Es gab einfache Familienquartiere neben oder über den Geschäften und mehrstöckige Mietshäuser. In Herculaneum, das viel höher verschüttet war als Pompeji, hat sich ein derartiges Gebäude mit mehreren Stockwerken erhalten. Darüber hinaus gab es eine große Zahl an Villen und einfachen Häusern. Bei einigen Häusern kann sogar der Beruf des Besitzers bestimmt werden. In einem Haus wurden medizinische Instrumente – Skalpelle, Sonden und gynäkologische Instrumente – gefunden, außerdem Mörser und Stößel, die für die Zubereitung von Medikamenten benutzt wurden, sichere Indizien dafür, dass der Besitzer Arzt war.

Für die Behandlung von Kranken wurden oft Pflanzen genutzt. Die Erforschung der pompejianischen Gärten ergab, dass hier zahlreiche bekannte Arzneipflanzen angepflanzt wurden. Das hohe Niveau der medizinischen Versorgung belegen mehrere der gefundenen Körper, die sehr gut behandelte Brüche aufwiesen. Allerdings waren die Brüche anderer Personen nur sehr schlecht gerichtet.

Heute ist der Bestand von Pompeji wie Herculaneum bedroht. Insbesondere Pompeji ist das Ziel von zahlreichen Besuchern, aber auch von Vandalismus und Dieben. 1980 hatte ein schweres Erdbeben Zerstörungen zur Folge, und oberhalb der beiden Städte droht weiterhin ein Ausbruch des Vesuvs. Auch wenn er seit 1944 ruhig war, ist er zweifellos noch aktiv.

Gegenüber oben: Ein restauriertes Ladengeschäft mit Amphoren aus Pompeji gibt einen guten Eindruck von den archäologischen Funde.

Gegenüber unten: Antike römische Graffiti sind ein unmittelbares und sehr lebendiges Zeugnis für das Stadtleben. Nirgendwo haben sich so viele römische Graffiti erhalten wie in Pompeji.

Unten: Eine Bäckerei mit Mühlsteinen und zahlreichen verkohlten Brotlaiben, die im Gewerbegebiet von Pompeji gefunden wurden.

Die Opfer

Wann und auf welche Weise die Menschen von Pompeji und Herculaneum umkamen, hing von ihrem Aufenthaltsort ab. Der erste Ausbruch, etwa um 13 Uhr, am 24. August, erzeugte eine senkrecht in den Himmel steigende Aschewolke, die sich allmählich ausbreitete. Gleichzeitig setzte der Asche- und Bimssteinregen über Pompeji ein. Die Menschen versuchten zu fliehen oder sich zu verstecken. Einige müssen von größeren Brocken getroffen worden sein. Nach und nach wurde es zunehmend schwieriger, im Ascheregen voranzukommen. Die Ascheschicht begann sich auszudehnen, und die Menschen, die in den Gebäuden Schutz gesucht hatten, waren nun gefangen und flüchteten in die oberen Stockwerke. Die Abdeckungen der Dächer begannen furchterregend zu knarren, sodass die Menschen näher an die Wände rückten oder unter Treppenaufgängen Schutz suchten. Einige versuchten, die Berge aus Bimsstein hinaufzuklettern. Um Mitternacht scheint der Ascheregen kurz ausgesetzt zu haben, danach wurde er umso stärker.

Herculaneum wurde zu dieser Zeit von einem extrem heißen pyroklastischen Strom getroffen – dem ersten von sechs solchen pyroklastischen Ausbrüchen, die sich mit etwa 100 km/h bewegten. Die Luft und der Boden erhitzten sich, es bildeten sich zähe Schlammflüsse, dann kam es zu einem weiteren pyroklastischen Ausbruch. Die Menschen starben sofort an den Folgen der Hitze. Viele der Einwohner – bisher wurden 250 Tote gefunden – hatten Schutz in gewölbten Räumen, möglicherweise Bootshäusern, am Meer gesucht. Die Räume wurden ihnen zum Grab, da sie rasch von der Asche und dem kochenden Schlamm bedeckt wurden.

In Pompeji waren bereits viele Einwohner von der Asche und einstürzenden Häusern begraben worden. Die Überlebenden kamen am Morgen des 25. August bei weiteren pyroklastischen Ausbrüchen um. Die Folgen der Hitze lassen sich an den Haltungen der gefundenen Körper erkennen. Viele Tote scheinen sich vor etwas schützen zu wollen, doch diese sogenannte Boxerhaltung entsteht, wenn die Muskeln durch extreme Hitze kontrahiert werden. Die Körper wurden durch weitere Ausbrüche unter dem Ascheregen begraben. Die ersten Menschen starben in ihren Häusern. Die Opfer der pyroklastischen Ströme starben dagegen auf den Straßen. Sie waren wohl in Richtung Süden oder Osten aufgebrochen und befanden sich auf der Flucht.

Giuseppe Fiorelli, der 1860 die Ausgrabungen in Pompeji leitete, entwickelte eine Technik, die Spuren der Opfer zu erhalten. Ein in vulkanischer Asche eingeschlossener Körper verwest langsam und hinter-

Gegenüber: Freilegung der Körper von drei Kindern und zwei Erwachsenen, 1961 in Pompeji.

Oben: Nicht nur Menschen wurden Opfer des Vulkanausbruchs, auch Überreste von Tieren wurden häufig gefunden. Dieser Wachhund stammt aus dem Haus des Vesonius Primus.

Links: Viele der Opfer in Pompeji haben versucht, Schutz in der Nähe von Mauern oder unter Treppen zu finden.

lässt dabei einen Hohlraum wie ein Kokon. Die Ausgräber fanden eine Reihe solcher Hohlräume, die zum Teil noch die Skelette enthielten. Fiorelli füllte die Hohlräume mit flüssigem Gips, um so die Abdrücke der Toten zu erhalten. Nach dem Aushärten des Gipses entfernte er die Aschereste und hatte so einen genauen Gipsabguss des Verstorbenen. Diese Technik wurde auch auf andere Hohlräume angewendet, die z. B. Holzmöbel hinterließen.

Erst in den letzten 25–30 Jahren wurden die menschlichen Überreste in Pompeji und Herculaneum systematisch erforscht. Die extreme Temperatur der pyroklastischen Ströme hat alle DNS-Spuren vernichtet. Doch Untersuchungen an Skeletten und Zähnen erlauben einige Aussagen über die Bewohner von Pompeji. So konnten häufig Krankheiten wie Arthritis, Verletzungen und Zahnfäule festgestellt werden, seltener waren dagegen Knochenleiden wie Morbus Paget oder Spina bifida, eine Fehlbildung der Wirbelsäule, an der etwa elf Prozent der Erwachsenen litten. Tuberkulose und Malaria scheinen endemisch gewesen zu sein. Die Untersuchung einer großen, gemeinsam geflohenen Gruppe ergab, dass etwa 20 Personen an der Infektionskrankheit Brucellose litten. Sie rührt von infizierten Milchprodukten her, und ähnliche durch verdorbene Nahrungsmittel ausgelöste Krankheiten müssen weitverbreitet gewesen sein, da es keine effektiven Möglichkeiten gab, die Nahrungsmittel während des Sommers frisch zu halten. Die Überreste anderer Personen weisen auf arbeitsbedingte Krankheiten hin: Bei einem jungen Fischer, der durch das Halten und Einholen der Netze einen erstaunlich kräftigen Oberkörper hatte, war die rechte Hälfte seines Gebisses stark abgenutzt, da er offensichtlich die Seile seines Netzes damit festhielt. Weitere Untersuchungen haben Aufschlüsse über die Nahrung der Menschen gegeben: Wein wurde meist mit einem Sirup aus Bleiacetat gesüßt, da er billiger als Honig war. Darauf deuten die Bleireste in den Knochen. Männer waren hiervon häufiger betroffen als Frauen, da sie mehr Wein konsumierten.

Die Lage und die Haltung der Toten erlauben oftmals einen Blick auf die letzten Augenblicke der Menschen. Eine schwangere Frau suchte Schutz in einer Kammer in Herculaneum und starb mit einem kleinen Kind, das sie auf der Schulter hatte. Eine andere Frau in der Mysterienvilla außerhalb von Pompeji hatte heftig gekämpft, bevor sie auf einem stetig wachsenden Ascheberg bewusstlos liegen blieb. Ein älterer Mann harrte neben seiner Geldtruhe in einem Zimmer aus, das wohl der stabilste Raum des ganzen Hauses gewesen war, trotzdem stürzte das Dach ein und begrub ihn unter sich. Eine Gruppe kam nicht weit auf ihrer Flucht, sie wurde unmittelbar neben den Stadttoren gefunden.

Wandmalerei

Fragmente von Wandgemälden wurde in der gesamten römischen Welt gefunden. Die Fresken waren ein beliebter Wandschmuck. In Pompeji und Herculaneum haben sie sich allerdings besonders gut erhalten, doch ihre Konservierung ist sehr schwierig. Pompeji wurde bei einem Erdbeben im Jahr 62 n. Chr. stark beschädigt. Als dann der Vesuv ausbrach und die Stadt unter seinem Ascheregen begrub, waren die Reparatur- und Instandsetzungsarbeiten noch nicht abgeschlossen. In einem Haus wurde die Bemalung durch den Vulkanausbruch abgebrochen.

Gewöhnlich arbeiteten bei der Anbringung von Wandmalereien ein oder mehrere Künstler zusammen mit einem Stuckateur, die Farben mussten auf den noch feuchten Putz aufgetragen werden. In dem erst kürzlich ausgegrabenen Haus der Maler war zwar der Putz für die Bemalung schon vorbereitet, doch er war mit Asche überzogen. Reste eines Gerüsts und Farbtöpfe mit Pigmenten deuten darauf hin, dass die Maler gerade dabei waren, ihre Arbeit aufzunehmen. Die Pigmente stammen aus Mineralien, nur die schwarze Farbe wurde aus einem organischen Stoff gewonnen.

Ähnliche Farbtöpfe wurden auch an anderen Stellen gefunden, insgesamt sind bis heute 200 Stück bekannt. Außerdem entdeckte man auch einige Werkstätten von Farbherstellern. In einer der Werkstätten kamen neun Mörser zum Vorschein, die Spuren von Pigmenten enthielten. Vermutlich wurden die Farben in den Mörsern gemischt. Einige Läden an der Straße zum Forum wurden höchstwahrscheinlich von Farbhändlern genutzt. Einer der Läden hatte Blöcke aus orangefarbigem Ocker gelagert.

Überdies konnte dort ein Geschäft für Malerbedarf nachgewiesen werden: Hier gab es nicht nur Hinweise auf Farben, sondern auch auf Malerwerkzeuge wie z. B. kleine Mörser und Stößel, Mischlöffel sowie Senkbleie, mit denen Malvorlagen auf die Wände übertragen wurden.

Maltechniken

Im Haus des Kunden angekommen, musste das Künstlerteam – ein gut bezahlter Maler für die Hauptmotive, ein zweiter für die Bordüren und Assistenten für das Mischen der Farben sowie das Anrühren des Putzmörtels – sehr schnell arbeiten, bevor der feuchte Mörtel trocknete, sodass die Bilder vor dem Aufbringen bereits bis ins kleinste Detail festgelegt sein mussten. Zuerst wurde der Hintergrund angefeuchtet und dann wurden die komplizierten Motive und Dekors mit blassgelbem Ocker vorgemalt. Die Farben zogen sofort in den Putzmörtel ein und verbanden sich mit diesem. Die Oberfläche wurde dann etwas ledrig. Nun konnte das Wandbild auf Hochglanz poliert werden. Die Arbeit im Haus der Maler erreichte diese Phase nicht mehr. Die Fresken blieben unvollendet. Es gibt nur eine halbfertige Vorzeichnung aus Ocker. Bevor die Maler ihre Arbeit fortsetzen konnten, brach der Vulkan aus. Die Handwerker ließen ihre Werkzeuge fallen und flohen.

Gegenüber: Ein mythologisches Wandgemälde aus dem Haus der Vettier. Es wurde nach dem Erdbeben von 62 n. Chr. aufgetragen und ist von außerordentlicher Qualität. Die Bewohner hatten offensichtlich keine finanziellen Schwierigkeiten, ihr Haus zu restaurieren.

Links: Nicht alle Wandgemälde hatten religiöse oder mythologische Motive. Viele Motive entstammten auch dem profanen Bereich und gaben Alltagsszenen wieder. Dieses Fresko zeigt einen Straßenverkäufer mit einem Kunden.

Die Bäder

Öffentliche Bäder waren ein wichtiger Bestandteil der römischen Städte, so auch in Pompeji und Herculaneum. Die Vorstadtthermen von Herculaneum sind vermutlich die besterhaltenen und beeindruckendsten Bäder der römischen Welt. Selbst Holzschnitzereien kamen hier zum Vorschein.

Da die Eintrittspreise sehr gering waren, konnte sich ein Großteil der Bevölkerung den regelmäßigen Besuch in einem öffentlichen Bad leisten. Die Bäder waren ein wichtiger Beitrag zur öffentlichen Hygiene, nur die reichsten Bürger besaßen eigene Bäder. Zugleich waren die öffentlichen Bäder ein sozialer Treffpunkt. Die Besucher trafen hier Freunde, besprachen Geschäfte, trieben Sport und ließen sich die Haare schneiden oder rasieren und vergnügten sich dort, denn es gab regelmäßig Beschwerden über den Lärm, der aus den Bädern drang. Männer und Frauen badeten nicht gemeinsam. Es gab entweder getrennte Badetrakte oder unterschiedliche Badezeiten. Da sich eine Reihe von Erlässen und Gesetzen jedoch mit der Geschlechtertrennung in Bädern beschäftigen, kann man davon ausgehen, dass diese Regelungen regelmäßig missachtet wurden.

Die Bäder hatten drei Zonen mit unterschiedlichen Temperaturen: kalt, warm und heiß – *frigidarium*, *tepidarium* und *caldarium* – mit heißen und kalten Wasserbecken. Die Kleidung wurde in Nischen gelagert oder an Nägeln aufgehängt. Im Allgemeinen begab man sich zunächst in die heißesten Räume, in denen man Staub und Unreinheiten ausschwitzen konnte. Danach wurden die Besucher eingeölt und abgeschabt, und anschließend wuschen sie sich in einem heißen Bad ab. Dann gingen sie ins *frigidarium*, um ein erfrischendes Kaltwasserbad zu nehmen.

Im Laufe der Zeit wurden die Bäder mit Fußbodenheizungen und sogar Wandheizungen ausgestattet. Die Zentralthermen in Pompeji, ein relativ neuer Bau, der erst nach dem Erdbeben 62 n. Chr. begonnen worden war, besaß nur im Heißraum eine solche Anlage. Der Warmraum, zumindest der Männerbereich, wurde mit Holzkohlebecken beheizt. Um so viel Hitze wie möglich zu speichern, hatten die warmen Räume sehr kleine Fenster. Sportliche Übungen erfolgten neben den Bädern, in einer Palästra, die von einer Säulenhalle umfasst wurde. Laufen und Ringen waren beliebte Sportarten. Als beliebte öffentliche Orte waren Bäder im Allgemeinen von Geschäften und Tavernen umgeben.

Manche römische Schriftsteller verdammten die öffentlichen Bäder regelrecht, ohne dass der Leser erfährt warum. Ein Wandgemälde in den Vorstadtthermen von Herculaneum könnte hier aufschlussreich sein: Es ist sexuell außergewöhnlich explizit und erstaunlich variationsreich.

Gegenüber: Diese prächtige Wanddekoration mit Neptun und Amphitrite stammt aus den Vorstadtthermen in Herculaneum. Der ungewöhnlich gute Erhaltungszustand der Gemälde in Herculaneum vermittelt einen guten Eindruck von der einstigen Farbenpracht der Räume.

Links: Die Vorstadtthermen von Herculaneum sind sehr gut erhalten und geben einen einzigartigen Einblick in die Welt der römischen Bäder: Details wie Regalböden und Gewölbe in voller Höhe sind anderswo kaum vorhanden.

Die Römer in Nordafrika

Einige der spektakulärsten und besterhaltenen römischen Städte befinden sich heute in Nordafrika. Die Ruinen wurden nicht wie in anderen Regionen des römischen Imperiums nach dem Zusammenbruch der römischen Staatsmacht als Steinbruch benutzt. So hat sich hier auch oberirdisch sehr viel erhalten.

In den ersten nachchristlichen Jahrhunderten waren große Teile Nordafrikas unter römischer Kontrolle. Nordafrika war für Rom von großer Bedeutung. Die Gebiete waren eine wichtige Quelle für Rohstoffe und andere Ressourcen, wie die in zahlreichen Schiffswracks gefundenen Güter belegen, und lagen verhältnismäßig nah. Seit Rom seine Macht in Nordafrika konsolidiert hatte, beherrschte es auch den gesamten Mittelmeerraum. Selbst die phönizische Stadt Karthago, die die Römer 146 v. Chr. nach dem Sieg in den Punischen Kriegen zerstört hatten, wurde als römische Stadt wiederaufgebaut. Einige der eindrucksvollsten römischen Bauten befinden sich heute in Nordafrika.

Leptis Magna

Leptis Magna liegt heute in Libyen und war eine der wichtigsten Städte Nordafrikas. Hier wurde Kaiser Septimius Severus geboren, der von 193–211 n. Chr. regierte. Einige Bauten lassen sich bereits auf die ersten Jahre nach Christus datieren. Das Theater z. B. wurde 1–2 n. Chr. gebaut. Der 8 n. Chr. errichtete Markt wurde 30 Jahre später stark erweitert – ein deutliches Zeichen für das Wachstum der Stadt. Viele Gebäude wurden aber erst später gebaut. Eine Reihe von Bädern gehört zu den besterhaltenen römischen Gebäuden überhaupt, da eine Sandschicht das Dach geschützt hat und ein Teil der Gewölbe noch existiert. Diese Bäder wurden erst während der Regierungszeit von Septimius Severus errichtet. Mit der Ernennung von Septimius Severus zum Kaiser erlebte Leptis Magna eine Blütezeit. Der Kaiser förderte seine Heimatstadt und stiftete hier einige öffentliche Bauten. Hierzu gehörten der Severusbogen und ein neues Forum.

Das Baumaterial für diese Gebäude kam aus dem ganzen Imperium, ein Teil des Marmors z. B. aus der heutigen Türkei. Doch es gab auch einige bedeutende Steinbrüche in Nordafrika. Der Kaiserpurpur genannte Stein vom Mons Claudianus in der ostägyptischen Wüste war so wertvoll, dass er nur für kaiserliche Bauten verwendet werden durfte. Es handelte sich um einen Granodiorit mit deutlich sichtbaren violetten Einschlüssen.

Überdies fanden sich in Leptis Magna Reste einer riesiger Ölmanufaktur. Oliven und ihr Öl waren ein weiteres wichtiges Exportgut aus Nordafrika. Das Öl wurde nicht nur als Lebensmittel genutzt, sondern auch als Brennmittel für Lampen und zu Reinigungszwecken. Die Größe der Anlage in Leptis Magna legt nahe, dass hier nicht nur für den Bedarf der Stadt produziert wurde.

Gegenüber: Das Forum in Leptis Magna wurde bereits kurz nach der Eröffnung erweitert, es wurde von einer Portikus eingefasst. Außerdem wurden im offenen Hof zwei Pavillons errichtet.

Rechts: Die Bühne des Theaters in Leptis Magna.

Timgad

Eine weitere bedeutende Ruinenstätte aus römischer Zeit in Nordafrika ist Timgad. Die Stadt wurde von Kaiser Trajan um 100 n. Chr. für die Veteranen der 3. Legion gegründet, die in unmittelbarer Nachbarschaft ihr Lager hatte. Die Stadt wurde auf einer nahezu quadratischen Fläche schachbrettförmig angelegt. Sie wuchs schnell an, es wurden Thermen und Tempel errichtet. Timgad profitierte wie Leptis Magna von Septimius Severus' Ernennung zum Kaiser. Während seiner Herrschaft wurde auf der Straße nach Lambaesis, wo die 3. Legion stationiert war, ein Ehrenbogen errichtet.

Sabratha

Eine andere bemerkenswerte Stadt an der lybischen Küste, die ebenfalls gut erhalten ist, stellt Sabratha dar. Die Ausgrabungen in der Stadt wurden vor dem Zweiten Weltkrieg von italienischen Archäologen begonnen. Nach dem Krieg wurden sie von Kathleen Kenyon, die auch Jericho ausgegraben hat, weitergeführt. Sie entdeckte neben den Überresten der römischen Stadt ältere Funde – Sabratha war einst eine punische Siedlung. Die römische Stadt wuchs und prosperierte offensichtlich kontinuierlich, denn alte Gebäude wurden über die Zeit restauriert, und es wurde immer öfter kostbarer Marmor benutzt. Das Theater kann auf das späte 2. Jahrhundert n. Chr. datiert werden. Es ist eines der größten und imposantesten Theater im römischen Afrika. Der Bau wurde teilweise rekonstruiert, sodass man heute einen guten Eindruck vom ursprünglichen Bau hat. Die römischen Siedlungen in Nordafrika waren in jedem Fall überaus wohlhabend.

Oben: Ein Relief mit zwei Theatermasken von der Bühnenfront im Theater von Sabratha.

Links: Der Isis-Tempel in Sabratha. Der Kult dieser ägyptischen Göttin – der Frau des Osiris, des Herrschers über die Unterwelt – war nicht nur in Afrika, sondern in der ganzen römischen Welt weitverbreitet.

Naher Osten

Jericho

Çatal Hüyük

Die Königsgräber von Ur

Die Hethiter

Ninive

Persepolis

Schriftrollen vom Toten Meer

Masada

Jericho

Als die britische Archäologin Kathleen Kenyon in Tell es-Sultan im Jordantal, wo sich einst die Stadt Jericho befunden hatte, mit ihren Ausgrabungen begann, suchte sie vor allem die biblische Stadt, das Jericho der Bronze- und Eisenzeit, dessen Mauern Josuas Trompeten zum Einsturz gebracht hatten. Doch die bedeutendsten Objekte, die sie fand, waren viel älter.

Im 19. Jahrhundert glaubte man, die Landwirtschaft habe sich wahrscheinlich gemeinsam mit der Töpferei um 4000 v. Chr. im Niltal entwickelt. Das Neolithikum – das griechische Wort bedeutet „neuer Stein“ und spielt auf eine neue Methode der Steinbearbeitung an – galt als die Epoche, in der die Keramik „erfunden“ wurde. Dank früherer Grabungen wusste Kenyon von tieferen Siedlungsschichten unter der bronzezeitlichen Stadt, und tatsächlich stieß auch sie, als sie tiefer vordrang, auf Überreste, die anscheinend aus dem Neolithikum stammten. Es handelte sich um große Mengen, die offenbar die gleiche Fläche, etwa 2,5 Hektar, wie die bronzezeitliche Stadt bedeckten. Doch sie fand in den frühen Schichten keine Töpferware, wie sie nach damaligem Forschungsstand zu erwarten gewesen wäre. Sie konnte zwei Phasen der Besiedlung unterscheiden und nannte sie wegen der fehlenden Töpferware „präkeramisches Neolithikum A und B“, oft PPNA und PPNB abgekürzt. Die Siedlungen waren offensichtlich landwirtschaftliche Gemeinden, auch wenn die Keramik fehlte.

Frühe Datierungen

Da die Radiokarbondatierung seit Kurzem verfügbar war, schickte Kenyon Proben aus den ältesten Schichten Jerichos an das Labor der University of Chicago, das unter der Leitung von Willard Libby Pionierarbeit geleistet hatte. Das Ergebnis war ein Schock: Das Labor datierte die Proben auf das 8. oder 7. Jahrtausend v. Chr. Bisher hatte man angenommen, die Stadt sei um 4000 v. Chr. gegründet worden. In Jericho hatten anscheinend Menschen gelebt, die schon zwischen 9000 und 7000 v. Chr. Getreide angebaut hatten, und eine Phase ohne Landwirtschaft reichte bis etwa 12 000 v. Chr. zurück. Diese Daten wurden bald durch Analysen anderer Grabungsstätten mit Hinweis auf landwirtschaftliche Tätigkeiten bestätigt. Kenyon konnte also die ersten Funde aus einer Zeit vorweisen, in der die Landwirtschaft entstand.

Zuvor und auch in nachfolgender Zeit waren die meisten Menschen Jäger und Sammler. Sie jagten Tiere, fischten und sammelten Nahrung in der Wildnis, etwa Pflanzen oder Muscheln. Dabei wanderten sie umher und nutzten die Jahreszeiten. Die tiefsten Schichten von Jericho sind älter als das Neolithikum. Sie sind um 10 500 v. Chr. zu datieren, also ans Ende der Eiszeit, und zeugen von einer Siedlung, die um eine Quelle herum gewachsen war. Die Bewohner gehörten der Natufian-Kultur an, die ihre Rundbauten teilweise in die Erde versenkte und große Mengen Gerste und Weizen lagerte. Es handelte sich um wildes, nicht domestiziertes Getreide.

Gegenüber: Der Steinturm in der Mauer der neolithischen Siedlung Jerichos vor dem Aufkommen von Keramik. Er wurde aus soliden Steinen und Lehmmörtel errichtet, im Inneren des Turmes verlief eine Treppe. Derart komplexe und große Bauten waren für die Ausgräber eine Überraschung. Der Turm wurde in die Mauer gebaut. Hätte er nur der Verteidigung gedient, wäre er wohl vor der Mauer errichtet worden.

Oben: Die Dicke der Kulturschichten in Jericho ist ein Indiz dafür, dass die Stadt lange bewohnt war. An Stätten wie dieser steigen die Siedlungsebenen nach und nach an, weil jede Generation auf dem Schutt und den Ruinen zusammengebrochener und verlassener Lehmziegelhäuser baute.

Ob die Menschen versuchten, das gesammelte Getreide auszusäen, ist nicht bekannt. Sie müssen aber in der Umgebung genügend Nahrung gefunden haben, da sie zumindest einen Großteil des Jahres an einem Ort verbrachten.

Die neolithischen Siedler waren vor dem Aufkommen der Töpferkunst Bauern und Hirten, manche auch Jäger und Sammler. Sie ernteten Weizen, Gerste und Linsen. Domestizierte Ziegen gab es erst in der späteren PPNB-Phase. Grabungen seit den 1950er-Jahren belegen, dass Tiere in anderen Gebieten früher domestiziert wurden. Die Einwohner Jerichos begannen zwar sehr früh mit dem Anbau von Pflanzen, doch Tiere domestizierten sie erst später als andere Siedler, vor allem weiter im Norden.

Die Mauern

Trotz dieser unerwarteten Indizien für frühe Landwirtschaft waren die Bauwerke und die Funde in den Häusern die größte Überraschung. Vergleichbar große Bauten aus dieser Zeit kannte man bis dahin nicht. Die PPNA-Siedlung war von einem großen, ins Grundgestein gehauenen Graben und einer fast 6 m hohen und 2 m dicken Mauer umgeben. Ein Teil dieses massiven Bauwerks ist ein heute noch 9 m hoher Turm aus solidem Mauerwerk mit einer innen verlaufenden Treppe, die zum Flachdach führte. Der Zweck dieses Turmes und der Mauer ist umstritten. Kenyon hielt sie für Verteidigungsanlagen, neuere Theorien gehen eher von einem Schutzwall aus, der das Dorf vor Schlammlawinen und Überschwemmungen absichern sollte. Doch sowohl das Dorf als auch die Mauern wurden schließlich unter Schlick und Kies begraben und nicht wieder aufgebaut. Erstaunlich ist das technische Niveau – die Anlage war solide gebaut.

Das Dorf und die Toten

Das Gebiet innerhalb der Mauer war vier Hektar groß und bot wahrscheinlich Platz für etwa 500 Menschen. Die aus Stein oder Lehmziegeln errichteten Häuser wurden oft halb in die Erde gebaut wie die früheren Natufian-Bauten und waren wie diese rund. In der nächsten Phase, PPNB, bevorzugte man rechteckige Häuser. Die Häuser beider Phasen hatten gepflasterte Fußböden, die Böden der späteren Häuser waren bemalt und verputzt.

Die Menschen im Jericho des frühen Neolithikums lebten buchstäblich mit ihren Toten zusammen. Kenyon konnte nur etwa ein Zehntel der Siedlung ausgraben; aber sie legte 276 Gräber frei, die alle Teil eines Hauses waren. Sie befanden sich unter Fußböden, zwischen Wänden, unter anderen Teilen des Hauses und sogar im Turm. Nur sehr wenige Gräber enthielten Artefakte; aber bei vielen Skeletten, vor allem bei Erwachsenen, fehlte der Schädel, der anderswo begraben wurde.

Dekorierte Schädeldepots fand man in PPNB-Schichten. In einer Grube lagen sieben Schädel, außerdem entdeckte man in manchen Häusern unter den verputzten und bemalten Fußböden einzelne Schädel. Die Schädelknochen waren mit Gips überzogen, der zu Masken geformt wurde. Vielen derart behandelten Schädeln fehlte der Unterkiefer. Möglicherweise hatte man die Schädel einige Zeit nach der Bestattung ausgegraben, um sie als zeremoniellen Schmuck zu verwenden, während die Unterkiefer im Grab blieben. Manchmal waren Muscheln in die Augenhöhlen gelegt worden, und eine Gipsmaske weist Spuren eines weiteren Dekors auf: Anscheinend hatte man ihr einen Schnurrbart aufgemalt. Einige dieser Schädel wurden offenbar erneut begraben, andere behielt man im Haus, sie wurden vermutlich offen zur Schau gestellt. Manche Schädel sind in gutem Zustand und vermitteln einen lebhaften, individuellen Eindruck. Die Gipsmasken wurden offensichtlich sehr sorgfältig gefertigt und könnten Teil eines Ahnenkults gewesen sein. Seit der Entdeckung der Gipsmasken in Jericho fand man an zeitgenössischen Orten der Levante weitere Schädel mit Gipsgesichtern und viele Gräber mit Skeletten, die keinen Schädel hatten. Aber nirgendwo entsprach die Zahl der Toten der Zahl der Einwohner; offenbar wurde also eine Auswahl getroffen.

Kenyon und ihre Vorgänger fanden in Jericho überdies fast lebensgroße Gipsfiguren. Ihre Gesichter ähneln den Schädelmasken, und vielleicht gehörten sie ebenfalls zu einem Ahnenkult oder stellten Gottheiten dar. Bemerkenswert ist, dass der Gips so ähnlich modelliert wurde wie später der Ton für die Keramik.

Oben: Gipskopf mit Muschelaugen aus Jericho, 7. Jahrtausend v. Chr. Gipsfiguren wie diese ähneln stark den Gipsmasken bei Totenschädeln, die man bei den Grabungen fand. Vielleicht spielten sie eine Rolle in einem Ahnenkult.

Kathleen Kenyon

Die 1906 geborene Kathleen Kenyon war eine der größten Archäologen des 20. Jahrhunderts. Sie studierte in den 1920er-Jahren in Oxford und arbeitete später an vielen Stätten, u. a. in Simbabwe und in der römischen Stadt Sabratha in Nordafrika. In Großbritannien war sie mit Mortimer Wheeler in Verulamium tätig, dem römischen St. Albans nördlich von London. Außerdem war sie Direktorin des archäologischen Instituts in London.

1952 begann sie mit ihren Ausgrabungen in Jericho. Die umfangreichen Grabungen, die sie bis 1958 leitete, lieferten einige der ersten Hinweise auf den Beginn der Landwirtschaft und legten eine außergewöhnliche ummauerte Siedlung frei. Kathleen Kenyon wurde vielfach ausgezeichnet und erhielt 1973, fünf Jahre vor ihrem Tod, den „Order of the British Empire".

Unten: Kathleen Kenyon und C.N. Goodman untersuchen römische Keramik, die sie in Verulamium (St. Albans) fanden. Sie legten ein fast vollständig erhaltenes römisches Theater frei. Mit 30 Arbeitern gruben sie die äußere Hauptmauer und den gesamten Bühneneingang aus.

Çatal Hüyük

1958 entdeckte James Mellaart, ein britischer Archäologe, in der Türkei die Stätte Çatal Hüyük. Seine Grabungen, die bis 1965 andauerten, enthüllten, dass die Stadt neolithisch und mit über 13 Hektar Fläche ungewöhnlich groß war. Niemand hatte erwartet, dass derart frühe Siedlungen so groß und so hoch entwickelt sein konnten. 1993 nahm Ian Hodder als Leiter eines internationalen Forschungsprojekts erneut die Grabungen auf dem riesigen Gelände auf.

Çatal Hüyük wurde um 6700 v. Chr. mitten auf der anatolischen Hochebene gegründet und war rund 1000 Jahre lang bewohnt. Die Funde zeigen, wie die Bewohner der Siedlung vor fast 9000 Jahren lebten und wie wichtig Rituale für sie waren. Der Siedlungshügel ist heute noch 17 m hoch. Die Stadt war dicht mit Häusern bebaut und muss Tausende von Einwohnern gehabt haben.

Die Häuser – hauptsächlich rechteckige Bauten – wurden ohne Türen Wand an Wand gebaut. Jedes Haus hatte eine Öffnung im Dach, über das es mithilfe einer Leiter zugänglich war. Die meisten Bauten besaßen einen Hauptraum und daneben einen kleineren Raum. Der größere Raum war ringsum mit erhöhten Plattformen ausgestattet. Wände und Böden waren gepflastert, viele Wände waren dekoriert. Neue Häuser baute man auf die Fundamente der alten – dies war einer der Gründe für die Höhe des Siedlungshügels. Ein Lehmziegelhaus hielt etwa 70 Jahre, und wenn es zu alt wurde, entfernte man die Holzstützen – sie wurden aus einiger Entfernung herangeschafft und waren zu wertvoll, um sie wegzuwerfen –, sodass das Haus zusammenbrach. Das neue Haus errichtete man auf dem alten, der Boden wurde festgestampft und gepflastert. Einige Baulücken blieben leer, die Bewohner der Nachbarhäuser benutzten sie als Müllkippen.

Unter den Plattformen fand man Gräber. In einigen Häusern lagen mehrere Skelette (in einem Gebäude waren es 68), in anderen überhaupt keine. Viele Tote wurden anscheinend speziell bearbeitet. Bei manchen entfernte man das weiche Gewebe, sie wurden vielleicht Raubtieren überlassen und dann erst bestattet. Einige Gebeine wurden mit Farben besprenkelt, meist mit rotem Ocker. Da nicht in jedem Haus Bestattungen vorgefunden wurden, geht man davon aus, dass manche Gebäude besonders wichtig waren und von Großfamilien benutzt wurden, vielleicht sogar Familienheiligtümer darstellten. Nur wenige Gräber enthielten Beigaben, aber diese waren außergewöhnlich: hochwertiger Feuerstein, Kupfer und Muscheln.

Es gibt Anzeichen für ein reiches Ritualleben in Çatal Hüyük. Manche Häuser sind mit Wandmalereien, Reliefs und Skulpturen ausgestattet, die Tierköpfe und -hörner wiedergeben, oder mit Tonfiguren, die oft Frauen darstellen. Die Figur einer Gebärenden sitzt auf einem Stuhl, der auf Löwen ruht. Vermutlich symbolisiert sie Erneuerung und Fruchtbarkeit. Deshalb glauben manche Experten, dass in Çatal Hüyük eine Muttergottheit verehrt wurde.

Gegenüber: Die bemalten Wände der Häuser in Çatal Hüyük sind über 8000 Jahre alt und fast einzigartig. Zu sehen sind geometrische Formen, gelegentlich auch menschliche Gestalten wie diese, die sich um ein großes Tier, wahrscheinlich einen wilden Stier, drängen. Stiere hatten offenbar eine besondere Bedeutung für die Bewohner der Stadt.

Rechts: Die Karte zeigt die wichtigsten Siedlungen im Nahen Osten in der Frühzeit.

Die Königsgräber von Ur

Das südliche Mesopotamien, das Land, das vom Wasser des Euphrat und Tigris lebt, ist seit Langem von Menschen bewohnt. Dörfer wuchsen und wurden zu Städten, große Tempel wurden gebaut, und eine frühe Form der Keilschrift entwickelte sich hier aus einfacheren Bilderschriften.

Aufstieg der sumerischen Städte

Anfang des 3. Jahrtausends v. Chr. bildeten sich die sumerischen Stadtstaaten heraus. Sie lebten von der Landwirtschaft, bewässerten ihre Felder mit Flusswasser und trieben Handel mit ihren Nachbarn. Luxusgüter stammten aus fernen Ländern, der beliebte Lapislazuli z. B. aus Afghanistan. Die meisten dieser exotischen Güter waren anscheinend für die Oberschicht bestimmt, und jeder Stadtstaat wurde offenbar von einem König regiert, der die weltliche und religiöse Macht ausübte. Obwohl diese Staaten unabhängig waren, hatten sie vieles gemeinsam, z. B. einen einheitlichen Keramik- und Schmuckstil, sogar die Form der Lehmziegel war gleichartig. Ur war einer dieser sumerischen Stadtstaaten, der seine Herrschaft später ausdehnte. Der britische Archäologe Leonard Woolley grub ab 1922 zwölf Jahre in Ur und erforschte die Geschichte der Stadt. Sie nahm ihren Anfang als kleines Bauerndorf vor 7000 Jahren und wurde erst 5000 Jahre später verlassen. Die berühmtesten Funde stammen aus der Mitte des 3. Jahrtausends v. Chr., als Ur einer der bedeutendsten Stadtstaaten der Region war.

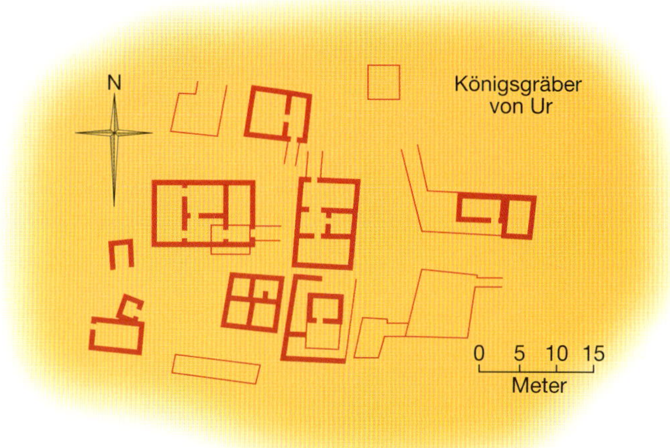

Um 2600 v. Chr. begannen die Einwohner von Ur, ihre Toten auf einem Friedhof zu begraben, der nahezu 600 Jahre lang benutzt wurde und in der Nähe eines Platzes lag, der wahrscheinlich als heilig galt. Dort legte Woolley 2500 Gräber frei, in denen meist einfache

Gegenüber: Blick auf Ur. Hier leitete Leonard Woolley vor dem Zweiten Weltkrieg eine Reihe von bemerkenswerten Ausgrabungen. Einige der außergewöhnlichsten archäologischen Funde stammen aus den Königsgräbern.

Oben: Schmuckstück aus Gold und Silber in Form eines Stieres.

Links: Schmuck für Königin Pu-abi. Frauen trugen offenbar über dem natürlichen Haar Perücken, deren Größe anhand des gefundenen Haarschmucks ermittelt werden konnte. Der Schmuck, mit dem die Königin begraben wurde, war sehr üppig und enthält viel Gold, Lapislazuli und Karneol.

Menschen bestattet waren. Die Toten wurden in Matten gewickelt, und ihre Beigabe bestand aus einem oder zwei Töpfen. Einige Gräber waren reicher ausgestattet und enthielten Objekte, die aus teurem importiertem Material hergestellt waren, und kostbare Gegenstände wie Schmuck aus Edelmetallen und Lapislazuli.

Außerdem wurden 16 oder 17 Königsgräber freigelegt, die sich selbst von den reichsten Gräbern der ersten Gruppe stark unterschieden. Die unterirdischen Kammern hatten oft Gewölbedächer und waren über schräge Rampen oder Gräben zugänglich. Einige waren geplündert worden, enthielten aber noch viele außergewöhnliche Gegenstände; andere waren unberührt. Der Inhalt dieser Gräber war spektakulär. Inschriften in einigen Kammern geben möglicherweise einen Hinweis auf die Identität der Toten – darunter Könige, die Meskalamdug und Akalamdug genannt wurden, allerdings gibt es Zweifel an diesen Namen. Sie gehörten offenbar einer reichen Dynastie an, die etwa von 2600–2500 v. Chr. herrschte.

Die Schätze

Woolley arbeitete ungewöhnlich sorgfältig, was in der Archäologie der 1920er-Jahre nicht selbstverständlich war, und dank seiner exakten Dokumentation der Königsgräber konnte man die Funktion vieler Funde deuten. Zahlreiche Objekte waren nur teilweise erhalten – die hölzernen Resonanzkästen der Leiern waren z. B. zerfallen. Die meisten Leiern waren reduziert auf ihre Be-

standteile aus Metall, Stein und Perlmuttintarsien, doch die Einzelteile lagen noch an ihrem Platz. Die Archäologen dokumentierten sorgfältig die Lage der Einzelteile, so konnten die Musikinstrumente später gut rekonstruiert werden. Darüber hinaus fanden die Ausgräber Reste von anderen hölzernen Objekten, wie z. B. eine Spielkiste, von der sich die Intarsien aus Lapislazuli und Muscheln erhalten haben. Dank der guten Dokumentation vor Ort konnte auch diese Spielkiste nachgebildet werden. Zu den weiteren Funden gehört ein Holzpaneel mit beidseitigen Lapislazuli- und Muschelverzierungen, die kriegerische und religiöse Szenen darstellen. Eine zunächst „Widder im Dickicht" genannte Skulptur zeigt vermutlich eine Ziege vor Bäumen. Gold, Silber, Lapislazuli und Muscheln wurde hier auf einen Holzkern appliziert, es könnte sich dabei um ein Teil eines Möbelstücks handeln. Darüber hinaus fanden sich in den Gräbern Panzer und Waffen – Helme, Dolche, Speere – sowie Becher und andere Gefäße, außerdem geschnitzte Gegenstände, Lampen, Schmuck (z. B. Haarschmuck und Halsbänder aus Lapislazuli mit Karneol und Gold) sowie Schatullen für Toilettenartikel und Kosmetika. In den Gräbern wurden nicht nur die Herrscher, sondern auch viele ihrer Diener bestattet.

Menschenopfer

Diener und Tiere begleiteten die Herrscher von Ur ins Jenseits. Man fand die Überreste von Ochsen, die Wagen, die sie gezogen hatten, sowie deren Viehtreiber. Unter den Toten waren auch Soldaten mit Kupferhelmen und Speeren sowie prachtvoll geschmückte Frauen des Hofes, Zofen oder Konkubinen. Die meisten dieser Toten lagen außerhalb der königlichen Grabkammern, einige Diener wurden allerdings in den Kammern entdeckt. Ein König war von drei Dienern umgeben, während die meisten außerhalb der Kammer lagen. Bei einer Königin fand man zwei Begleiterinnen, je eine am Kopf- und Fußende ihrer Bahre. Vermutlich waren die Mitglieder der Königsfamilie zusammen mit Angehörigen des Hofes bestattet

Gegenüber oben: Zikkurats (abgestufte Tempeltürme) waren ab einer bestimmten Zeit charakteristisch für sumerische Städte. Dieser wurde um 2100 v. Chr. in Ur gebaut, lange nach den Königsgräbern; er könnte aber auf einen älteren Tempel zurückgehen.

Gegenüber unten. Goldener Dolch mit Scheide aus Ur. Auf dem Friedhof wurden viele Waffen gefunden.

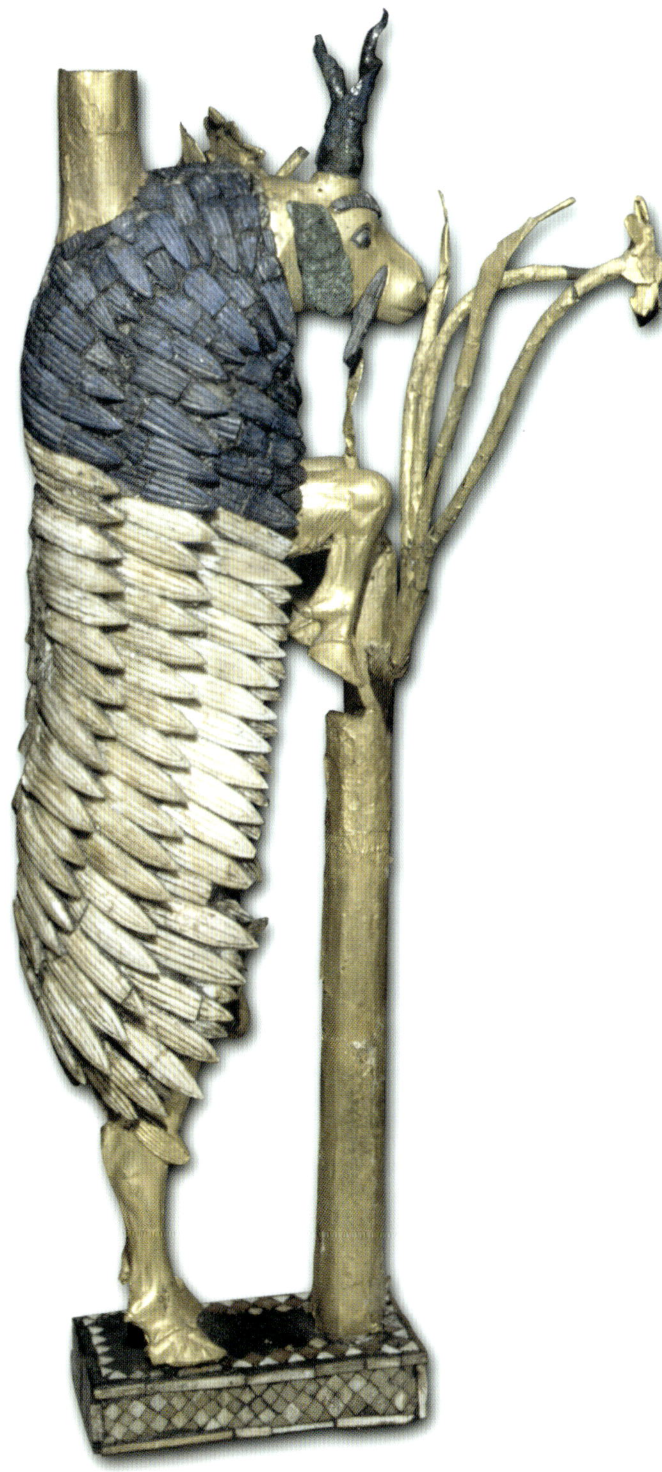

Rechts: Diese kleine Skulptur wird oft „Widder im Dickicht" genannt, stellt aber wohl eine Ziege dar. Der geschnitzte Holzkern wurde prachtvoll mit Gold, Silber, Lapislazuli und Muscheln dekoriert. Vermutlich war sie Teil eines Möbelstücks.

worden. Eines der Gräber enthielt 68 Frauen und sechs Männer, in Reihen ausgelegt. Die gleichmäßige Anordnung war äußerst ungewöhnlich und löste viele Spekulationen aus.

Woolley konnte feststellen, dass bei niemandem offenbar körperliche Gewalt angewandt worden war. Die Knochen waren zwar so stark verwest, dass sie kaum zur Ermittlung der Todesursache beitrugen. Doch man konnte anhand der Objekte, die die Toten trugen, erkennen, dass ihnen keine Schläge oder Ähnliches zugefügt worden waren. So war beispielsweise der kunstvolle Kopfschmuck nicht deformiert. Es gab auch keine Hinweise, dass die Frauen erdolcht worden und dann zusammengebrochen waren. Unwahrscheinlich ist ebenso, dass man sie außerhalb des Grabes tötete und erst tot in die Grabstätte brachte. Tiere, die die Fahrzeuge hinabgezogen hatten, müssen lebendig gewesen sein – Spuren von Zügeln und anderen Ausrüstungsgegenständen, die die Pferde getragen haben, waren erhalten.

Indizien für einen Kampf fehlten, viele der Toten hatten ihre Position vor dem Tod anscheinend selbst eingenommen – eine „schickliche Haltung", wie Woolley sie nannte. Vielleicht standen die Menschen und Tiere unter Drogeneinfluss, und man brachte sie, sobald die Menschen gestorben oder bewusstlos waren, in die Gräber und legte ihre Körper möglicherweise in Reihen. Solche Opfer fand man nur in den Königsgräbern, und vielleicht war es sogar ein Privileg, einen Herrscher ins Jenseits begleiten zu dürfen. Man scheute weder Arbeit noch Kosten, um die Toten zu ehren. Die Menschenopfer beweisen eindrucksvoll, welche Macht die Könige von Ur über ihre Untertanen hatten.

Leonard Woolley

Leonard Woolley war einer der bedeutendsten Ausgräber seiner Zeit. Er bewies besonderes Geschick und Sorgfalt im Umgang nicht nur mit den komplexen Fundsituationen in Ur. Seine Grabungstechnik war für die damalige Zeit revolutionär. Der 1880 geborene Archäologie wurde Nachfolger von Sir Arthur Evans, dem Ausgräber von Knossos, am Ashmolean Museum in Oxford. Mit seinen Feldarbeiten begann er in Nubien; dann arbeitete er vor Ausbruch des Ersten Weltkrieges im syrischen Karkemisch. 1921 ernannten ihn das Britische Museum und das Museum der University of Pennsylvania zum Leiter der Grabungen in Ur. Dort war er bis 1934 tätig. Obwohl er auch einen Großteil der Stadt freilegte, ist er heute vor allem wegen der spektakulären Funde in den Königsgräbern bekannt, die während der ersten Kampagne 1922 entdeckt wurden. Als einige Arbeiter an dieser Stelle Gold und Grabstätten fanden, ließ Woolley die Arbeiter jedoch nicht weitergraben, sondern trainierte die Grabungsmannschaft erst vier Jahre lang, bis sie technisch versiert genug war, die Königsgräber freizulegen. Da seine Aufzeichnungen unvollständig sind, ist es allerdings für heutige Archäologen zuweilen schwierig, seine Schlussfolgerungen zu beurteilen.

Gegenüber oben: Der Eingang zur Zikkurat von Ur.

Gegenüber unten: Der Helm von König Meskalamdug besteht aus Elektron, einer Mischung aus Gold und Silber.

Unten: Gilgamesch und Löwen auf einem Siegel.

Die Hethiter

In der späten Bronzezeit gab es im östlichen Mittelmeerraum und im Nahen Osten mehrere mächtige Staaten. Von Ägypten und vielen anderen großen Kulturen haben sich zahlreiche Hinterlassenschaften erhalten, die ein verhältnismäßig gutes Bild von diesen Zivilisationen vermitteln. Die Hethiter dagegen gerieten fast in Vergessenheit, lange Zeit waren lediglich einige Stellen in der Bibel die einzigen Hinweise auf dieses Volk.

Im 19. Jahrhundert wurden dann in der Türkei immer mehr behauene Steinblöcke entdeckt, in die Zeichen gemeißelt waren, die anscheinend eine Bilderschrift darstellten, jedoch keine ägyptischen Hieroglyphen waren. Ein deutsches Team von Altertumsforschern begann 1906 im türkischen Boğazköy zu graben, Leonard Woolley arbeitete ab 1912 in Karkemisch, einer anderen hethitischen Siedlung im heutigen Syrien. Boğazköy, so sollte sich herausstellen, war einst die Hauptstadt Hattuscha des mächtigen Hethiterreiches.

Boğazköy liegt etwa 160 km östlich von Ankara im zentralen Anatolien. Die Identifizierung der archäologischen Stätte mit Hattuscha ermöglichten viele Tausend Tontafeln, die man dort in den Ruinen mehrerer Archive fand. Zugleich enthüllten diese Dokumente einen Teil der hethitischen Geschichte. Grabungen in Hattuscha liefern bis heute wichtige Informationen und haben das Bild von den Hethitern, ihrem großen Reich und der gesamten Geschichte dieser Region verändert. Früher glaubte man z. B., die Hethiter hätten ihre militärischen Erfolge Eisenwerkzeugen zu verdanken gehabt. Heute weiß man, dass es sich um eine Kultur der späten Bronzezeit handelte, in der Eisen eine ganz untergeordnete Rolle spielte. Ein strategischer Vorteil der Hethiter war der Streitwagen mit drei Kriegern. Dieses Symbol militärischer Macht ist auf einer Stele aus Karkemisch gut erkennbar abgebildet.

Hattuscha wurde auf schwierigem Gelände errichtet, umgeben von Bergen, in denen einige Feinde der Hethiter lebten. Hethitischen Aufzeichnungen zufolge war Kuschara die erste Hauptstadt des Reiches. Von dort aus eroberten die Herrscher den größten Teil Anatoliens. Hattuscha, die „Stadt der tausend Götter", galt als besonders heilig und wurde daher später die neue Hauptstadt. Wo Kuschara lag, ist nicht bekannt, doch um 1680 v. Chr. war Hattuscha bereits mit Sicherheit besiedelt. Der Ort sollte mehr als 400 Jahre die Hauptstadt des Reiches bleiben, bis er gegen 1185 v. Chr., am Ende der späten Bronzezeit, zerstört und verlassen wurde.

Königliche Archive

Die Tontafeln, die man in Hattuscha fand, sind archäologisch und historisch sehr wertvoll. Bis heute sind über 25 000 Tafeln bekannt, die offenbar einem Staatsarchiv entstammen. Sie liefern nicht nur Informationen über die hethitische Gesellschaft und Geschichte, so wie die Hethiter sie sahen, sondern auch über andere Kulturen jener Zeit. Wir erfahren Details über die Religion und die Verwaltung sowie über Gesetze und Strafen für verschiedene Verbrechen, wie z. B. gebrochene Eide. Die Bürger standen offenbar unter strenger Kontrolle. Einige Tafeln berichten von der Gründung und der Anfangszeit des Staates, andere – oft die aufschlussreichsten – sind diplomatische Urkunden, die von Ereignissen außerhalb des Reiches berichten, etwa von Auseinandersetzungen an der Nordwestküste der heutigen Türkei zur Zeit des Trojanischen Krieges. Die hethitischen Zeugnisse haben einiges widerlegt, was einst als historisch gesichert galt. Man glaubte, die Ägypter hätten die große Schlacht von Kadesch Anfang des 13. Jahrhunderts gegen die Hethiter gewonnen, vor allem weil ägyptische Quellen dies behaupteten. In Wahrheit siegten wohl die Hethiter – denn die hethitischen Quellen berichten nicht nur von dem Sieg, sondern sie beherrschten fortan einen Großteil der nördlichen Levante und Nordsyriens. Eine Tontafel dokumentiert sogar die hethitische Version des Friedensvertrages nach der Schlacht; eine Kopie dieses Vertrages hängt heute im New Yorker UNO-Hauptquartier.

Gegenüber: Die Unterstadt von Hattuscha.

Rechts: Das sogenannte Löwentor der hethitischen Hauptstadt Hattuscha. Die riesige Stadt war von mehreren Mauern umgeben.

Die Tontafeln waren zum Erstaunen der Archäologen in mehreren Sprachen beschriftet. Die Sprachenvielfalt zeugt von der Größe des hethitischen Reiches. Besonders interessant war für die Ausgräber die hethitische Sprache, die die traditionelle mesopotamische Keilschrift benutzte. Es stellte sich heraus, dass die hethitische Sprache zur indoeuropäischen Sprachgruppe gehört wie die meisten europäischen und einige andere Sprachen, etwa das Persische. Dagegen ist die hethitische Sprache nicht mit anderen westasiatischen Sprachen verwandt. Der Ursprung und die Ausbreitung der Sprache konnten bisher nicht überzeugend erklärt werden. Die Identifizierung der Sprache als indoeuropäische Sprache gab keinen Aufschluss über die Herkunft der Hethiter. Die Sprache hat die hethitische Kultur allerdings von den meisten ihrer Nachbarn im Süden und Osten getrennt.

Die Hethiter benutzten neben der Keilschrift eine Hieroglyphenschrift. Sie blieb weitgehend Felsinschriften und Namenssiegeln für persönliche Dokumente vorbehalten. Die Entzifferung der Hieroglyphen war nicht einfach und nur über Siegel möglich, die dieselben Namen sowohl in Hieroglyphen wie auch in Keilschrift trugen.

Die Hauptstadt und das Reich

Als Haupt- und Königsstadt des hethitischen Reiches wurde Hattuscha großzügig ausgebaut. Sie bedeckte über 600 Hektar und bezog viele Merkmale der Landschaft, etwa Bergkämme, Felsvorsprünge und Schluchten, in das Stadtbild ein. Der Ort erscheint in vielerlei Hinsicht nicht geeignet für eine Hauptstadt: Er war abgelegen und isoliert, das Gelände war zerklüftet, und die

unwirtliche Umgebung erschwerte die Versorgung der Stadt. Etwa 250 Jahre vor der größten Ausdehnung des Hethiterreiches – um 1650–1450 v. Chr. – war Hattuscha eine kleine Siedlung mit einer stark befestigten Zitadelle im Zentrum. Dort stand der Königspalast, unterhalb befanden sich der Haupttempel und anscheinend auch Lagerräume.

Nach und nach dehnte sich das hethitische Königreich aus. König Hattuschili I. führte im 17. Jahrhundert v. Chr. Krieg in Nordsyrien und drang südwärts nach Aleppo und zur Küste vor. Sein Nachfolger Murschili I. plünderte 1595 v. Chr. Babylon. Diese frühe, scheinbar planlose Expansion kam nach einem Streit in der Königsfamilie zum Stillstand. Es scheint, dass das Reich danach abwechselnd gewachsen und geschrumpft ist.

Dann begann Schuppiluliuma 1345 v. Chr. mit einer Reihe von Eroberungen und annektierte einen Großteil Nordsyriens. Könige vieler Staaten unterzeichneten Verträge mit hethitischen Herrschern, die Vasallenstaaten behielten aber offenbar eine gewisse Selbstständigkeit. In dieser Phase erreichte das hethitische Reich den Gipfel seiner Macht, und zwischen 1400 und 1185 v. Chr. wuchs Hattuscha beträchtlich. Ein großer Tempel, einige kleinere Tempel und andere Bauwerke, z. B riesige Getreidespeicher und Wasserbehälter, wurden errichtet. Auch der Königspalast wurde neu gebaut. Bisher weiß man nicht viel über die gewöhnlichen Wohnhäuser der Stadt; der größte Teil Hattuschas war den Palästen der Königsfamilie, Tempeln und wichtigen staatlichen Bauten, wie Getreide- und Wasserspeichern, vorbehalten, die in schwierigen Situationen – bedingt durch Feinde oder natürliche Begebenheiten – die Versorgung der Stadt gewährleisten sollten.

Weitere hethitische Stätten

Heute kennt man auch viele andere hethitische Orte. Eine nahe bei Hattuscha liegende Stätte ist Yazılıkaya, ein Heiligtum, das offenbar auf das 13. Jahrhundert v. Chr. zurückgeht. Hier haben sich vor allem Felsreliefs erhalten, die hethitische Gottheiten darstellen. Gebaut wurde das Heiligtum vermutlich von König Tudhaliya IV. als Gedenkstätte für seinen Vater. Eine der Felskammern in Yazılıkaya weist Nischen in der Mauer auf, die nach Ansicht einiger Experten die Asche von Angehörigen des Königshauses enthalten haben könnten; Belege dafür fehlen allerdings. Hethitische Königsgräber wurden bisher nicht gefunden.

Die bisher ausgegrabenen hethitischen Städte lassen einige Gemeinsamkeiten erkennen: Sie besitzen große Tempel und öffentliche Gebäude, sie sind von einer Mauer und einem Wall umgeben, und man betrat sie durch ein riesiges Tor oder, wie in Hattuscha, durch eine Reihe von Toren. Alaca Hüyük, ebenfalls in der Nähe von Hattuscha, passt ebenso in dieses Muster, obwohl der Ort sehr klein war. Er wurde auf einer älteren Siedlung errichtet, wie häufig auch andere hethitische Stätten. So wurde Karkemisch ebenfalls auf einer früheren Siedlung erbaut. Die südlich gelegene Stadt beherrschte eine wichtige Furt über den Euphrat und war für die Hethiter strategisch und kommerziell wichtig. In anderen Stätten – etwa in Ortaköy, etwas östlich von Hattuscha, und in der Grenzstadt Masat – fand man Texte und Archivmaterial, die weitere aufschlussreiche Informationen liefern. Die Archäologie steht mit ihren Forschungen über die Hethiter noch am Anfang, das Wissen über die Hethiter und ihr Reich nimmt aber mit wachsendem Fundmaterial ständig zu.

Das Ende

Gegen Ende der Bronzezeit brachen viele Staaten in Südwestasien zusammen. Die Ursachen sind unbekannt, fest steht nur, dass es eine sehr unruhige Zeit war. Alle hethitischen Städte wurden zwischen 1200 und 1185 v. Chr. zerstört und verlassen. In Hattuscha wütete im Palast und im Tempelbezirk ein Feuer; vorher wurden offenbar aus einigen Gebäuden wertvolle Gegenstände entfernt. Vielleicht wurde das Reich erneut von Streitigkeiten in der Königsfamilie erschüttert. Umweltfaktoren könnten ebenfalls eine Rolle gespielt und vor allem Hattuscha vor unlösbare Probleme gestellt haben. Ein Text aus der Spätphase fordert eindringlich Getreidelieferungen für die Stadt. Was immer geschehen sein mag, es war schwerwiegend genug, um die Hethiter mehr als 3000 Jahre zu einem Schattendasein in der Archäologie und Geschichte zu verurteilen.

Gegenüber oben: Eine Prozession von Figuren im hethitischen Heiligtum Yazılıkaya, einem wichtigen religiösen Zentrum.

Gegenüber unten: Der außergewöhnliche Fund von 25 000 beschrifteten Tontafeln im Archiv von Hattuscha (weitere Tafeln entdeckte man in anderen Städten) ermöglichte einen einzigartigen Einblick in die Organisation des hethitischen Staates.

Unten: Die Ruinen des großen Tempels in Hattuscha und eine befestigte Straße.

Ninive

In der Bronzezeit tauchte im Norden von Mesopotamien eine neue Macht auf, die sich nach Westen auszubreiten begann, die Assyrer. Sie regierten die eroberten Länder eher als Besatzer denn als allgemein anerkannte Herrscher. Als ihr Reich nach 1200 v. Chr. allmählich zusammenbrach, verloren sie diese Gebiete und zogen sich ins Kernland ihres Reiches zurück: in die Region um Ninive am Tigris. Im 10. Jahrhundert v. Chr. drängten sie erneut nach Westen, und auf dem Höhepunkt ihrer Macht – um 650 v. Chr. – erstreckte sich das Reich der Assyrer im Süden bis an den Persischen Golf, nach Norden bis Anatolien und zum Mittelmeer sowie im Westen bis Ägypten. Die Besetzung Ägyptens dauerte nicht lange, und als Babylonien sich erhob, begann das Reich wieder zusammenzubrechen.

ERSTE AUSGRABUNGEN

In den 1840er-Jahren begannen französische und britische Gesandte, Mesopotamien zu erforschen, und legten bald die Ruinen von assyrischen Palästen aus der Spätphase des Reiches frei. 1842 grub der französische Konsul Paul-Émile Botta als Erster an einem Ort, der später als Ninive identifiziert wurde; aber er war vom Ergebnis enttäuscht und zog nach Khorsabad, das ergiebiger war.

Zur gleichen Zeit erforschte der britische Gesandte Austen Henry Layard die Stadt Nimrud, wo er drei große Paläste fand. Dann wechselte er zu der Stätte, die von den Franzosen aufgegeben worden war, und entdeckte zwei weitere Paläste. Der Zeit entsprechend wurden keine besonderen Grabungsmethoden angewandt, es ging vor allem darum, spektakuläre Objekte zu finden, allen anderen Gegenständen wurde keine Aufmerksamkeit geschenkt. Dabei richteten Layards Arbeiter große Schäden an. So gruben sie beispielsweise Tunnel um die Mauern der Palasträume, die insgesamt mehr als 3 km lang waren. Das Palastarchiv erregte kein Interesse, Tausende von Tontafeln, die man fand, wurden buchstäblich in Körbe geschaufelt und nach London verfrachtet. Dort hatten allerdings die Gelehrten bereits mit der Entzifferung der Keilschrift begonnen. Es gelang ihnen, die Tafeln zu lesen und den Ort, an dem Layard zwei Paläste entdeckt hatte, als Ninive zu identifizieren, den traditionellen Sitz der assyrischen Herrscher.

Riesige Mauern mit eindrucksvollen Toren schützten die assyrischen Paläste. Im Inneren befanden sich separate Wohnblöcke mit Innenhöfen. Große Statuen von geflügelten Stieren mit menschlichen Köpfen, manche bis zu 3,5 m hoch, flankierten die Haupteingänge. Es gab auch zeremonielle Bereiche, z. B. einen Thronsaal und Räume mit religiösem Zweck. Zum Palast gehörten ebenso Wohnräume, Werkstätten und große Vorratsräume. Viele Palastgebäude waren reich dekoriert, so z. B. mit Alabasterpaneelen, die den Herrscher und seine Triumphe zeigen. Sie wurden zusammen mit den Tierstatuen von Layard und seinem französischen Kollegen Botta geborgen. Layard schrieb, er habe in Ninive Reliefs von nahezu 3 km Länge gefunden.

TONTAFELN

Für das Verständnis der assyrischen Geschichte waren die Tontafeln, die Layard kaum beachtete, ebenso wichtig wie seine spektakulären Funde, vielleicht sogar wichtiger. Assyrische Herrscher ließen Archive und Bibliotheken mit den Keilschrifttafeln zusammenstellen und zeichneten so die historischen und religiösen Traditionen Mesopotamiens auf, die Jahrhunderte alt waren. Daneben enthielten die Tontafeln auch Texte, die für die Verwaltung von Bedeutung waren und alltägliche Belange festhielten. Mithilfe des Archivs konnte man zweisprachige Wörterbücher erstellen und das Sumerische entziffern, das ebenfalls in der Keilschrift geschrieben wurde.

Den ersten Exkursen französischer und britischer Teams in die mesopotamische Archäologie verdanken der Louvre und das Britische Museum einige sehr eindrucksvolle Objekte, Überreste einer Kultur, die zuvor nur aus der Bibel bekannt war. Seither hat es viele Grabungen gegeben, vor allem in der ersten Hälfte des 20. Jahrhunderts. Insgesamt ermöglichten die frühen Grabungen die Entdeckung einer fast unbekannten Kultur, und sie inspirierten viele Archäologen der nächsten Generation. Die jüngsten Kriege und Unruhen in der Region stellen allerdings eine große Gefahr für viele Stätten und ihre Artefakte dar.

Gegenüber: Das Relief aus Assurbanipals Palast stellt Feinde – Elamiter – dar, die sich dem siegreichen König unterwerfen. Einer der Elamiter scheint die Stirn demütig zum Boden zu senken.

Rechts: Keilschrifttafel aus Ninive. Zahlreiche Tafeln wurden gefunden, und viele von ihnen behandeln administrative, historische oder wirtschaftliche Themen. Auf dieser Tafel geht um die Behandlung von hartnäckigem Husten.

Persepolis

Im 6. Jahrhundert v. Chr. schufen die Perser eines der größten Reiche, das die Welt bis dahin gesehen hat. Auf dem Gipfel seiner Macht erstreckte sich das Reich von der türkischen Ägäisküste bis nach Zentralasien und zum Golf von Oman. Ägypten wurde Teil des Persischen Reiches, ebenso Thrakien, und schließlich bedrohten die Perser unmittelbar Griechenland. Die Griechen konnten zwar 480 und 479 v. Chr. die Gefahr abwenden, doch das Reich bestand weiter, bis Alexander der Große es zwischen 333 und 323 v. Chr. eroberte. Aus schriftlichen Quellen weiß man verhältnismäßig viel über das Persische Reich, allerdings stammt ein Großteil davon aus griechischen, also feindlichen Quellen. Die Archäologie ist daher von unschätzbarem Wert, vor allem weil sie Tontafelarchive entdeckte, die Aufschluss über das tägliche Leben geben.

Die persische Expansion begann unter Kyros zwischen 559 und 530 v. Chr. Sein Nachfolger Kambyses eroberte Ägypten, wurde aber während eines Aufstandes getötet. Darius folgte ihm 522 v. Chr. unter offenbar zweifelhaften Umständen und musste daher eine Rebellion niederschlagen. Er begann, das Reich zu befrieden und eine neue, eindrucksvolle Hauptstadt zu errichten, die seine Erben vollendeten. Die Griechen nannten diese Stadt Persepolis, und unter diesem Namen ist sie heute noch bekannt. Sie gehört zu den faszinierendsten Stätten des großen Reiches. Wie viele der imposantesten Überreste der antiken Welt wurde sie in den folgenden Jahrhunderten nie ganz vergessen. Sie blieb stets sichtbar, war aber so Wind und Wetter ausgesetzt. Viele Reisende haben die Stätte gezeichnet, beschrieben und in Europa bekannt gemacht.

Hauptstadt und Königsresidenz

Persepolis war von Beginn an als eindrucksvolle Stadt geplant. Der Ort wurde als Hauptstadt und Königsresidenz errichtet und war einst von Lehmziegelmauern umgeben, die nicht mehr vorhanden sind. Andere Teile, die sich besser erhalten haben, wurden teilweise restauriert. Der Hauptteil der Stadt wurde auf einer gigantischen steinernen Terrasse gebaut, die rund 13 Hektar umfasst und etwa 15 m hoch ist. Diese Terrasse war nur über eine imposante doppelte Monumentaltreppe zugänglich. Darauf befanden sich riesige Gebäude, wobei einige zusätzlich erhöht standen und ebenfalls nur über große Treppen zugänglich waren.

Gegenüber: Der Palast des Darius in Persepolis, der Stadt, die er gründete. Sie wurde auf einer riesigen Terrasse gebaut, die sich etwa 15 m über die Landschaft erhebt.

Oben: Die Ruinen von Persepolis. Die große Skulptur stellt einen Stier dar – seine Hörner sind abgebrochen –, eines der Tiere, das in der persischen Kunst und Architektur eine Schlüsselrolle spielte, ebenso wie der Löwe und der Greif.

Links: Ein Relief aus Persepolis mit einer Darstellung von Darius als Thronendem.

Zu den Bauten auf der Terrasse gehören die Paläste, die Darius und sein Nachfolger Xerxes errichten ließen, eine gigantische Audienzhalle – die *apadana* – und ein Gebäude, das als Schatzhaus bekannt ist. Daneben gab es einfachere Bauten wie Ställe und Lagerräume, doch der Gesamteindruck war von Terrassen, den riesigen Säulenhallen, zeremoniellen Toren und stattlichen Treppen geprägt. Die *apadana*, eine gewaltige, pfeilergestützte Halle, hatte an drei von vier Außenseiten Vorhallen mit Säulengängen. Die Kapitelle der Säulen werden von großen Tieren gebildet, sodass die Dachbalken scheinbar von riesigen Löwen, Stieren oder Greifen getragen werden. Heute sind Bauten wie die *apadana* und andere Ruinen in Persepolis von aufrecht stehenden Säulen geprägt, die restauriert und wieder aufgestellt wurden.

Wie in assyrischen Palästen wurden viele Tore in Persepolis von riesigen geflügelten Stieren aus Stein bewacht. Der assyrische Einfluss zeigt sich auch in den Reliefs von Persepolis. Die meisten bildlichen Darstellungen geben einen König mit seinem Hofstaat, seinen Beamten und Soldaten wieder. So waren die Treppen, die zur *apadana* führten, mit Reliefs geschmückt, die vor allem besonders große Soldaten darstellen, aber auch Menschen mit Tributen oder Geschenken für den Herrscher. Sie symbolisieren die Bewohner der verschiedenen Teile des Persischen Reiches.

In seiner Blütezeit muss Persepolis sehr eindrucksvoll gewesen sein, das Ende kam plötzlich. Die Stadt wurde 330 v. Chr. von Alexander dem Großen besetzt und in Brand gesteckt, vermutlich nach einer durchzechten Nacht und vielleicht als Rache dafür, dass Xerxes 150 Jahre zuvor Athen in Schutt und Asche gelegt hatte. Im 20. Jahrhundert erlebte sie jedoch, wenn auch nur vorübergehend, eine Wiedergeburt als Symbol der Macht. Damals rief der Schah von Persien mit ihr die Vergangenheit wach, um seine Herrschaft zu festigen und zu legitimieren.

Links: Ein Säulenkapitell aus der apadana *in Persepolis: Die langen Holzbalken des Daches wurden von den Tierfiguren getragen.*

Gegenüber: Die Treppe zur apadana. *Reliefs mit Darstellungen von Menschen, die Geschenke oder Tribute bringen, schmücken die Treppenwangen.*

Oben: Der Palast des Darius in Persepolis.

Königsgräber und Schreine

Darius beschränkte sich nicht auf Persepolis. Er baute auch das erste Königsgrab in Nakschi-Rustam, in der Nähe der Stadt. Wie die folgenden Grabstätten wurde es in Fels gehauen. Die Eingänge zu diesen Königsgräbern wurden von kunstvollen Reliefs gerahmt, die Säulen andeuten, weitere Reliefs über dem Eingang stellen König Darius dar. Er opfert an einem Brandaltar, der auf einer Plattform steht, getragen von Figuren, die Völker des Reiches symbolisieren.

Bisutun liegt weiter nördlich im Westiran. Es war eine wichtige heilige Stadt auf einem Pass im Sagros-Gebirge. Eine Inschrift dort rechtfertigt Darius' Anspruch auf den Thron nach dem Bürgerkrieg und kündet von seinen Bemühungen, diesen zu beenden. Ein anderes Relief zeigt Darius, der seine besiegten Gegner empfängt. Die Inschrift wurde in drei Sprachen angebracht – Altpersisch, Akkadisch und Elamisch –, und ermöglichte so die Entzifferung der akkadischen Keilschrift, einer viel älteren Sprache.

Organisation des Reiches

Eine so umfangreiche Haupt- und Residenzstadt wie Persepolis wirft zwangsläufig Fragen zu der Organisation des Reiches auf, das von hier aus regiert wurde. Dank Darius' Reformen und Konsolidierungspolitik arbeitete das Persische Reich sehr effektiv. Trotz seiner Ausdehnung war es durchaus flexibel, lokale Gepflogenheiten und Religionen wurden toleriert, doch die Verwaltung und Armee, zwei Hauptstützen des persischen Staates, waren zentralisiert. Darius, der von 522–486 v. Chr. regierte, teilte das Reich in Provinzen, sogenannte Satrapien, und ernannte persische Aristokraten zu deren Statthaltern. Landwirtschaftliche Nutzflächen wurden ebenso aufgeteilt – so erhielten Veteranen nach ihrer Militärzeit Land. Das Reich war durch ein weitverzweigtes Straßennetz, Herbergen und Kontrollpunkte erschlossen. Kuriere waren stets im Einsatz. Ein schneller Kurier konnte die Strecke zwischen Susa und Sardes – eine Entfernung von etwa 2500 km – in einer Woche zurücklegen. Die Methoden, die persische Herrscher entwickelten, um ihr riesiges Reich zu kontrollieren, dienten später vielen anderen als Vorbild.

Schriftrollen vom Toten Meer

Zu den berühmtesten archäologischen Funden des 20. Jahrhunderts gehören die Schriftrollen vom Toten Meer. Ihre Entdeckung war – wie so oft bei solchen Funden – dem Zufall zu verdanken, und vielleicht wurde deshalb die Fundgeschichte im Laufe der Zeit etwas ausgeschmückt. Ihr Entdecker Muhammad adh-Dibh, ein junger Schäfer vom Beduinenstamm der Ta'amireh, zog mit seinen Tieren durch die Wüste zwischen Bethlehem und dem Toten Meer. Im Winter 1946/47 suchte er nach einem Tier, das sich zwischen den Felsen an der Nordwestküste des Toten Meeres verirrt hatte.

Als Muhammad den Blick über die Felsen wandern ließ, bemerkte er hoch oben eine Öffnung und warf einen Stein hinein. Der Stein schien nicht gegen einen Felsen geprallt zu sein. Also warf er erneut einen Stein, und dieses Mal war er sicher, dass er einen Tontopf getroffen hatte. Er stieg hinauf zum Höhleneingang, schaute hinein und sah eine Reihe von Tongefäßen mit weiten Öffnungen und Deckeln. Später kehrte er zusammen mit Freunden zurück, sie zwängten sich durch den Eingang und untersuchten die Gefäße – in der Hoffnung, Geld darin zu finden. Doch sie fanden nur Lumpenbündel, die beschriftete Rollen aus glattem braunem Leder enthielten.

So gelangten die Rollen zu Antiquitätenhändlern in Bethlehem. Sie wurden an Sammler verkauft, so auch an den orthodoxen Erzbischof von Jerusalem. Er erwarb mehrere Exemplare, darunter eine riesige Lederrolle des Buches Jesaja. Als Fachleute die Rollen genauer studierten, erkannten sie ihre Bedeutung.

Nun suchte man den Fundort und seine Umgebung systematisch ab und machte weitere Entdeckungen. So kam eine große Sammlung von Dokumenten zusammen. Die meisten waren auf Lederrollen geschrieben, einige auf Papyrus. Sie waren fest in Leinen gewickelt, in Krüge verpackt und in mehreren Höhlen gelagert worden. Die Krüge enthielten Fragmente, manchmal auch große Teile, fast aller Bücher der hebräischen Bibel, aber auch andere Texte. Ein Regelwerk für eine religiöse Gemeinschaft wurde „Handbuch der Disziplin" getauft. 1952 wurden in einer Höhle zwei Hälften einer Kupferrolle entdeckt. Alle Funde waren anscheinend versteckt worden, um sie in Sicherheit zu bringen.

Archäologen hatten die weitere Umgebung am Toten Meer bereits erkundet und waren dabei auf Khirbet Qumran gestoßen, das ebenfalls am Westufer des Toten Meeres liegt, ganz in der Nähe einiger Höhlen, in denen man Schriftrollen gefunden hatte. Durch Grabungen konnte man feststellen, dass der Ort zweimal aufgege-

Gegenüber: Die Felsen am Nordwestufer des Toten Meeres haben zahlreiche Höhlen, zu denen auch die Höhle mit den Schriftrollen gehört. Der erste Fund in einer der Höhlen löste weitere Untersuchungen aus, die zahlreiche weitere Rollen zutage förderten.

Oben: Teil der Jesaja-Rolle. Sie war einer der ersten Funde und wurde vom orthodoxen Erzbischof von Jerusalem gekauft. Die lederne Rolle ist 7 m lang und enthält die älteste bekannte Version des Buches Jesaja.

Links: Viele Rollen waren in Leinen eingewickelt und dann in Krüge gelegt worden, um sie sicher zu verwahren. Steinschläge hatten manche Krüge zerbrochen, aber viele waren unversehrt.

ben worden war, einmal 31 n. Chr. nach einem Erdbeben und erneut 68 n. Chr. zur Zeit des ersten jüdischen Aufstandes, als sich jüdische Gläubige gegen die römische Vorherrschaft erhoben.

Qumran war offenbar eine Siedlung der Essener, einer klösterlichen jüdischen Gemeinschaft, die nach eigenen, sehr strengen Regeln lebte. Man entdeckte in Qumran eine Schreibstube, in der religiöse Schriften kopiert wurden, eine der Hauptaufgaben der Essenergemeinden.

Der erste jüdische Aufstand begann im Jahr 66 n. Chr. Die Römer konnten ihn erst nach Jahren, um 70 n. Chr., niederschlagen, in der Festung Masada hielt sich der Widerstand sogar noch bis 73 n. Chr. Während dieses ersten Aufstands plünderten die Römer Jerusalem und den Tempel und schafften alle Schätze der Stadt als Beute nach Rom.

Daher brachten die Essener wohl ihren kostbarsten Besitz – die heiligen Bücher und andere wichtige Texte – in Sicherheit. Keine der Rollen vom Toten Meer ist jünger als der erste jüdische Aufstand; deshalb wurde das Depot höchstwahrscheinlich von den Essenern angelegt, unabhängig davon, ob die Rollen aus Qumran stammen oder nicht.

Oben: Fragmente einer Schriftrolle. Nicht alles war so gut und umfangreich erhalten wie die große Rolle des Buches Jesaja. Oft kamen nur Bruchstücke zum Vorschein, die man mühsam rekonstruieren musste.

Die Kupferrolle

Als 1952 die beiden Hälften der Kupferrolle gefunden wurden, konnte man sie nicht öffnen – sie waren zu stark korrodiert. Einige in das weiche Metall gestochene Textfragmente waren jedoch lesbar; sie bezogen sich offenbar auf Schatzhorte. Diese Rolle sollte offensichtlich beständig sein. Als man sie später öffnen konnte, entzifferte man eine Liste von Schätzen, deren Verstecke anscheinend genau beschrieben waren.

Die Kupferrolle unterscheidet sich von den anderen Textrollen nicht nur durch das Material, auch der Inhalt ist ein anderer. Es handelt sich hier nicht um Bibeltexte, die man den Essenern zuordnen könnte. Der Text auf der Kupferplatte ist sehr unbeholfen geschrieben, wahrscheinlich nicht von einem fachkundigen Schreiber.

Manche Experten glauben, dass der Text Verstecke von Schätzen nennt, die kurz vor dem Angriff der Römer im Jahr 67 aus dem Tempel geholt wurden. Doch bisher wurde trotz intensiver Suchen mithilfe dieses Leitfadens kein einziges Stück gefunden.

Die Datierung der Platte fällt mit dem ersten jüdischen Aufstand zusammen. Heute sind die meisten Fachleute der Meinung, dass die Rolle als eine Art Code benutzt wurde.

Masada

Die isolierte Hochebene, die am Westufer des Toten Meeres über die Wüste ragt, ist eine der dramatischsten archäologischen Stätten im Nahen Osten. Dieser Fels ist sowohl wegen seiner archäologischen Funde als auch wegen seines Platzes in der Geschichte der Region bedeutsam.

Von 1963–1965 legte der israelische Archäologe Yigael Yadin in drei Grabungskampagnen die Ruinen von Masada frei. Die Stätte war schon seit dem 19. Jahrhundert bekannt und als Masada identifiziert. Die Grabungen erwiesen sich aufgrund der Lage als außergewöhnlich schwierig und sehr aufwendig. Yadin arbeitete mit zahlreichen Freiwilligen aus aller Herren Länder. Die archäologischen Tätigkeiten in Masada wurden als „Triumph der Logistik" bezeichnet.

Der Palast des Herodes

König Herodes, der die natürlichen Verteidigungsanlagen Masadas erkannte, verstärkte sie und baute zwischen 36 und 30 v. Chr. auf dem Gipfel eine Festung mit riesigen Zisternen, die Wasser für den Palast und die Gärten lieferten und im Falle einer Belagerung die Versorgung sicherstellen konnten. Außerdem wurden weitere Gebäude, wie z. B. ein Badehaus und Gärten, für den Königspalast errichtet. An der Nordspitze der Hochebene wurde auf drei Terrassen ein zweiter Palast gebaut. Die Aussicht von dieser Stelle ist wie von vielen anderen Punkten des Gipfels atemberaubend. Yadins Grabungen enthüllten über Herodes' Bauten mehr, als bis zu jenem Zeitpunkt bekannt war. Sie hatten vor allem für Israel große Bedeutung. Der Staat war damals noch jung, und Masada eignete sich sehr gut als Symbol für die nationale Identität der Israelis.

Masada war am Ende des ersten jüdischen Aufstandes, über den der Historiker Flavius Josephus berichtete, das letzte Bollwerk der Rebellen. Im Jahr 73 war der Aufstand, der sechs Jahre zuvor begonnen hatte, fast niedergeschlagen. Im Jahr 70 hatten die Römer Jerusalem geplündert, und nur die Festung Masada konnte sich halten, hier hatten sich 967 Männer, Frauen und Kinder verschanzt. Zunächst gelang es ihnen, die zehnte römische Legion zurückzuschlagen, die den Felsen einzunehmen versuchte. Dann kreisten die Römer Masada mit einer Reihe von kleinen Forts ein, die durch eine Ringmauer verbunden waren. So unterbanden sie die Versorgung Masadas, aber auch Ausbruchsversuche der Aufständischen. Die Überreste der insgesamt acht Forts sind heute noch zu sehen, die Ringmauer war über 3 km lang. Die aufwendigen militärischen Vorbereitungen der

Gegenüber: Blick von den Ruinen des Herodes-Palastes in Masada auf die umliegende Landschaft. Die Höhe des Plateaus war einer der großen Vorteile Masadas. Riesige künstliche Zisternen versorgten zunächst den Palast und die Gärten, dann die Verteidiger während der römischen Belagerung mit Wasser.

Rechts: Ruinen auf der Hochebene von Masada.

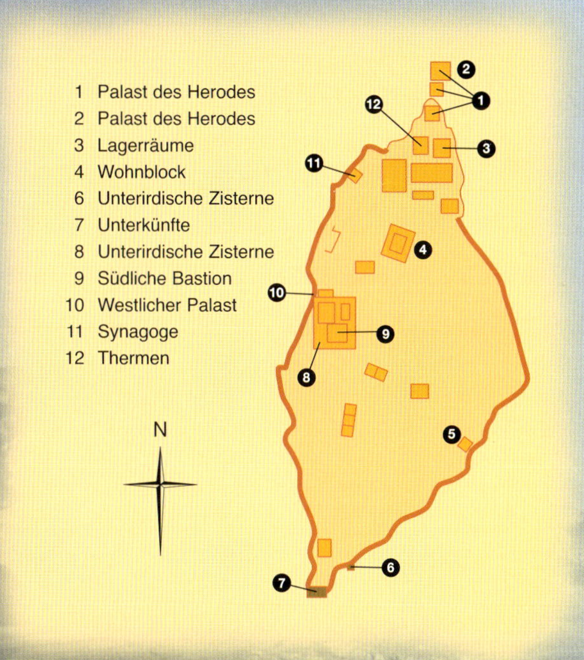

Römer dokumentieren anschaulich, wie schwierig die Einnahme der Festung war. Die logistischen Herausforderungen waren enorm; doch die Römer wollten den Widerstand um jeden Preis brechen. Schließlich schütteten sie eine riesige Rampe zum Felsplateau auf, da der direkte Angriff aussichtslos war. Dieser gewaltige Erdwall ist erhalten geblieben und bietet immer noch den einfachsten Zugang zum Felsen. Masada fiel, und Josephus berichtet, dass die Eingeschlossenen Selbstmord begingen, um der Gefangennahme durch die Römer zu entgehen. Der Widerstand gegen eine gewaltige Übermacht und die radikale Entscheidung für den Freitod haben Masada zum Mythos gemacht. Masada wurde zu Beginn der zionistischen Bewegung zum Sinnbild des jüdischen Kampfes.

Die Grabungen 1963–1965

Bei Grabungen von 1963–1965 wurden viele Artefakte aus dieser letzten Phase der Geschichte Masadas gefunden. Auf dem Plateau gab es zwei rituelle Bäder und eine Synagoge, unter deren Boden man zwei religiöse Schriftrollen entdeckte, die kurz vor dem Fall der Festung vergraben worden waren – ähnlich wie die Rollen vom Toten Meer, die wahrscheinlich aus Qumran stammten und etwa zur gleichen Zeit in ihre Verstecke gebracht worden waren.

Besonderes Interesse hat der Fund von elf mit Personennamen versehenen Keramikscherben hervorgerufen. Eine mögliche Deutung der Keramikscheiben bietet ein Hinweis bei Josephus. Der Schriftsteller berichtet detailliert vom letzten Gefecht und Freitod der Verteidiger: Die Männer töteten ihre Familien, dann wurden zehn überlebende Männer ausgelost, die den Rest der Eingeschlossenen umbrachten; und zum Schluss bestimmte das Los den Mann, der die Verbliebenen und danach sich selbst tötete. Manche Experten glauben, dass die Scherben die Relikte dieses Auswahlsystems seien. Ein eindeutiger Beweis dafür fehlt jedoch. Wie bei vielen Funden aus Masada ist die Deutung umstritten, einige Funde scheinen Josephus' Darstellung über die letzten Tage zu bestätigen, andere wiederum nicht.

Links: Masada mit den Bergen im Hintergrund. Die große Belagerungsrampe der Römer wurde am Nordende des Plateaus gebaut.

Oben: Plan von Masada.

Afrika

Die Olduvai-Schlucht

Die Pyramiden

Amarna

Tutanchamun und das Tal der Könige

Die Tempel Ägyptens

Groß-Simbabwe

Die Olduvai-Schlucht

Die Olduvai-Schlucht in Tansania gehört zum ostafrikanischen Grabenbruch (auch Great Rift Valley genannt). Sie ist ein 50 km langer und bis zu 100 m tiefer Canyon, dessen geologische Bedingungen ideal für die Erhaltung fossiler Reste sind. Heute zählt sie zu den bekanntesten archäologischen Stätten der Welt und zu einer der Haupttouristenattraktionen der Region. Schuld an alledem ist eine zufällige Entdeckung im Jahr 1959.

Mary und Louis Leakey waren schon einige Zeit in Olduvai tätig. Wie in Kenia hatten sie hier im Grabenbruch schon bedeutende Funde aus der Zeit der Frühmenschen gemacht: Steingeräte und Tierknochen. Doch nach wie vor fehlten menschliche Fossilien.

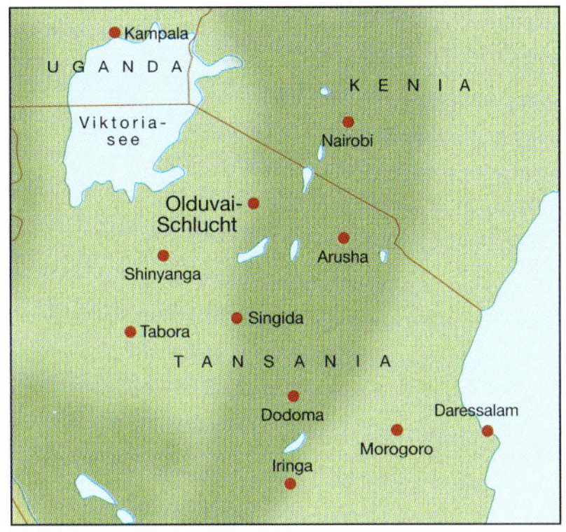

Am 17. Juli 1959 brach Mary auf, um einen Teil der Schlucht zu erkunden, der nach den Regenfällen Anfang des Jahres stark erodiert war. Begleitet wurde sie nur von zwei Hunden, da Louis mit Grippe im Bett lag. Als sie vor Ort ankam, bemerkte sie, dass der Regen „reichlich Material" aus dem Boden gespült hatte: steinerne Artefakte und Tierknochen. Dann fiel ihr etwas auf, was aus der Oberfläche herausragte. Es sah verdächtig nach einem menschlichen Warzenfortsatz (einem Teil des Schläfenbeins) aus. Allerdings war der Knochen sehr dick und massiv. Sie untersuchte ihn genauer, entfernte behutsam etwas Erde und sah zwei große Zähne, die noch im Knochen steckten – sie stammten eindeutig von einem menschlichen Fossil. Eilig kehrte sie ins Lager zurück und berichtete Louis von ihrem Fund. Trotz seiner Krankheit begab er sich sofort an den Fundort.

Nach und nach wurden über 400 Knochenbruchstücke geborgen, und Mary gelang es, den Schädel zu rekonstruieren, den sie entdeckt hatte. Wie sich herausstellte, gehörte er einem stämmigen Australopithecinen. Man konnte die Lavaschichten, zwischen denen die Reste eingebettet waren, datieren und so das Alter der Knochen bestimmen: Es waren erstaunliche 1,79 Millionen Jahre. In Ostafrika hatten also Hominiden an einem See in der Olduvai-Schlucht gelebt, viel früher, als irgendjemand es für möglich gehalten hatte.

Der Fund war eine Sensation, denn bis dahin konnte sich das Wissen über die Anfänge der menschlichen Evolution ausschließlich auf südafrikanische Funde stützen. Auf der ganzen Welt wurden die Forschungen nun vorangetrieben. Obwohl seither in Olduvai und anderswo viele andere, ältere Entdeckungen gemacht wurden – und obwohl jede unsere Auffassung von unserer Vergangenheit verändern könnte –, bleibt Olduvai wichtig. Afrika ist immer noch der einzige Kontinent, auf dem die ältesten menschlichen Fossilien gefunden wurden.

Was sind Australopithecinen?

Der Stammbaum des Menschen ist lückenhaft und ändert sich mit neuen Entdeckungen und den Diskussionen darüber. Australopithecinen waren anscheinend nicht unsere unmittelbaren Vorfahren. Sie gingen aufrecht; ihr Gehirnvolumen war relativ klein. Männer wurden etwa bis zu 1,40 m groß, Frauen ca. 1 bis max. 1,20 m. Man griff auf Studien über Primaten zurück, um etwas über das Verhalten der Australopithecinen aussagen zu können. Wahrscheinlich ernährten sie sich auf verschiedene Weise. Viel ist darüber diskutiert worden, ob sie selber einfache Werkzeuge aus Steinen herstellten, doch definitive Hinweise hierfür gibt es erst bei Funden, die sich unserer Spezies *Homo* zuweisen lassen. Auch gibt es keine Beweise dafür, dass die Australopithecinen Feuer benutzten, ihre Toten begruben oder Unterschlüpfe bauten.

Gegenüber: Die Olduvai-Schlucht im Norden Tansanias gehört zum ostafrikanischen Grabenbruch. Aufgrund der idealen Erhaltungsbedingungen konnten hier einige der wichtigsten archäologischen Funde der Welt gemacht werden.

Unten: Der Schädel eines Australopithecinen, ein bis drei Millionen Jahre alt. Der Kamm auf dem Schädeldach ist ziemlich ausgeprägt.

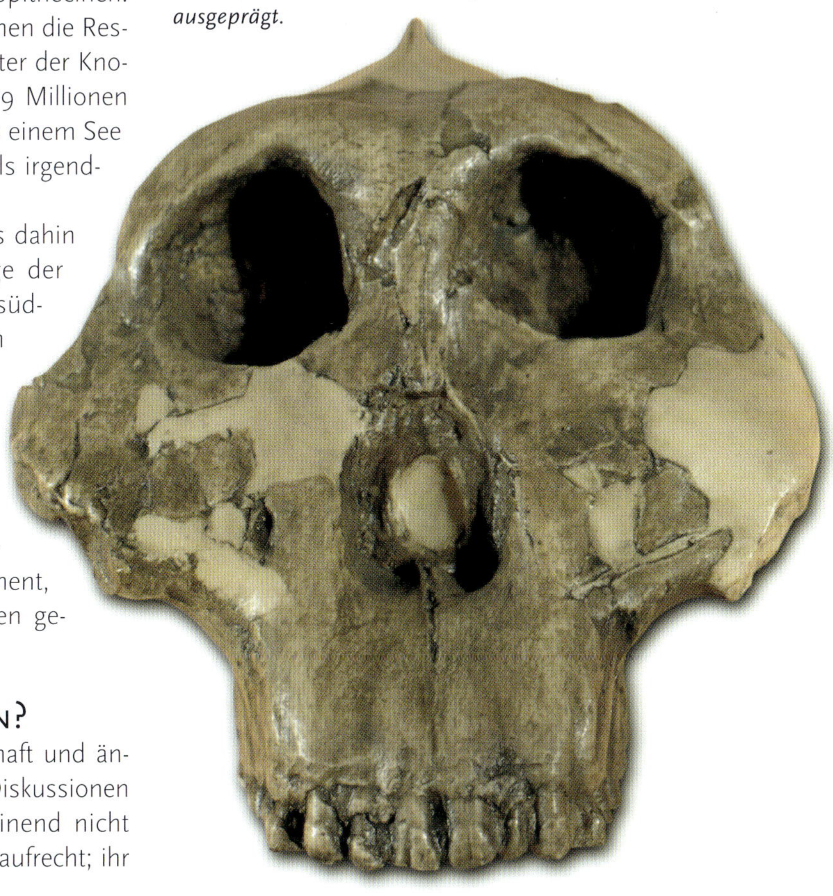

Die Pyramiden

Die ägyptischen Pyramiden sind zweifellos eines der überzeugendsten Beispiele für den Einfallsreichtum, die Fähigkeiten und den Sachverstand der Menschen, die vor langer Zeit lebten, und sie werden seit Tausenden von Jahren ehrfürchtig bestaunt.

Seit Djoser, einem König der 3. Dynastie, der Mitte des 3. Jahrtausends v. Chr. regierte, bis zum Ende des Alten Reiches Hunderte von Jahren später wurden die ägyptischen Herrscher in riesigen Steinbauten bestattet. Sie standen meist an der Westseite des Niltals und in Reichweite der Stadt Memphis in der Nähe des heutigen Kairo. Vom ehemaligen Memphis ist fast nichts erhalten; aber die Pyramiden erinnern noch an die Bedeutung der Stadt.

Sakkara

Sakkara gilt als Hauptfriedhof von Memphis. Dort baute König Djoser seine Stufenpyramide, wohl das älteste Steinbauwerk der Welt. Damit begann der Brauch, Könige in Pyramiden zu bestatten. Djosers Pyramide hat sechs Stufen, ist 60 m hoch und enthielt rund 330 500 Kubikmeter Lehm und Stein. Während der Konstruktion wurde offensichtlich der Bauplan geändert, und es zeigt sich, über welche großen technischen Fertigkeiten die Baumeister damals bereits verfügten. Der Leichnam des Königs fand seine letzte Ruhestätte in einer Kammer unter der Pyramide, unterhalb des Bodenniveaus, und man schuf ein ganzes System von Räumen und Tunneln. Mehrere Gebäude sind immer noch mit der Pyramide verbunden, z. B. ein Tempel, in dem der Seele (dem *ka*) des Königs regelmäßig geopfert wurde. Diese Gebäude und die Pyramide umfasste eine mächtige Mauer. Innerhalb des Pyramidenbezirks ist eine Einzelanlage besonders bemerkenswert: der Sed-Festhof. Nach 30 Jahren musste der König während seines Sed-Festes ein Laufritual absolvieren, um nachzuweisen, dass er noch regierungsfähig war. Noch heute gibt es Reliefs in Nischen, die Djoser beim Kultlauf zeigen. In dem gesamten Baukomplex spiegeln sich

Gegenüber: Die Stufenpyramide von König Djoser in Sakkara. Die Stufen symbolisierten möglicherweise eine Himmelsleiter, wie sie in Texten beschrieben wird, die man in der nahe gelegenen Pyramide von König Unas fand.

Oben: Die Knickpyramide in Dahschur verdankt ihren Namen der Änderung des Neigungswinkels auf halber Höhe. Sie wurde von Snofru, dem ersten König der 4. Dynastie, gebaut; er war der Vater Cheops', dem Erbauer der Großen Pyramide von Giza. Man glaubt, dass der Winkel aufgrund von problematischen Bodensenkungen geändert werden musste. Die Pyramide wurde jedoch vollendet und hat einen großen Teil ihrer Kalksteinverkleidung bewahrt.

Unten: Die Pyramiden von Niuserre und Neferirkare in Abusir.

die unbestreitbaren Fähigkeiten des Baumeisters – er hieß offenbar Imhotep – und der Arbeiter wider, aber auch die wirtschaftliche und organisatorische Macht des ägyptischen Staates schon in sehr früher Zeit.

In Sakkara stehen noch weitere Pyramiden, umgeben von Gräbern, in denen Adelige ruhten. Es ist durchaus möglich, dass die Gräber zur gleichen Zeit wie die Pyramiden gebaut wurden, in deren Nähe sie sich befinden, aber man benutzte sie tatsächlich erst dann, wenn ihre Besitzer gestorben waren. Diese Gräber waren dekoriert mit farbigen Reliefs. Eines der bemerkenswertesten Gräber ist das von Nefer. Einige Darstellungen zeigen Szenen aus dem Alltag: Gemüse wird gepflanzt, Schiffe befahren den Nil, Papyrus wird geschnitten und geerntet. Eine der ältesten bisher gefundenen Mumien wurde in den 1940er-Jahren aus Nefers Grab geborgen. Sie lag in einer Grube im Boden der Grabkammer. Es könnte die Mumie von Nefer gewesen sein, aber auch die eines Mannes, der anscheinend sein Freund war. Obwohl man damals das Einbalsamieren noch nicht vollständig beherrschte, war der Leichnam rund 4500 Jahre später noch fast unversehrt.

Unten: Grabungen eines amerikanischen Teams in Giza. Bei Ausgrabungen in den 1920er-Jahren wurden hier die Überreste der Grabbeigaben von Königin Hetepheres entdeckt, und 1954 fand der ägyptische Archäologe Kamal el-Mallakh in der Nähe der Großen Pyramide die Überreste eines der Bootsgräber von König Cheops.

Giza

In Giza stehen die berühmtesten Pyramiden, gebaut von den Herrschern der 4. Dynastie. König Snofru (ca. 2575–2551 v. Chr.) hatte seine Pyramide anderswo errichtet, aber sein Sohn Cheops, sein Enkel Chephren und sein Urenkel Mykerinos bauten ihre in Giza und schufen ein erstaunliches Denkmal, das zu einem der antiken Weltwunder wurde.

Cheops' Pyramide, als Große Pyramide bekannt, ist die größte. Ihre Kalksteinverkleidung wurde entfernt, sonst wäre sie mit rund 140 m etwa 3 m höher als heute. Man hat berechnet, dass für das Bauwerk fast 2,5 Millionen Blöcke gebraucht wurden, die im Durchschnitt 2,3 Tonnen wogen. Im Inneren befinden sich mindestens drei Kammern sowie Gänge und zwei „Belüftungsschächte", die wahrscheinlich keinem praktischen, sondern einem rituellen Zweck dienten.

Im Mai 1954 war der ägyptische Archäologe Kamal el-Mallakh an einer Seite der Großen Pyramide gerade beschäftigt, als seine Arbeiter eine Grube entdeckten, die mit riesigen Kalksteinblöcken zugedeckt war. Die Grube war rund 30 m lang, 5 m tief und enthielt einen außerge-

wöhnlichen Überlebenden: ein in über 1000 Stücke zerlegtes Schiff aus Zedernholz. Man untersuchte es sorgfältig, und als man es zusammengebaut hatte, war es 43 m lang. Vier weitere Gruben umgeben die Pyramide; drei sind leer, eine ist noch verschlossen. Man nimmt an, dass sie ähnliche Schiffe enthielten (und dass die verschlossene immer noch eines enthält). Das rekonstruierte Schiff wurde offenbar benutzt; vielleicht brachte es den Leichenzug des Königs über den Fluss zu seiner Pyramide.

Grabräuber haben die meisten Pyramiden gründlich ausgeplündert, und die Cheops-Pyramide ist keine Ausnahme. Doch als eine amerikanische Expedition unter der Leitung von George Reisner 1925 das Gelände am Fuß erforschte, entdeckte sie ein Schachtgrab. Es bestand aus einem 30 m tiefen Schacht, der in eine Kammer führte. Diese enthielt die Grabbeigaben von Hetepheres, Cheops' Mutter, darunter eine wunderschöne Sänfte aus vergoldetem Holz, ein Bett, zwei Stühle mit Goldauflage und Intarsien sowie ein Lederfutteral mit (Geh-?)Stöcken. Der Sarkophag im Schacht war leer. Man fand zwar einen Alabasterschrein, der die inneren Organe der Königin enthalten hatte (sie wurden während der Einbalsamierung entfernt), doch ansonsten fehlte jede Spur vom Leichnam. Beschädigte Möbel deuten darauf hin, dass das Grab in der Antike ausgeraubt wurde.

Chephrens Pyramide ist am besten erhalten und erscheint größer als die Cheops-Pyramide, weil sie auf etwas höherem Gelände liegt. Der mit ihr verbundene Pyramidenkomplex – zu dem auch der Sphinx gehört – ist besonders eindrucksvoll, und der Taltempel, gebaut mit rötlichem Granit aus Assuan an einem Kai am Rande des Niltals, ist recht auffällig. Mykerinos' Pyramide ist viel kleiner, etwa halb so groß wie die seines Vaters und Großvaters. Man nimmt an, dass die Ressourcen des Landes durch den Bau der beiden gewaltigen Pyramiden zu stark belastet worden waren.

Wie wurden die Pyramiden gebaut?

Der Bau der Pyramiden war zweifellos aufwendig und teuer. Der griechische Historiker Herodot schrieb viele Jahrhunderte später, Sklaven hätten die Arbeit verrichtet; aber das gilt heute als unwahrscheinlich. Wahrscheinlicher ist, dass man nur arbeitete, wenn der Nil über die Ufer trat und Arbeiten an Land etwa drei Monate lang unmöglich machte.

Der Ort wurde sorgfältig ausgewählt. Er musste auf der Westseite des Flusses liegen, die mit den Toten und der Unterwelt assoziiert wurde, und dabei hoch genug, damit die regelmäßige Nilflut die Bauten nicht gefährdete. Andererseits war die Nähe zum Ufer wichtig, weil einige Steine auf dem Fluss herantransportiert wurden.

Der Boden musste so fest sein, dass er das enorme Gewicht tragen konnte, ohne im Geringsten nachzugeben. Sobald der Ort bestimmt war, wurde die entsprechende Fläche exakt eingeebnet, jedoch erst, nachdem die Orientierung der Pyramide festgelegt worden war; denn jede Seite musste einer Haupthimmelsrichtung zugewandt sein. Den Norden ermittelten die Ägypter wahrscheinlich mithilfe eines Sterns. Natürlich musste die präparierte Fläche vollkommen quadratisch sein. Dann begannen die Bauarbeiten.

Wir wissen nicht genau, wie die Pyramiden gebaut wurden, und die möglichen Methoden sind umstritten. Herodot schrieb, man habe Hebel benutzt, um die Blöcke von einer Ebene auf die nächste zu heben. Auch Rampen werden vorgeschlagen. Sie könnten waagerecht zu der im Bau befindlichen Pyramide geführt haben, obwohl das unwahrscheinlich ist; solche Rampen hätten eine beträchtliche Größe haben müssen, um Blöcke bis zur Spitze zu befördern. Zudem gibt es keine Indizien, die für solche Konstruktionen sprechen. Denkbar wäre auch eine gewundene Rampe entlang der Seiten, die mit

den Ebenen anstieg; sie wurde möglicherweise zerlegt, als die Bauarbeiten beendet waren.

Der Sphinx

Der Sphinx ist Teil des Pyramidenkomplexes von Chephren und wohl der älteste der vielen ägyptischen Kolossalstatuen. Anscheinend war er einst mit einer Uräus-Schlange (eine sich aufrichtende Kobra) ausgestattet, die die Könige als Teil ihres Kopfschmucks auf der Stirn trugen. Da die Schlange ein königliches Symbol war, ist es wahrscheinlich, dass der Sphinx Chephren darstellt. Der Körper wurde aus dem natürlich anstehenden Felsen (Kalkstein) in der Nähe des königlichen Taltempels gehauen und ist stark erodiert; der Kopf besteht dagegen aus einem viel hochwertigeren Material. Etwa 1000 Jahre nach Chephrens Tod ließ Thutmosis IV. aus der 18. Dynastie den Sphinx restaurieren und eine Stele zwischen seinen Pranken aufstellen. Die aus rotem Granit gefertigte Stele trägt eine Inschrift; sie berichtet von einem Traum, in dem Thutmosis der Thron versprochen wird – allerdings musste er dazu den Leib des Sphinx instand setzen und den Sand entfernen.

Gegenüber oben: Eine Stufenpyramide in der Wüste außerhalb von Kairo. Die Pyramiden von Giza sind weltberühmt; doch es gibt rund 100 weitere in Ägypten.

Gegenüber unten: Die drei Hauptpyramiden von Giza. Chephrens Pyramide steht in der Mitte – mit erhaltener Kalksteinverkleidung an der Spitze –, flankiert von den Pyramiden seines Vaters Cheops und seines Sohnes Mykerinos. Letztere ist viel kleiner, vermutlich weil die beiden anderen viel Zeit, Arbeit und Ressourcen verbrauchten oder weil die Religion damals andere Schwerpunkte setzte.

Unten: Der Sphinx gehört zu Chephrens Pyramidenkomplex in Giza.

Amarna

In der Mitte des Neuen Reiches forderte König Echnaton, der zwischen 1353 und 1335 v. Chr. regierte, die Priesterschaft – die einflussreichste Autorität im ägyptischen Staat – heraus. Er löste eine religiöse Revolution aus, indem er das gesamte ägyptische Götterpantheon durch den Sonnengott Aton ersetzte. In Theben wurde im Tempelkomplex von Karnak ein Aton-Tempel gebaut, der jedoch nach Echnatons Tod abgerissen wurde, weil seine Nachfolger zur alten Religion zurückkehrten. Sie setzten alles daran, jede Spur Echnatons und seines Kults zu beseitigen – immerhin war Theben das Zentrum des Amunkultes.

Echnaton verlegte die Hauptstadt von Theben nach Amarna, das viele Kilometer nördlich in Mittelägypten lag. Diese Stadt, Achetaton genannt, war jedoch nur rund 20 Jahre lang bewohnt und wurde nach Echnatons Tod verlassen. Im 19. Jahrhundert wiederentdeckt, wird sie seit den 1890er-Jahren von Archäologen so intensiv erforscht wie kaum eine andere ägyptische Stadt, denn sie wurde nie nennenswert überbaut und birgt wertvolle Informationen.

Amarna erweckt den Eindruck eines geordneten städtischen Lebens. Schätzungen zufolge lebten hier 20 000–50 000 Einwohner; das Umland hätte – so die Bewertung der Wissenschaftler – mühelos eine Stadt mit etwa 45 000 Einwohnern versorgen können. Die Größe der Häuser variiert nur wenig, und es gibt keine besonderen Auffälligkeiten (wie sie sich z. B. im Fehlen von mittelgroßen Häusern widerspiegeln würden). Insgesamt lässt das auf eine Gesellschaft ohne extreme Unterschiede zwischen Armen und Reichen schließen. Groß blieb nur der Unterschied zwischen der Königsfamilie und dem Volk. Vieles wurde in Amarna gefunden, von alltäglichen Gegenständen (Abfallhaufen lassen vermuten, dass die Müllbeseitigung ein Problem war) bis zu einem großen Kunstschatz und unschätzbar wertvollen Archiven.

Die Werkstatt des Thutmosis

Der deutsche Archäologe Ludwig Borchardt grub von 1908–1914 in Amarna. Er konzentrierte sich auf die Südstadt, vor allem auf die großen Privathäuser. 1912 untersuchte er ein Haus, das anscheinend dem königlichen Bildhauer Thutmosis gehört hatte (in diesem Stadtteil lebten und arbeiteten auch andere Bildhauer). Dort fand er eine Reihe von unvollendeten Werken und Probestücken, darunter eine erstaunlich realistisch und recht modern anmutende Porträtbüste von Echnatons Frau Nofretete. Sie besteht aus Kalkstein, ist naturgetreu bemalt und hat eine Höhe von fast 50 cm. Heute kann sie im Ägyptischen Museum in Berlin besichtigt werden und ist eines der berühmtesten ägyptischen Kunstwerke.

Nie zuvor war etwas Vergleichbares gefunden worden, denn Realismus ist für die ägyptische Kunst untypisch; er verstößt gegen alle damaligen Konventionen. Das gilt für einen großen Teil der Kunstwerke aus der Amarna-Zeit, wie die Regierungszeit Echnatons genannt wird. Noch ungewöhnlicher war die Darstellung Echnatons und seiner Familie auf anderen Kunstwerken. Die alten ägyptischen Künstler folgten strengen Regeln, wenn sie Menschen abbildeten. Vor allem die Pharaonen sind auf Bildern makellos, jung und gesund. Echnaton sieht dagegen realistischer aus. Er hat ein lang gestrecktes Gesicht mit vollen Lippen, einen extrem langen Hals und

Gegenüber: Dieses Relief zeigt, wie Echnaton und seine Frau Nofretete Aton anbeten. Die Sonne scheint auf das Königspaar, und ihre Strahlen enden in einer segnenden Hand.

Links: Dank seiner charakteristischen Gesichtszüge ist Echnaton leicht erkennbar. Die Darstellung könnte der Realität entsprechen; sie steht in krassem Gegensatz zu den Regeln der ägyptischen Kunst und unterstreicht den radikalen Wandel unter seiner Herrschaft.

einen seltsam geformten Körper mit deutlichem Bauchansatz. Zusammen mit seiner Familie wurde er auch in Szenen dargestellt, die viel ungezwungener sind als üblich – sie waren vor seiner Regierungszeit undenkbar und wurden nach seinem Tod nie wieder gesehen.

Die Amarna-Briefe

Amarna war sowohl das Zentrum der neuen Religion als auch die Verwaltungshauptstadt Ägyptens. Echnatons politische Beziehungen beschränkten sich nicht auf abhängige Gebiete, sondern er unterhielt auch Kontakte zu anderen Großmächten der späten Bronzezeit, was eine erstaunliche Entdeckung im Jahr 1887 bestätigte. Eine Dorfbewohnerin hatte möglicherweise verfallene Lehmziegel ausgegraben, um sie als Düngemittel zu verwenden, als sie auf ein Depot aus kleinen Tontafeln stieß. Sie waren mit unbekannten Zeichen beschriftet und fanden bei den Antiquitätenhändlern, zu denen man sie brachte, wenig Interesse. Einige Tafeln, wahrscheinlich bis zu 150, wurden weggeworfen.

Die Archäologen reagierten ganz anders. Offenbar hatte die Dorfbewohnerin die Überreste des „Briefbüros des Pharaos" entdeckt, das königliche Archiv, und die Tontafeln waren Teil der außenpolitischen Korrespondenz. Seither wurden weitere Tafeln gefunden, meist bei Ausgrabungen. Damals war Akkadisch die Verkehrssprache, so wie Englisch heute, und die meisten Tafeln waren in Keilschrift in dieser Sprache verfasst. Sie sind wertvolle und seltene Belege für die Beziehungen Ägyptens zu seinen Nachbarn und für das Verhältnis dieser Völker untereinander. Ohne die Amarna-Briefe wüssten wir beispielsweise nichts über die Beziehungen zwischen den kleinen Stadtstaaten in Kanaan.

Eines der Hauptthemen der Briefe ist der Austausch von Geschenken zwischen den Herrschern. Offenbar wurden enorme Mengen von Luxusgütern, wirklich kostbaren Objekten, ausgetauscht. Archäologen haben nur wenige davon aufgespürt. Herrscher von gleichem Rang schickten Briefe nach Amarna: die Hethiter-Könige ebenso wie die von Assyrien und Babylonien. Der Reichste war der ägyptische König, und in den Briefen bittet er oft unverblümt um Geschenke. Die meisten Briefe stammen jedoch von Herrschern der Levante, die dem Pharao untertan waren. Sie mussten Tribute zahlen, darunter hübsche Mädchen und Glas, und ägyptische Soldaten in ihren Gebieten unterbringen. Ein solches Fenster in die Vergangenheit ist selten.

Links: Drei Amarna-Briefe – Tontafeln, die Rib-Addi von Byblos an Echnaton schickte. Er hoffte auf ägyptische Hilfe im Kampf gegen seine Feinde.

Der Stein von Rosette

Die Entdeckung des Steins von Rosette war die unmittelbare Folge des Krieges zwischen Napoleon und Großbritannien. Die Franzosen waren 1798 in Ägypten eingerückt und hatten das Land besetzt. Zum Schutz vor Nelsons Flotte hatten sie die ägyptischen Häfen befestigt und bei Arbeiten in Raschid (von Europäern Rosette genannt) eine große schwarze Basaltplatte gefunden. Die Entdeckung selbst war keine große Überraschung; ungewöhnlich war, dass die Tafel eine Inschrift in drei Sprachen trug. Wie viele andere Objekte wurde der Stein von Rosette schließlich zur Kriegsbeute und gelangte 1802 nach Großbritannien. Man brachte ihn nach London ins Britische Museum, wo er heute noch zu sehen ist.

Der Stein war mit ägyptischen Hieroglyphen, einer hieroglyphischen Kursivschrift, Demotisch genannt, und griechischen Buchstaben beschriftet. Man konnte damals nur den griechischen Teil lesen, doch eben deshalb erwies sich der Stein als Schlüssel zur Entzifferung der beiden anderen Schriften. Es hatte mehrere Versuche gegeben, die Hieroglyphen zu entschlüsseln, aber der Durchbruch gelang erst dem brillanten französischen Gelehrten Jean François Champollion, der 1832 im Alter von nur 42 Jahren starb. Schon vor ihm hatten Experten vermutet, dass die Zeichen in den Kartuschen (ovalen Einfassungen) die Namen von Königen symbolisierten. Champollion benutzte diese Königsnamen als Ausgangspunkt und entzifferte dann nach und nach den Rest der Inschrift. Er ging davon aus, dass die ägyptische Sprache sowohl mit ideografischen als auch mit phonetischen Zeichen geschrieben wurde. Später verglichen er und seine Nachfolger ihre Übersetzungen der Hieroglyphen (auch aus anderen Quellen) mit dem Koptischen, dem modernen Nachkommen der altägyptischen Sprache. Andere Texte sind informativer und interessanter, einige trugen ebenfalls zur Entzifferung der Sprache bei; aber der Stein von Rosette bleibt von zentraler Bedeutung, weil er unser Wissen über Ägypten vertieft hat.

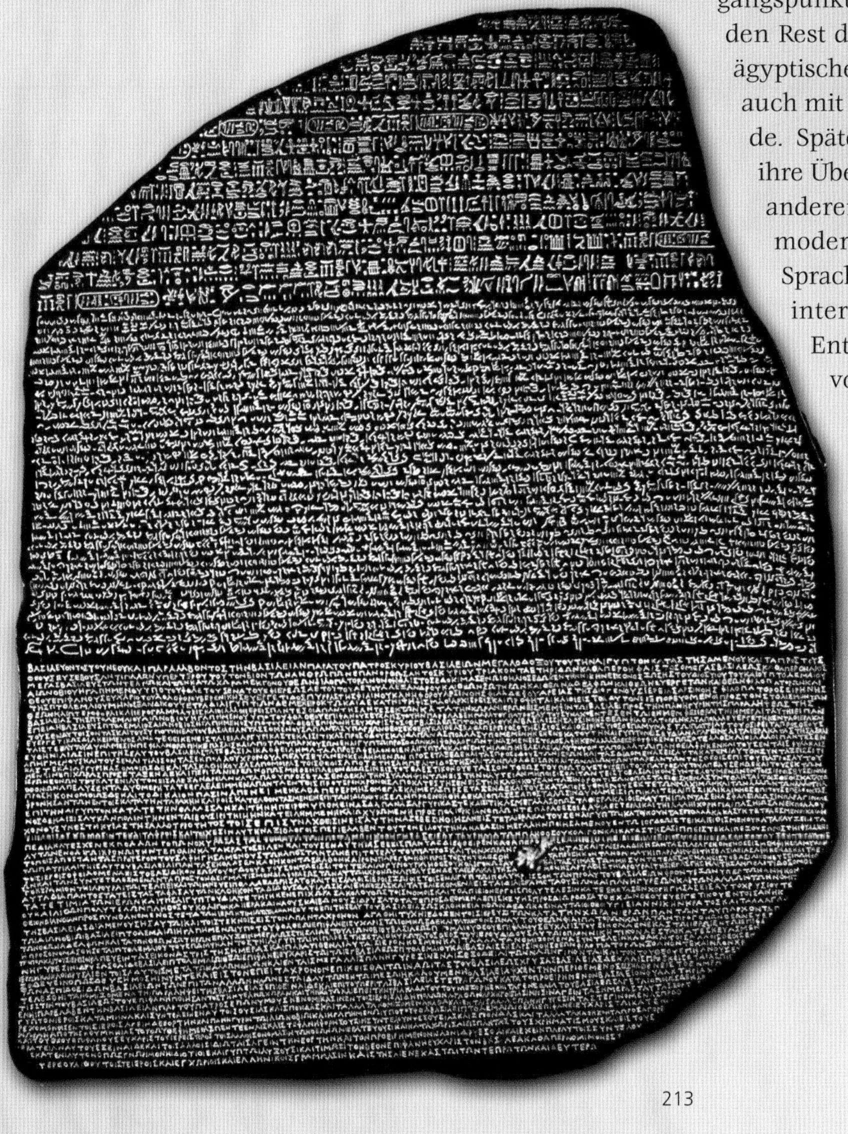

Gegenüber oben: Die bemalte Kalksteinbüste von Nofretete, der Gemahlin Echnatons – eines der Meisterwerke ägyptischer Kunst. Sie wurde 1912 von einer deutschen Expedition in Amarna gefunden, im Atelier von Thutmosis, dem Bildhauer des Königs.

Links: Der Stein von Rosette mit drei Inschriften – oben ägyptische Hieroglyphen, in der Mitte Demotisch, unten Griechisch.

Tutanchamun und das Tal der Könige

Die Entdeckung von Tutanchamuns Grab, eine der großartigsten Leistungen der Archäologie, war kein Zufall, sondern das Ergebnis harter Arbeit und systematischer Suche.

Nachdem seine Leute sie teilweise freigelegt hatten, folgte Carter den Stufen in die Tiefe bis zu einer Tür. Sie war verschlossen und mit einem antiken Siegel versehen. Carter unterbrach die Arbeiten, weil Carnarvon in London war; aber er informierte ihn sofort, und Carnarvon traf rund zwei Wochen später ein. Sie legten die Tür nun vollständig frei und drangen in einen Gang vor, der mit Geröll gefüllt war. Als sie den Schutt beseitigten, entdeckten sie einige zerbrochene Objekte. Offenbar waren Plünderer hier gewesen und hatten die Tür neu versiegelt.

Am Ende des Ganges erreichten Carter und Carnarvon eine zweite versiegelte Tür, darunter ein Nekropolensiegel und eines mit dem Namen von Tutanchamun. Auch diese Tür war anscheinend zweimal versiegelt worden. Am 26. November begann man mit der Öffnung: Carter machte ein kleines Loch in die Tür, schob eine Stange hindurch und stellte fest, dass der Raum leer war. Dann prüfte er die Luft mit einer Kerzenflamme – sie war frei von gefährlichen Gasen. Er erweiterte das Loch, schob die Kerze hindurch und schaute hinein. „Zuerst sah ich nichts ... Aber als meine Augen sich an das Licht gewöhnt hatten, tauchten langsam Details des Raumes aus dem Nebel auf: seltsame Tiere, Statuen und überall glänzendes Gold." Er war so fasziniert, dass er nicht sprechen konnte. Carnarvon musste ihn fragen, ob er etwas sehe. „Ja", sagte Carter, „wunderbare Dinge."

Carters letzte Chance

Howard Carter, ein britischer Archäologe, war seit Langem der Meinung, Tutanchamuns Grab liege im Tal der Könige, und zwar in der Nähe des Grabes von Ramses VI. in einem relativ kleinen Geländedreieck. Ein anderes Gebiet schien nicht mehr infrage zu kommen. Tutanchamun war ein wenig bedeutender Pharao. Er regierte nur zehn Jahre und starb jung. Aber sein Grab war nie gefunden worden. Finanziell unterstützt von Lord Carnarvon, mit dem er seit 1907 zusammengearbeitet hatte, begann Carter 1917, im Tal zu graben. Da er jedoch 1921/22 noch nichts gefunden hatte, wollte Carnarvon die Suche abbrechen. Carter überredete ihn zu einem letzten Versuch und startete am 1. November 1922 seine vermeintlich letzte Grabungskampagne. Er beschloss, sich die Ausgrabungen der ersten Kampagne noch einmal anzusehen. Damals waren nur die Fundamente einiger Arbeiterhütten freigelegt worden. Drei Tage später entdeckten seine Ausgräber die erste Stufe einer in den Fels gehauenen Treppe.

Gegenüber: Tutanchamun und seine Frau Anchesenamun, abgebildet auf einem kleinen, vergoldeten Schrein, der in der Vorkammer immer noch auf seinem mit Silber verkleideten Schlitten stand.

Oben: Die Göttin Nechbet wurde als Geier dargestellt. Sie war die Göttin Oberägyptens.

Rechts: Der solide Teil eines im Grab gefundenen Fächers aus Straußenfedern. Die Federn selbst hatten sich nicht erhalten.

Wunderbare Dinge

Obwohl vielleicht Plünderer ins Grab eingedrungen waren, hatten sie anscheinend wenig mitgenommen oder so viel zurückgelassen, dass ihre Verwüstungen keine große Rolle spielten. Carter und Carnarvon schauten in eine Vorkammer, die nach ihrer treffenden Beschreibung „aussah wie ein exotischer altägyptischer Kramladen“. Das Grab war relativ klein, aber mit allerlei Gegenständen gefüllt: Möbel (darunter Betten, Kästen und Liegen), zwei lebensgroße Statuen des Königs als Wächter vor einer anderen Tür und sogar ein zerlegter Wagen.

Carter begann, das Grab systematisch zu untersuchen, und ließ sich dabei Zeit, weil es so viele Schätze enthielt. Die Regierungszeit von Tutanchamun – gegen Ende der 18. Dynastie, kurz nach Echnaton – war ein „goldenes Zeitalter“ der ägyptischen Kunst. Die Künstler und Kunsthandwerker waren nicht nur geschickter geworden und hatten ihr Fachwissen vergrößert, sondern verfügten nun auch über eine enorme Vielfalt von hochwertigem Material. Manche von ihnen kamen aus den Ländern, die zum Ägyptischen Reich gehörten, andere aus ferneren Regionen (wie z. B. Gebieten im heutigen Afghanistan). Die vielen Objekte im Grab spiegelten das wider – die meisten waren sehr erlesen. Es gab Thronsessel, einen goldenen Kanopenschrein, bewacht von vier Göttinnen (er enthielt Gefäße mit den inneren Organen des Königs, die während der Einbalsamierung entnommen worden waren), Waffen, Musikinstrumente, eine Reihe von herrlichen Schmuckstücken, Wein und Speisen – alles, was Tutanchamun im Jenseits brauchen würde.

Eine der größten Überraschungen bot die Grabkammer selbst. Als man die Tür der Kammer öffnete, stand Carter vor einer Wand aus Gold. Sie war Teil des äußersten von vier ineinandergeschachtelten Schreinen, die den Sarkophag enthielten. In diesem lag der Sarg – besser gesagt, drei Särge, die wiederum ineinandergeschachtelt waren. Der Deckel des ersten wurde 1925 gehoben und enthüllte den zweiten Sarg, der ebenfalls aus vergoldetem Holz mit Details aus Fayence, Lapislazuli und Obsidian bestand. Der dritte Sarg bestand aus purem Gold, etwa 25–30 mm dick, und war teilweise mit einer Schicht aus hart gewordenen Salben überzogen, sodass Carter ihn nur mit Werkzeugen, Lösungsmitteln und unter Hitzezufuhr behutsam befreien konnte. Als der Deckel entfernt wurde, gab es erneut eine Überraschung: Die Mumie des Königs trug eine herrliche Maske, die den Kopf und die Schultern bedeckte.

Die Pracht des Grabes ist überwältigend, obwohl es sich nur um ein kleines Grab eines unbedeutenden Herrschers handelte. Es ist fast unvorstellbar, welchen Reichtum ein größeres Grab enthalten hätte, das Grab eines Pharaos, der länger regierte, z. B. Tutanchamuns und Echnatons Vorgänger Amenophis III. oder der mächtige Ramses II. Leider sind deren Gräber nicht intakt. Tutanchamuns Grab ist im Wesentlichen unversehrt, und die Funde sind von höchster Güte.

Wer war Tutanchamun?

Die Salben, die man über Tutanchamuns Sarg gegossen hatte und die schwer zu entfernen waren, hatten seinen Leichnam stark beschädigt. Obwohl niemand ihn gestört hatte, waren kaum

Howard Carter und Lord Carnarvon

Als der britische Archäologe Howard Carter, geboren 1873, im Jahr 1922 das Grab von Tutanchamun entdeckte, hatte er bereits viele Jahre in Ägypten gearbeitet. Schon 1891 war er in das Land gekommen und hatte seine Ausbildung bei Flinders Petrie, einem großen Ägyptologen, begonnen, der ihm die Grundlagen der Ausgrabungstechnik beibrachte. Zunächst arbeitete Carter für den Egypt Exploration Fund, dann wurde er zum Chefinspektor für die Altertümer Oberägyptens, später auch Unterägyptens, ernannt. 1905 trat er zurück – er konnte kratzbürstig sein und hatte sich anscheinend mit Touristen gestritten. Danach versuchte er, seinen Lebensunterhalt als Selbstständiger zu bestreiten. Seine Partnerschaft mit George Herbert, Lord Carnarvon, begann 1907.

Der reiche Carnarvon, ein begeisterter Amateurägyptologe, verbrachte den Winter seiner Gesundheit zuliebe in Ägypten. Er brauchte Carters fachkundige Hilfe bei seinen Grabungen, und so arbeiteten sie fortan zusammen. Bis zum Ersten Weltkrieg entdeckten sie am Westufer des Nils gegenüber von Theben einige Gräber von Adeligen. 1917 erhielt Carnarvon die Erlaubnis, im Tal der Könige zu graben. Carter war davon überzeugt, dass er das verlorene Grab des Tutanchamun finden könne; fünf Jahre später gelang den beiden ihre große Entdeckung.

Die Arbeiten am Grab wurden bis 1928 fortgesetzt, überschattet von Carnarvons Tod. Er starb im April 1923 nach einem Mückenstich an Lungenentzündung. Carter starb 1939 als einer der berühmtesten Archäologen der Welt.

Unten: Howard Carter beaufsichtigt Schreiner, die sich auf die neuerliche Schließung von Tutanchamuns Grab vorbereiten.

Gegenüberliegende Seite: Die Goldmaske auf Tutanchamuns Mumie ist einer der berühmtesten archäologischen Funde der Welt. Sie ist mit Lapislazuli, Karneol, Türkis und Glasfluss eingelegt und wiegt etwa 11 kg.

mehr als „Knochen und Asche" von ihm übrig. Untersuchungen der Überreste konnten die Todesursache nicht eindeutig klären, aber man war in der Lage, sein Alter zu bestimmen: Er war erst 18 oder 19, als er starb.

Tutanchamun war in Amarna, Echnatons Hauptstadt, geboren worden, und sein ursprünglicher Name Tutanchaton spiegelte Echnatons neue, häretische Religion wider. Wer seine Eltern waren, ist unbekannt. Echnaton könnte sein Halbbruder oder sogar sein Vater gewesen sein. Manche Leute sehen eine Ähnlichkeit zwischen Tutanchamuns Gesicht und dem Gesicht, das Echnatons Statuen zeigen; aber das lässt sich nicht nachprüfen, weil Echnatons Mumie nicht gefunden wurde. Ein 1907 entdecktes mysteriöses Grab enthielt eine Mumie, die man zunächst für die Echnatons hielt; nach heutiger Ansicht aber handelt es sich wahrscheinlich eher um seinen Verwandten und zeitweiligen Mitherrscher Semenchkare. Es besteht jedoch eine starke Ähnlichkeit zwischen dieser Mumie und der von Tutanchamun, was für eine Verwandtschaft spricht.

Nach Semenchkares Tod wurde Tutanchamun Nachfolger von Echnaton; aber er war noch nicht einmal zehn Jahre alt, als er den Thron bestieg. Deshalb wurde er von einer Gruppe mächtiger Beamter „beschützt", vor allem von Eje und Haremhab, die nach seinem Tod nacheinander Ägypten regierten. Nach Tutanchamuns Thronbesteigung kehrte Ägypten zur alten Religion zurück, und Theben wurde wieder Hauptstadt.

Tutanchamun war mit Anchesenamun, einer von Echnatons Töchtern, verheiratet; sie ist häufig auf den Grabbeigaben abgebildet und wird gezeigt, wie sie an den Freizeitbeschäftigungen ihres Gemahls teilnimmt. Eines der ergreifendsten Objekte, das Carter fand, war eine schlichte Holzkiste. Sie enthielt zwei kleine hölzerne Särge, in denen die Leichen von tot geborenen Mädchen lagen. Das eine hatte sieben, das andere fünf Monate im Mutterleib verbracht, und man hatte versucht, das ältere einzubalsamieren. Zumindest das ältere Mädchen hatte an der Sprengel-Deformität gelitten, einer Erbkrankheit, die mit Spina bifida und Skoliose einhergeht. Die Identität der beiden ist unbekannt; aber sie waren wahrscheinlich Töchter von Tutanchamun und Anchesenamun.

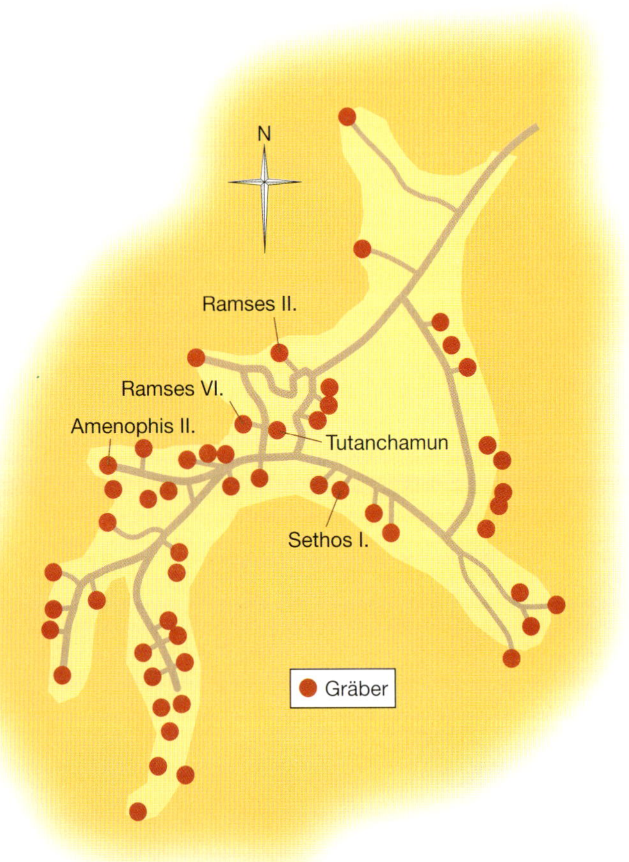

Links: Karte des Tals der Könige.

Oben: Das Tal der Könige lag ziemlich weit von den bewohnten Gebieten des Neuen Reiches entfernt. Vielleicht sollte es die Gräber ein wenig schützen; aber es könnte auch anderen, symbolischen Zwecken gedient haben.

Das Tal der Könige

Während des Neuen Reiches – abgesehen von der Regierungszeit Echnatons – war Theben ein wichtiges Zentrum der Staatsreligion und der Verwaltung. Dort residierten die Herrscher, und das steile Tal der Könige am Westufer des Nils war für sie eine geeignete Grabstätte. Die meisten Königsgräber wurden im Osten des Tals angelegt, einige auch im entlegeneren Westteil. Das Tal war wohl u. a. deshalb so attraktiv, weil es von den Siedlungen am Fluss weit entfernt war. Vielleicht hoffte man, dadurch Grabräuber abzuschrecken.

Die Gräber folgen im Wesentlichen dem gleichen Grundriss, wurden aber mit der Zeit komplexer. Stufen führten zu abfallenden Gängen, dann in eine Vorkammer und in die Grabkammer. Man versuchte immer, die Eingänge zu verbergen. Das Innere war ansprechend dekoriert. Die Grabkammer von Amenophis II. ziert beispielsweise eine blaue Decke mit goldenen Sternen. Am vollständigsten ist das Dekor im Grab von Sethos I.

Unten: Anubis, der Gott des Einbalsamierens, kümmert sich um eine Mumie. Der Leichnam wurde von Priestern auf das Jenseits vorbereitet. Sie vollzogen Rituale, die aus dem Alten Reich stammten. Die Entfernung der inneren Organe und das Umwickeln besorgten Gehilfen. Dieses Fresko befindet sich im Grab von Sennedjem in Deir el-Medina, dem Arbeiterdorf in der Nähe des Tals der Könige. Dort lebten von der 18. bis zur 20. Dynastie die begabtesten Handwerker Ägyptens.

Es sieht bisweilen so aus, als gebe es im Tal der Könige nicht mehr viel zu entdecken. Dennoch gehen einige Arbeiten weiter. In Deir el Bahari wurde ein Depot mit Königsmumien gefunden; weitere fand man im Grab von Amenophis II. in einer Nebenkammer. Alle waren gesammelt und anscheinend neu umwickelt worden, vermutlich nach der Plünderung ihrer ursprünglichen Gräber. Die Mumien einiger Herrscher fehlen immer noch. Dazu gehören Thutmosis I., Hatschepsut, Echnaton und Tutanchamuns Nachfolger Eje und Haremhab. Vielleicht gibt es noch ein drittes Depot.

KV 5

In der Nähe des Tutanchamun-Grabes und gegenüber dem Grab von Ramses II. arbeitet der amerikanische Archäologe Kent Weeks in einem Grab, das KV 5 (Kings' Valley 5) genannt wird. Es wurde 1825 entdeckt, aber nicht gründlich erforscht. Howard Carter untersuchte es 1902 erneut, aber nur kurz. Er verschloss den Eingang und glaubte, das Grab sei wenig bedeutsam. Erst 1987 wurde der Eingang von Weeks, dem Direktor des Theban Mapping Project, wiederentdeckt.

Der erste Abschnitt war u. a. von einem gebrochenen Abwasserkanal und dem regen Straßenverkehr, bedingt durch anreisende Touristen, beschädigt worden. Dennoch erwies sich das Grab als wertvoll und barg Überraschungen. Man fand die Königskartusche von Ramses II. über der Tür, und vermutlich waren hier Ramses' Söhne begraben, von denen viele vor ihm starben (immerhin wurde er etwa 90 Jahre alt). Beschädigte Reliefs scheinen diese Annahme zu bestätigen: Sie zeigen Ramses, der seine Söhne zu Grabgottheiten führt. Pharaonenkinder durften im Tal der Könige begraben werden, ebenso Königinnen, die jedoch meist im Tal der Königinnen ihre letzte Ruhestätte fanden. Weeks' Forschungen ergaben bald, dass das Grab eine enorme Größe hatte. Der gesamte komplexe Bau könnte aus über 150 Kammern und Gängen bestanden haben, von denen viele noch nicht freigelegt wurden. Die ersten menschlichen Überreste entdeckte man 1997, und wir dürfen gespannt sein, was in dieser wichtigen Stätte noch gefunden wird

Links: Die Gräber waren nicht nur mit Götterbildern geschmückt. Wir können von den Malereien viel über das tägliche Leben lernen. Dieses Bild zeigt Ägypter beim Ernteopfer.

Die Tempel Ägyptens

Religion war für die Stabilität des alten Ägyptens von großer Bedeutung. Es gab zahlreiche Götter und Göttinnen. Einige, wie Amun, der Götterkönig, Osiris, der Gott des Todes und des Jenseits, und Hathor, die Mutter und Göttin der Liebe und des Himmels, waren wichtiger als andere, spezialisierte Götter wie Tajet, die Göttin der Webkunst. Das Verhältnis zu den Göttern, insbesondere die Beziehung zwischen dem Pharao und den Göttern, war der Schlüssel zum Wohlstand. Als absolute Monarchen waren die ägyptischen Könige die Mittler zwischen Menschen und Göttern, und sie leiteten ihre Macht unmittelbar von ihnen ab. Ein König hatte die Pflicht, Tempel zu bauen und darin zu opfern.

Es gab zwei Grundformen von Tempeln: jene, die bestimmten Göttern geweiht waren, und Totentempel, in denen Zeremonien für verstorbene Herrscher abgehalten wurden. Meist durften nur Priester und Könige einen Tempel betreten; gewöhnliche Sterbliche hatten nur Zugang zum Vorplatz, und auch das nur bei wichtigen Festen. Die meisten noch erhaltenen Tempel wurden zwischen etwa 1540 und 1075 v. Chr. im Neuen Reich gebaut. Neue Tempel wurden auf alten errichtet, damit die Pharaonen ihre Pflicht erfüllen konnten, und manche Tempel, vor allem jene in der Nähe von Zentren wie Kairo, dienten, nachdem man sie aufgegeben hatte, als Steinbruch.

Karnak und Luxor

Der große Tempelkomplex in Karnak und der Tempel in Luxor stehen rund 3 km voneinander entfernt am Ostufer des Nils. Theben, wo sie gebaut wurden, war die wichtigste Stadt Oberägyptens und während des Neuen Reiches fast immer die Hauptstadt des Landes. Beide Tempel waren durch eine Sphingenallee verbunden.

Karnaks Hauptheiligtum war Amun geweiht, der im Neuen Reich landesweite Bedeutung erlangte, obwohl er zunächst ein Lokalgott war. Eine ganze Reihe von Königen trug etwas zum Tempelkomplex bei, sodass die gesamte Anlage schwer zu überblicken ist – aber sie ist auf jeden Fall eindrucksvoll. Ursprünglich verband ein Kanal die Tempel mit dem Nil, und am Eingang befand sich ein kleiner Landungssteg. Ein interessanter Fund ist eine Rampe aus Lehmziegeln an der Rückseite des ersten Pylon, die wahrscheinlich einer der späteren Könige baute, nämlich Nektanebos I., der im 4. Jahrhundert v. Chr.

Gegenüber: Die Götter und Göttinnen Altägyptens konnten viele Formen annehmen. In Karnak erscheint Amun beispielsweise oft als Sphinx mit Widderkopf. Die Tempel in Karnak und im 3 km südlich gelegenen Luxor waren durch einen von Sphingen gesäumten Prozessionsweg verbunden.

Rechts: Diese Säulenhalle des großen Amun-Tempels in Karnak baute König Sethos I. (um 1290–1279 v. Chr.). Die gewaltigen Säulen trugen einst ein Dach, und durch die Obergaden drang ein wenig Licht.

Unten: Karnak und sein Spiegelbild im heiligen See. Er symbolisierte das Urwasser und wurde von den Priestern für die rituelle Reinigung benutzt.

herrschte. Diese Rampe illustriert, wie der Pylon gebaut wurde, und sollte vermutlich nach dessen Fertigstellung abgerissen werden.

Luxor war ebenfalls Amun, aber auch seiner Gemahlin Mut und seinem Sohn Chons geweiht. Es war im Wesentlichen ein Zentrum für ein jährliches Fest, bei dem man in einem Prozessionszug Götterbilder zwischen Luxor und Karnak hin- und hertrug. Im 19. Jahrhundert wurde der Tempel geräumt; damals standen bereits ein Dorf und eine Moschee auf dem Schutt. Die Moschee ist erhalten, aber das Dorf wurde verlegt.

Abu Simbel

Einen ihrer größten Erfolge feierten Archäologen in den 1960er-Jahren, als sie Tempel retteten, die der Assuan-Staudamm bedrohte. Der Nassersee hinter dem Damm hätte viele Monumente in Unternubien überflutet, wenn man nicht ungewöhnliche Maßnahmen ergriffen hätte. Die UNESCO reagierte auf Appelle der ägyptischen und sudanesischen Regierung, und 50 Länder stellten Geld, Fachwissen oder beides bereit, um zahlreiche archäologische Schätze zu retten. Alles, was sich nicht versetzen ließ – z. B. Festungen aus Lehmziegeln –, wurde sorgfältig ausgegraben und dokumentiert. Die größte Herausforderung war die Versetzung der großen Tempel von Abu Simbel, die Ramses II., einer der mächtigsten Könige des Neuen Reiches, gebaut hatte.

Es gibt zwei Tempel. Der größere ist Amun und anderen Göttern geweiht, auch dem vergöttlichten Ramses. Der kleinere war für Hathor und Ramses' Lieblingsfrau Nefertari bestimmt. Beide hatte der Forscher und Ägyptologe Giovanni Belzoni 1817 untersucht; doch er fand nichts vom dem, was ihn hauptsächlich interessierte, nämlich Schätze und andere Kostbarkeiten, die er nach Europa bringen konnte.

Aber auch die Tempel selbst sind spektakulär. Man beschloss, sie sorgfältig in markierte und sortierte Blöcke zu zerlegen und in der Nähe ihres ursprünglichen Standortes wieder aufzubauen, jedoch auf viel höherem Niveau. Das Wasser des Sees stieg bereits, als die Arbeit begann, und man musste um die Tempel herum einen Kofferdamm errichten. Schnitte wurden so unauffällig wie möglich vorgenommen; sie sind heute fast nicht mehr zu sehen. Die Rettung dieser Tempel, die andernfalls vollständig überflutet worden wären, war ein großer Erfolg – und sie waren nicht die einzigen, die versetzt wurden.

Deir el Bahari

Totentempel waren notwendig. Das *ka*, die Seele eines Menschen, war eng mit dem materiellen Körper verbunden und brauchte sogar im Jenseits Speise und Trank. Dem *ka* der Pharaonen brachte man täglich Opfer in einem prunkvollen Totentempel dar. Die in Pyramiden ruhenden Könige des Alten Reiches hatten Tempel in der Nähe der Pyramide. Im Neuen Reich wurden die Herrscher im Tal der Könige gegenüber der Stadt Theben bestattet; dort trennten steile Felsen die Totentempel von den Gräbern. Die Tempel wurden in den Fuß dieser Felsen hineingebaut, knapp jenseits des bewirtschafteten Landes.

Einen der schönsten Tempel hatte Königin Hatschepsut in Deir el Bahari. Sie regierte das Land 20 Jahre lang als Pharaonin, zeitweise gemeinsam mit ihrem Stiefsohn Thutmosis III. Früher wurde angenommen, er habe ihren Namen nach ihrem Tod von Inschriften entfernen lassen und auch ihren Leichnam beseitigt; heute aber geht man eher davon aus, dass sie gemeinsam erfolgreich herrschten. Vielleicht wurden Kartuschen mit Hatschepsuts Namen deshalb entfernt, weil sie mit ihrer Rolle gegen *maat*, die Ordnung aller Dinge, verstieß. Ursprünglich wollte sie ihr Grab und ihren Totentempel anscheinend durch einen Gang verbinden, der am Eingang des Grabes im Tal der Könige begann. Aber die Baumeister stießen auf schlechtes Gestein und mussten kehrtmachen, sodass der Gang nun in einem Bogen zurückführt.

In der Nähe von Deir el Bahari wurden zahlreiche königliche Mumien entdeckt. Das Gebiet enthält zudem viele ältere Schachtgräber aus dem Mittleren Reich. Bewohner dieses Gebietes, die mit Funden Geld verdienten, führten Emile Brugsch 1881 zu einem dieser Gräber. Brugsch war Assistent von Gaston Maspero, dem Direktor der ägyptischen Altertümerverwaltung. Im Grab befanden sich rund 40 Königsmumien, darunter einige von berühmten Pharaonen wie Ramses II. Sie waren dort während der 21. Dynastie heimlich neu bestattet worden, nachdem ihre eigenen Gräber im Tal der Könige geplündert worden waren. Die Dorfbewohner hatten sie in den 1870er-Jahren entdeckt.

Gegenüber: Das Innere von Nefertaris Tempel in Abu Simbel. Auffallend ist die Dunkelheit in den meisten ägyptischen Tempeln.

Links: Hatschepsuts Totentempel in Deir el Bahari am Westufer des Nils. Das Tal der Könige liegt hinter dem Berg.

Unten: Der Tempel von Ramses II. in Abu Simbel am Ort seines Wiederaufbaus oberhalb des Nassersees.

Groß-Simbabwe

Groß-Simbabwe ist eine der eindrucksvollsten archäologischen Stätten der Welt, um deren Ursprung sich Mythen und exotische Geschichten ranken. Es wurde für unterschiedliche politische Ansichten missbraucht und war auch für viele Schwarzafrikaner eine Inspiration. Ein dort entdeckter geschnitzter Vogel ziert die Flagge des modernen Staates Simbabwe, der bei seiner Unabhängigkeit von Großbritannien im Jahre 1980 den Namen dieses Ortes übernahm.

Einwohner Simbabwes, die Shona sprechen, bezeichnen Haus und Hof eines Häuptlings – traditionell auf einem Hügel gebaut und von einer steinernen Einfriedung umgeben – als „Simbabwe". Groß-Simbabwe ist außergewöhnlich, was sein Ausmaß und seine Bedeutung anbelangt. Wie viele archäologische Stätten wurde es seit dem 19. Jahrhundert weltbekannt; aber seinen Charakter und seine Geschichte verstehen wir erst seit Kurzem.

Der Ort, an dem Groß-Simbabwe gebaut wurde – er liegt bei Masvingo im modernen Simbabwe –, gehörte zu einem Gebiet, das zuvor von eisenzeitlichen Siedlern bewohnt gewesen war (ca. zwischen 500 und 900 n. Chr.). Die Vorfahren der heutigen Shona wanderten um 1270 ein und begannen mit den Bautätigkeiten. Die Siedlung erreichte eine enorme Größe und gedieh bis etwa 1450. Groß-Simbabwe wurde das Zentrum eines Shona-Reiches, das sich vom Norden Südafrikas bis zum Sambesi und vom Westen des heutigen Mosambik bis nach Ostbotswana erstreckte. Der Staat unterhielt Kontakte zu den Handelsstädten an der ostafrikanischen Küste und importierte Keramik aus China und Persien. Auch ein Glasfragment aus Südwestasien und eine Münze aus Kilwa in Tansania wurden bei Grabungen gefunden.

Die Lage Groß-Simbabwes hatte viele natürliche Vorteile, sodass es zu einer Stadt mit (geschätzten) 18 000 Einwohnern heranwuchs, die ein großes Reich beherrschte. Die Lage auf dem Simbabwe-Plateau war gut gewählt. Es herrschten ideale Bedingungen für die Viehzucht, weil es in dieser Höhe keine Tsetsefliegen gibt. Während der Trockenzeit konnte das Vieh zudem in tieferen Lagen in der Nähe weiden. Für zahlreiche Feldfrüchte war das Klima ebenfalls geeignet, z. B. für Bohnen, Hirse, Sorghum und Gemüse. Zudem war der Boden gut, es gab reichlich Weideflächen und Wasser. Zu den natürlichen Schätzen der Hochebene zählten wertvolle Rohstoffe wie Kupfer, Eisen, Zinn und Gold sowie Granit, der zum Bau verwendet werden konnte. Offenbar war der Handel mit Kupfer, Eisen, Salz, Speckstein, Gold und Elfenbein organisiert, wodurch Groß-Simbabwe letztlich Beziehungen zu den Handelsstädten an der Küste aufbauen und glasierte Keramik, Glasperlen sowie Stoffe aus Baumwolle und Seide importieren konnte. Auch Schalen von Kaurischnecken wurden gefunden. Die Küstensiedlungen und Groß-Simbabwe erlebten ihren Aufstieg und Niedergang jeweils etwa zur gleichen Zeit, was auf eine enge Verbindung hindeutet. Auch weniger exotische Waren wurden gehandelt, etwa Getreide, Lebensmittel und Vieh.

Die Stadt

Groß-Simbabwes Sozialstruktur basierte auf einer klaren Hierarchie, die sich in drei deutlich verschiedenen Bezirken widerspiegelt. Dominiert wird die Stadt von einem großen, steilen Granithügel, auf dem sich ein Hauptteil der Steinruinen befindet; eine zweite markante Zone liegt am Hang. Zwischen diesen beiden Bereichen und um sie herum erstreckte sich eine städtische Siedlung aus kleineren Gebäuden. Diese Hütten der einfachen Leute waren aus Lehm, Holz und Stroh gebaut.

Die Ruinen auf dem Simbabwe-Hügel bestehen aus steinernen Einfriedungen, die „Hügelruinen“ und „Komplex“

Gegenüber: Die Mauer der Großen Einfriedung. Man nimmt an, dass hier eine Initiationsschule war. Wesentliche Teile sind immer noch über 10 m hoch.

Links: Zu den Ruinen der Großen Einfriedung gehört ein kegelförmiger, etwa 9 m hoher Turm innerhalb der Hauptmauer.

Oben: Die Karte zeigt die Lage Groß-Simbabwes.

Gegenüber: Der Eingang zur Großen Einfriedung.

Oben: Die Eingangstreppe zu den Hügelruinen, zu denen der Palast und Gebäude, die offenbar einem religiösen Zweck dienten, gehören. Auch hohe Beamte wohnten hier. Das einfache Volk lebte im Tal in einer Siedlung, die um diesen Berg herum gebaut wurde.

oder sogar „Akropolis" genannt werden. Dort lebten der König, einige Mitglieder seiner Familie und wichtige Staatsbeamte. Einige Gebäude hatten eine rituelle oder religiöse Bedeutung.

Die Gebäude im Tal werden von der außergewöhnlichen Großen Einfriedung dominiert, dem größten erhaltenen Bauwerk Groß-Simbabwes. Man schätzt, dass allein die äußere Mauer aus über 900 000 Steinblöcken besteht. Ebenmäßig aus Granit gebaut, ist sie 244 m lang, bis zu 5 m dick und 10–11 m hoch. Sie wurde offensichtlich in mehreren Phasen errichtet, und ein Teil von ihr ist oben mit einem über 85 m langen offenen Doppelzickzackband verziert. Innerhalb der Einfriedung steht ein einzigartiger Turm in Form eines sich nach oben verjüngenden Kegels aus solidem Trockenmauerwerk. Er hat einen Durchmesser von rund 5,5 m und ist über 9 m hoch. Man glaubt, dass er einen Getreidesilo symbolisierte; denn es war eine der wichtigsten Pflichten des Königs, das Volk zu ernähren. Innerhalb der Hauptmauer gibt es weitere Einfriedungen und eine Reihe von Plattformen. Die Große Einfriedung gilt neuerdings als Bezirk einer Initiationsschule für Unvermählte. Zu den Gebäuden im Tal gehören auch Getreidespeicher und ein Komplex, in dem möglicherweise die Frauen des Königs lebten.

Die Vögel von Gross-Simbabwe

An vielen Eingängen zu den Ruinen Groß-Simbabwes sind Aussparungen erkennbar, in denen wohl einst Pfosten aus Holz oder Stein standen. Einige von ihnen sind erhalten, und sieben Specksteinpfosten mit geschnitzten Vögeln an der Spitze wurden in den Hügelruinen im Palastbezirk entdeckt. Wo genau sie ursprünglich einmal standen, ist unbekannt, denkbar wäre jedoch die Aufstellung in einem religiösen Bezirk.

Nach der Shona-Tradition überbringen Vögel Botschaften an die Ahnen, deren Geister frei herumfliegen. Vor allem die Geister früherer Könige sorgten sich, so glaubte man, eher um die Probleme der gesamten Gesellschaft als um die ihrer Nachkommen. Zudem konnten sie sich bei Gott für das Volk einsetzen. Die Vögel könnten durchaus Symbole für königliche Ahnen oder deren Boten gewesen sein. Ein achter Vogel wurde in einer kleinen Einfriedung im Tal gefunden; dort lag er an einem symbolischen Getreidesilo. Man nimmt an, dass sich hier ursprünglich ein heiliger Bezirk befand; vielleicht gab es ganz in der Nähe einen Ort, an dem die Frauen des Königs ihre Kinder gebaren, und der Vogel könnte ihrem Schutz gedient haben. Dieser Vogel ist auf der Flagge Simbabwes abgebildet.

Die Vögel sind keine genauen Nachbildungen einer bestimmten Spezies, denn sie tragen auch menschliche Merkmale. So scheinen die meisten keine Krallen zu haben, sondern Zehen, und die Beine gleichen eher Menschen- als Vogelbeinen. Einer hat anscheinend sogar Lippen. Sie sind etwa 30 cm hoch und sitzen auf rund 1 m hohen Pfählen. Bisher wurden nirgendwo ähnliche Objekte gefunden.

Der Niedergang

Die Hauptgebäude in den beiden Bezirken mit Steinruinen sollten sicherlich beeindrucken, und das tun sie. Sie sind nicht nur bewusst monumental, sondern ihr Bau kostete auch eine Menge Zeit, Arbeit und Reichtum. Dennoch wurde Groß-Simbabwe schließlich aufgegeben, und obwohl es für kurze Zeit neu besiedelt wurde, erreichte es nie mehr seine alte Größe und Bedeutung.

Der gleichzeitige Niedergang der Handelstädte an der ostafrikanischen Küste könnte die gleiche Ursache gehabt haben – vielleicht der Verfall des Goldpreises. Groß-Simbabwe war jedoch auch ökologisch verwundbar, denn schließlich brauchte man enorme Ressourcen, um eine so große Bevölkerung zu ernähern. Die Shona-Hauptstadt wurde nach Khami in West-Simbabwe verlegt; doch die Menschen haben Groß-Simbabwe nie vergessen, bewahrten die Tradition und bauten sogar andere „Simbabwes" – doch keines war so imposant wie Groß-Simbabwe.

Die Deutung Gross-Simbabwes

In der zweiten Hälfte des 19. Jahrhunderts wurden romantische Geschichten über Groß-Simbabwe verbreitet. Damals wurden die Ruinen mit der Königin von Saba in Verbindung gebracht. Ähnlich exotische Theorien über den Ursprung der Stadt gibt es heute noch, obwohl Archäologen ihr Alter und ihre lokalen afrikanischen Ursprünge eindeutig nachgewiesen haben. Manche Leute glaubten, derart komplexe Bauten müssten Menschen errichtet haben, die nicht von diesem Kontinent stammten. Als Erbauer oder Architekten wurden Araber oder Phönizier vermutet, und trotz aller Gegenbeweise gibt es noch heute Stimmen, die behaupten, die Stadt könne ohne Hilfe von außen nicht von Afrikanern erbaut worden sein.

Seit 1929/30 und den ersten seriösen archäologischen Ausgrabungen in Groß-Simbabwe durch Gertrude Caton-Thompson steht fest, dass diese Theorien falsch sind. In ihrem Bericht über die Grabungen stellt sie klar, dass sie nichts gefunden habe, was darauf hindeuten könnte, dass Groß-Simbabwe nicht im Mittelalter und nicht von Einheimischen erbaut worden sei. Dies haben andere Forscher seither bestätigt. In Groß-Simbabwe gab es einfach keine nennenswerten Einflüsse von außen. Es war eine großartige Leistung, es ist eine komplexe Fundstätte – und es ist zweifellos afrikanisch.

Asien und der Pazifik

Die Kultur des Industals

Gefrorene Gräber im Altai

Die vergessenen Städte an der Seidenstraße

Die Terrakotta-Armee

Angkor

Australische Felskunst

Die Osterinsel

Die Kultur des Industals

John Marshall oblag in den 20er-Jahren des 19. Jahrhunderts die Leitung des Archaeological Survey of India. 1924 gab er bekannt, man habe vor zwei Jahren im damaligen Nordwestindien bzw. heutigen Pakistan Hinweise auf eine „neue" Kultur entdeckt. Schon früher hatte man seltsame Siegel mit unbekannten eingravierten Schriftzeichen gefunden, aber Marshall und sein Team waren nun dabei, ganze Städte auszugraben. Diese – Mohenjo-Daro und Harappa – waren die ersten Spuren einer großen Kultur in der Bronzezeit zwischen 2600 und 1900 v. Chr.

Heute wissen wir, dass sich die „Induskultur", wie man sie meist nennt, über ein enormes Gebiet erstreckte – mehr als 1 000 000 qkm. Es gab einige große Städte, daneben Kleinstädte und kleinere landwirtschaftliche Siedlungen. Mohenjo-Daro, neben Harappa eine der größten Städte, ist der am besten erforschte Fundort im Industal.

Mohenjo-Daro

Neuere Arbeiten am Fundort Mohenjo-Daro lassen darauf schließen, dass die Stadt sich insgesamt über ein großes Gebiet – wahrscheinlich 200 Hektar – erstreckte, und etwa 10 Prozent davon wurden bisher ausgegraben. Das Hauptgebiet, der große Zitadellenhügel, wurde auf einer Plattform gebaut und liegt rund 10 m über der umliegenden Schwemmebene. Er war von einer Mauer umgeben, vielleicht, um vor der Flut noch besser geschützt zu sein. Wie an anderen Orten am Indus bestanden viele Gebäude in Mohenjo-Daro aus luftgetrockneten Ziegeln, für manche Anlagen wurden auch gebrannte verwendet. Und es gibt noch mehr Gemeinsamkeiten; z. B. waren offenbar in der ganzen Region standardisierte Maßeinheiten gebräuchlich.

In der Umgebung der Zitadelle von Mohenjo-Daro standen einige auffallende Bauwerke. Eines davon ist als Großes Bad bekannt, bei dem es sich offensichtlich um eine bedeutende Anlage handelte, die möglicherweise einem religiösen Zweck diente, vielleicht der rituellen Reinigung. Das aus Ziegeln gebaute Becken misst 12 m mal 7 m und ist fast 2,50 m tief; von außen hatte man es mit Bitumen abgedichtet, damit kein Wasser auslief. Umgeben war es von einem Gang aus umlaufenden Pfeilern und daran angrenzenden kleinen Räumen. Neben dem Bad stand eine riesige, 50 m lange belüftete Anlage, der so genannte Kornspeicher (diese Deutung ist umstritten).

Die Unterstadt, in der rund 100 000 Einwohner gelebt haben könnten, war ebenfalls oberhalb der Schwemmebene, allerdings unbefestigt, gebaut worden. Sie wurde in einem Rasterschema angelegt, und die Häuser – oft mehrere Stockwerke hoch – gruppierte man um ihre eigenen Höfe herum. Am erstaunlichsten ist wohl, dass viele von ihnen Badezimmer und einen Brunnen besaßen und zudem ans Abwassersystem der Stadt angeschlossen waren – es gab ein komplexes Kanalisationsnetz.

Wer regierte die Kultur des Industals?

Die Einheitlichkeit ist verblüffend, vor allem in einem so großen Gebiet. Viele glauben, dies sei dem Einfluss einer Führungsschicht zuzuschreiben, wahrscheinlich einer recht strengen; aber dafür gibt es wenig archäologische Indizien. Herausragende Herrschaftshäuser konnten bislang ebenso wenig wie üppig ausgestattete Grabstätten ausgemacht werden; auch deutet nichts auf angehäufte Reichtümer hin. Einiges spricht dafür, dass es eine priesterliche Autorität gab; aber nach heutigem Kenntnisstand scheint die Kultur des Industals erstaunlich egalitär gewesen zu sein, besonders im Vergleich zur sumerischen Stadt Ur und ihren üppigen Königsgräbern nebst Opfern.

Die Indus-Schrift

Schon vor Marshalls Bekanntgabe seiner großen Entdeckung hatte man in dem Gebiet Siegel mit rätselhaften Schriftzeichen gefunden. Einzelheiten über das erste untersuchte Siegel wurden sogar schon 1875 veröffentlicht. Heute kennen wir über 3000 Inschriften, nicht nur aus dem Industal, sondern auch aus entlegeneren Gegenden, wo man sie an Orten findet, die zu anderen Kulturen gehören. Es gibt Inschriften auf Objekten aller Art (z. B. auf Gefäßen und den sogenannten Amuletten) sowie verschiedenste Siegelsteine. Diese Kultur war eindeutig des Lesens und Schreibens kundig. Die Schrift besteht aus rund 220 einfachen und fast 200 zusammengesetzten Zeichen – und niemand kann sie heute lesen.

Keine zweisprachige Inschrift, kein Schlüssel wurde je gefunden; darum lässt sich die Indus-Schrift nicht mit einer anderen, bekannten Sprache vergleichen. Keine Inschrift ist länger als 26 Zeichen: zu kurz, um wiederkehrende Muster zu erkennen. Solange keine neuen Entdeckungen zur Entzifferung gemacht werden, bleibt die Kultur des Industals prähistorisch.

Gegenüber: Baustrukturen der Stadt Mohenjo-Daro. Von den Fundorten, die zur Kultur des Industals gehören, ist sie am besten erforscht. Ihre Blütezeit erlebte sie in der Bronzezeit, vor allem wohl zwischen 2500 und 2000 v. Chr.

Unten: Ein Siegel mit der Abbildung eines Stieres, mit typischen Zeichen, die in der ganzen Induskultur gebräuchlich waren.

Gefrorene Gräber im Altai

Offene Steppe erstreckt sich 7000 km lang quer über Asien, von den rumänischen Karpaten bis zur Mongolei. Im Norden liegen große Wälder, südlich der Steppen Wüsten, Meere (darunter das Schwarze und das Kaspische Meer) sowie hohe Gebirgsketten. Die Steppen eignen sich vorzüglich für eine nomadische Lebensweise, bei der die Menschen über gewaltige Entfernungen hinweg den Tierherden folgen. Horden, die aus dem Osten über die Steppen zogen, waren für ihre eher sesshaften Nachbarn oft eine Bedrohung.

In alten Schriften ist von Nomaden in den Steppen und Bergen die Rede; aber handfeste Beweise haben erst erstaunliche archäologische Entdeckungen im Altaigebirge Südsibiriens geliefert.

Im 19. Jahrhundert begann ein lokaler Historiker, Antiquitäten zu sammeln, von denen einige aus Grabhügeln im Hochaltai stammten. Diese Hügel bestehen im Wesentlichen aus Erdaufschüttungen mit vielen Steinen. Zwei von ihnen wurden 1865 wenig sorgfältig ausgegraben. Die seriöse Arbeit begann in den 1920er-Jahren, als der russische Archäologe Sergej Rudenko einen großen Hügel ausgrub, der zu einer Gruppe von fünf großen und neun kleineren Hügeln gehörte. Unter dem Hügel war der Boden gefroren, ebenso unter den anderen auf der Grabstätte, die man Pazyryk nannte (das Wort bedeutet schlicht „Grabhügel"). Ende der 1940er-Jahre gruben Kollegen von Rudenko weiter und förderten eine Reihe von bemerkenswerten Funden zutage, die sie auf etwa 600–400 v. Chr. datierten.

Gegenüber: Detail aus einer Filzsatteldecke. Dargestellt ist ein Greif, der sich auf einen Steinbock stürzt. An den Enden sind runde Filzanhänger befestigt, verziert mit langem, tiefrot gefärbtem Pferdehaar.

Oben: Der geknüpfte Florteppich, den man in Pazyryk fand, ist das älteste Exemplar einer Tradition, die heute noch lebendig ist. Reiter und Elche schreiten in Bändern, die sich mit Bändern geometrischer Muster abwechseln, um die Ränder. Die Elche blicken in die eine Richtung, die Männer und Pferde in die andere. Obwohl der Teppich in Sibirien gefunden wurde, stammt er wahrscheinlich aus Persien.

Unten: Die Grabstätte Pazyryk befindet sich im sibirischen Altai in der Nähe der Grenze zu China, Kasachstan und der Mongolei.

Alle Grabhügel waren etwa nach dem gleichen Schema gebaut worden. Man hob eine 4–7 m tiefe Grube aus, und zwar zwischen Frühling und Frühherbst, wenn der Boden nicht hart gefroren war. In der Grube wurde eine Kammer aus Lärchenstämmen gezimmert, und in diese legte man Beigaben, die der Tote im Jenseits brauchte: Kleider, Teppiche, kleine Tische, Speisen und Getränke und sogar Harfen mit mehreren Saiten. Dort stand auch der Sarg aus einem großen, ausgehöhlten Lärchenstamm, der die Leichname enthielt, meist die eines Mannes und einer Frau. Das Dach der Kammer bestand aus Lärchenstämmen; dann wurde die Grube bis zum Bodenniveau mit Schichten aus Birkenrinde und -zweigen zugedeckt. Darauf legte man weitere Stämmen und Steine. Geschlachtete Pferde wurden außerhalb der Kammer begraben. Zuletzt wurde der Hügel aufgeschüttet.

Nicht lange nach der Bestattung begann der Boden unter dem Hügel zu gefrieren. Die Steine des Hügels wurden locker aufgelegt; auf diese Weise isolierten sie den Boden im Inneren und verhinderten, dass im Sommer zu viel Hitze eindrang, ließen aber im Winter den Frost durch. Auch Wasser sickerte ein und gefror, bevor die organischen Substanzen im Hügel darin verrotten konnten. Im rauen Klima des Hochaltai blieben die Gräber über 2000 Jahre lang gefroren und ungestört – außer von Grabräubern, die aber glücklicherweise nicht alles mitnahmen.

Der gefrorene tätowierte Häuptling

Die meisten Objekte in den Gräbern waren verziert, auch die Leichname. Grabhügel 2 war noch fest gefroren und daher weitgehend intakt, sodass die Ausgräber 1948 außergewöhnliche Entdeckungen machten. Die Grabkammer war mit Wandteppichen aus Filz verkleidet, und unter den Beigaben befanden sich Kleider und andere Stoffe, Gold- und Silberornamente, Spiegel und Holzmöbel. Der dekorierte Sarg, wie üblich ein ausgehöhlter Baumstamm, enthielt die Leichname eines Mannes und einer Frau, die in einen Wollteppich gehüllt waren, sowie Leinenstoffreste. Eine Überraschung gab es bei der Untersuchung des männlichen Leichnams, nicht weil er in besonders gutem Zustand gewesen wäre – er war teilweise verwest, und die Grabräuber hatten ihn beschädigt –, sondern wegen seiner erstaunlich gut erhaltenen Tätowierungen.

Sie bedeckten seine Arme von den Schultern bis zu den Handgelenken und das rechte Bein; das linke Bein war zu stark beschädigt. Auf der Brust hatte er kleinere Tätowierungen. Zu sehen waren reale Tiere, z. B. ein großer Fisch auf dem Bein, Bergziegen und Hirsche, aber auch Fabelwesen wie ein Geier und ein seltsames Geschöpf mit Hörnern und Katzenschwanz. Offenbar waren die Tätowierungen eingestochen worden, als der Mann viel jünger und schlanker gewesen war. Er war vermutlich etwa in den Sechzigern, als er starb, und hatte im Alter zugenommen. Es ist gut denkbar, dass die Tätowierungen Zeichen der Männlichkeit oder eines hohen Ranges, möglicherweise beides, waren.

Die Pferde

Die Pferde, die in jedem Grab gefunden wurden, blieben in der Regel von Grabräubern unbeachtet. Jedes Grab enthielt sieben bis 14 Pferde, Grab 5 auch einen teilweise zerlegten vierrädrigen Wagen, der vielleicht ausschließlich einem zeremoniellen Zweck gedient hatte. Er besaß einen Filzbaldachin, verziert mit aufgenähten Schwänen. Einige Pferdekadaver in diesem Hügel waren erhalten, ebenso Zügel, Sättel und sogar Filzdecken und gewobe-

Oben: Ein Reiter auf einem Wandbehang aus Hügel 5 von Pazyryk; bekannt ist der Hügel auch wegen einiger gut erhaltener Pferde. Die Menschen, die ihre Toten in Pazyryk begruben, waren nomadische Hirten, die wahrscheinlich mit riesigen Schafherden umherzogen. Pferde spielten in ihrer Kultur offenbar eine besondere Rolle.

Links: Die Tätowierung mit imaginären und realen Tieren auf einem Arm des „gefrorenen Häuptlings“. Die schwarze Farbe wurde anscheinend in die Haut eingestochen, als der Mann noch jung war (er war in den Sechzigern, als er starb). Vielleicht sind die Bilder Zeichen seines hohen Ranges.

ne Tücher, von denen einige wohl sehr wertvoll gewesen waren, etwa ein schönes chinesisches Seidentuch. Pferde waren für Nomaden überaus wichtig, und ihre Bestattung mit offenbar hochrangigen Personen unterstreicht deren Status ebenso wie die Bedeutung der Tiere.

Leder und herrliche Stoffe

Auch eine Menge Leder blieb erhalten. Zügelriemen bestanden beispielsweise aus dickem Leder, während man für die feineren Aufnäharbeiten entsprechend feineres Material benutzte. Allein die Lederstücke sind eindrucksvoll, sensationell aber sind die Textilien. So bargen die Ausgräber beispielsweise importierte Stoffe aus China und Persien, Zeugnisse der umfangreichen Kontakte dieser Nomaden. Bei einigen Seidenstickereien handelt es sich um die ältesten, die je gefunden wurden; Gleiches gilt für einen beeindruckenden Florteppich. Die Farben sind so gut erhalten, dass sich nur schwer schätzen lässt, wie alt er ist.

Einige Kleider und Textilien stellten die Nomaden selbst her; vor allem Wolle und gewobene Serge wurden dabei verarbeitet. Aus Serge bestanden Sattelpolster, die Sohlen von Babyschuhen und Dekorstreifen auf einer Tagesdecke. Die Babyschuhe aus weichem Leder haben ein ausgestelltes Oberteil, das einen Teil des Schienbeins bedeckt haben muss. Sie sind üppig mit Perlen, Garn mit Metalldrapierung sowie anderen Dingen verziert – sogar die Sohlen – und eigneten sich nicht für den Alltag. Die Stoffe waren teils weich, teils grob und erinnern an Leinen; die Männerhemden waren aus sibirischen Hanffasern gewebt.

Der dekorative Besatz war ebenso gewebt, manchmal auch geflochten, und an den bunten Satteldecken aus Filz hingen Quasten. Ohne den Frost wäre ein großer Teil dieses Materials verrottet, und wir wüssten kaum etwas von der hohen Kultur der Nomaden vor rund 2500 Jahren, nichts von ihrem Reichtum und ihren internationalen Kontakten.

Ukok

Weitere Funde kommen ans Licht. 1993 wurde im Hochaltai in der Nähe der chinesischen Grenze ein neues Grab entdeckt, das ebenfalls gefroren, aber nicht geplündert worden war. Da sich die Grabungstechnik im Vergleich zu den 1920er- und 1940er-Jahren verbessert hatte, konnte die Archäologin Natalia Polosmak den Hügel unter Anwendung der neuesten wissenschaftlichen Verfahren und Erkenntnisse erforschen. Das Grab enthielt den Leichnam einer etwa 25-jährigen tätowierten Frau.

Oben: Frauen beten an einem Altar. Detail aus dem Stück eines persischen Tuches, das man in Pazyryk fand. Streifen aus diesem Tuch wurden auf eine Tagesdecke genäht; Streifen aus nahöstlichen Stoffen wurden dabei im Wechsel mit Streifen aus lokaler Serge verarbeitet.

Sie lag in einem Baumsarg und war mit Lederwaren, Tuchen und einer Mahlzeit aus Pferde- und Hammelfleisch, auf Holztellern serviert, bestattet worden. Sie trug einen vergoldeten Haarschmuck, ein Wollkleid, eine Seidenbluse mit kastanienfarbener Paspelierung und Filzstiefel. Die Seide stammt anscheinend aus Indien. Außerhalb der Grabkammer lagen die Überreste von sechs Pferden, die man durch einen Schlag auf den Kopf getötet hatte. Die Satteldecken aus Filz waren erhalten, ebenso Teile der rötlichen Mähne.

Im Jahr 1995 entdeckte man in Sibirien den Leichnam eines Mannes, der vor rund 3000 Jahren begraben worden war, einige Zeit vor den Toten in Pazyryk. Er war mit einem Elchmotiv tätowiert und ebenfalls mit seinem Pferd bestattet worden.

Vergessene Städte an der Seidenstraße

Das Land zwischen China und Iran, teilweise auch das Gebiet von dort bis zum Mittelmeer, war überwiegend karg, unwirtlich und gefährlich. Östlich Irans stellten Wüsten und Berge, ein unerträgliches Klima und Banditen eine ständige Bedrohung dar. Dennoch führte eine der großen Handelsstraßen zwischen dem Osten und dem Westen durch dieses Gebiet. An Oasen entstanden Siedlungen und Städte, und der Handel begünstigte die Bildung von Staaten, einige groß, einige unbedeutend. Diese „Seidenstraße" bestand eigentlich aus mehreren uralten Wegen, nicht wirklich aus „Straßen"; und Seide war auch nicht die einzige Handelsware.

Die Seidenstraße war seit vielen Jahren bekannt – dieses Wissen war nie ganz verloren gegangen, und Marco Polo hatte die Straße teilweise bereist –, aber von ihrem Verlauf und vielen ihrer Siedlungen erfuhr der Rest der Welt erst im 19. Jahrhundert, zum Teil durch „archäologische Plünderungen". In der Bronzezeit oder sogar früher waren an den Oasen dieses Gebietes Siedlungen entstanden. In Nordafghanistan fand man rund 4000 Jahre alte Seide; die Waren müssen also schon damals aus China in den Westen gelangt sein (Seide gab es viele Jahre lang nur in China, wo ihre Herstellung geheim gehalten wurde). Vor etwa 2000 Jahren nahm der Handel zwischen China und den Ländern im Westen einen enormen Aufschwung, und die Nomaden begannen, ihm zu folgen. Manche plünderten, einige siedelten sich an, andere gründeten Königreiche; aber der Handel gedieh trotz aller politischen Veränderungen. Das alles trug zu einer multikulturellen Vielfalt bei, die bis zur Ausbreitung des Islams typisch für viele Orte an der Seidenstraße war.

Die Handelsrouten

Das Handelsnetz breitete sich hinter der chinesischen Oase Dunhuang in der Wüste Gobi fächerförmig in zwei Hauptrichtungen aus. Die Reisenden zogen durch das Jadetor in die Wüste von Taklamakan und schlugen dann eine der beiden Hauptrouten nach Westen ein. Die eine verlief südlich der Wüste, die andere nördlich. Auf dem südlichen Weg reiste man zwischen der Nordflanke der tibetischen Berge und der Taklamakan von einer Oase zur anderen, bis die Route am Ende der Wüste eine Biegung nach Norden machte und die Stadt Kaschgar erreichte. Am westlichen Ende dieser Route, zwischen Khotan und Jarkand, verlief eine weitere Handelsstraße durch den Karakorumpass südwärts nach Indien. Die nördliche Seidenstraße führte von Dunhuang durch die Wüste nach Hami und Turfan, folgte wie die südliche den Oasenstädten und erreichte ebenfalls Kaschgar. Es überrascht nicht, dass diese Stadt sich zum größten Markt an der Seidenstraße entwickelte. Von Kaschgar verlief die Route nach Westen über Pamir und teilte sich erneut. Ein Ast führte durch Samarkand und Buchara, der andere weiter nach Süden durch Afghanistan. Beide begegneten sich in Merw; dann durchquerte die Seidenstraße Iran und endete an den Häfen des Mittelmeeres. Es gab noch mehr Nebenrouten, die mit der Hauptroute verbunden waren.

Gegenüber: Die „Drei Unsterblichen" – Höhlen bei Kaschgar. Höhlentempel trifft man entlang der Seidenstraße häufig an. Viele waren wundervoll dekoriert, und wahrscheinlich brachten Reisende in ihnen Opfer dar.

Unten: Ein Leuchtturm in Xinkiang bei den Guici-Höhlen.

Ganz unten: Eine Kamelkarawane in der Wüste Gobi. Auf der Seidenstraße wurden auch andere Lasttiere, z. B. Esel, benutzt.

DIE SEIDENSTRASSE 112 V. CHR.–100 N. CHR.
Handelsweg unter römischer Herrschaft
Handelsweg unter persischer Herrschaft
Handelsweg unter kuschanischer Herrschaft
Handelsweg unter chinesischer Herrschaft
Handelsweg unter indischer Herrschaft
Handelsweg unter keiner bestimmten Herrschaft
Rom
Tomi
Byzantium
Sardis
Trapezus (Trebizond)
Edessa
Antiocheia
Alexandria
Damaskus
Tyros
Ägypten
Petra
Aila
Palmyra
Dura-Europos
Täbris
Seleukeia
Ktesiphon
Babylon
Susa
Ekbatana
Hekatompylos
Charax
Kerman
Persepolis
Hormus
Omana
Pattala
Merw
Herat
Buchara
Taschkent
Samarkand
Kokand
Kabul
Taxila
Kaschgar
Jarkand
Khotan
Lou-lan
Miran
Cherchen
Kumul (Ha-mi)
Tun-huang
Lanchow
Lo-yang
Kaifeng
Lin-tzu
Yang-ti
Chian-ling
Ch'ang-sha
Ch'eng-tu
Lhasa
Pataliputra
N
0 300 km

DIE REISE

Wenige Händler oder Karawanen reisten die gesamte Seidenstraße entlang – das wären hin und zurück rund 15 000 km gewesen. Lasttiere – Kamele, Esel, Ochsen und gelegentlich Yaks – wurden an Oasen gegen frische Tiere getauscht. Ein einzelnes Tier hätte die Reise kaum überlebt, und viele starben ohnehin. Römische Händler zogen nicht nach China, und die Chinesen kamen umgekehrt nicht nach Rom, denn den Handel beherrschten Mittelsmänner. Viele Waren wurden auch unterwegs gehandelt. Seide allerdings kam aus China und wurde in Rom teuer bezahlt; vielleicht ruinierten die hohen Preise sogar die Wirtschaft. Darüber hinaus lieferte China auch andere Luxusgüter wie Pelze, Keramik, Lack und Zimtrinde. Elfenbein, Bernstein, Edelmetalle, Edelsteine, Wolle und Leinen brachte man in den Osten. Doch auch Ideen und Lehren, insbesondere der Buddhismus, fanden nun ihre Verbreitung. Missionare und Pilger nutzten die Handelswege von Indien nach China und nahmen ihre heiligen Bücher und buddhistische Kunstwerke mit. Das nestorianische Christentum und der Manichäismus verbreiteten sich ebenfalls, als ihre verfolgten Anhänger nach Osten flohen.

Links: Die Ruinen von Gaochang westlich von Turfan an der Nordseite der Wüste Taklamakan. Turfan ist eine Oase, die in einer riesigen natürlichen Senke liegt, umgeben von kargen Bergen und Wüste. Offenbar versorgten die Oasenstadte in der Senke einst den chinesischen Kaiserhof mit Weintrauben, Melonen und anderen Gütern. Bewässerungsanlagen beförderten Schmelzwasser durch unterirdische Kanäle. Einige dieser Oasenstädte überlebten, andere nicht.

Eine unsichere Existenz

Die Oasenstädte am Rande der Wüste Taklamakan waren für die Verbindung zwischen China und dem Westen lebenswichtig. Trotz ihrer Bedeutung wusste man jedoch bis vor Kurzem wenig über sie. Das Leben in diesen Städten konnte unsicher sein. Nomadische Räuber bedrohten einige von ihnen, aber am gefährlichsten war die Umwelt. Diese Siedlungen waren dort entstanden, wo Gebirgszüge an die Taklamakan grenzten, und diese hatte einen üblen Ruf. Der Name bedeutet: „Geh hinein, und du kommst nie mehr heraus." Die Städte waren größtenteils vom Wasser der Gebirgsbäche abhängig. Sie leiteten es in ausgeklügelte Bewässerungsanlagen, sodass Feldfrüchte und Weideflächen feucht blieben. Hätte das System versagt, wäre die Wüste zurückgekehrt. Die Stadt Niya an der Südroute wurde wohl auf diese Weise vernichtet, als die Chinesen Ende des 3. Jahrhunderts n. Chr. für kurze Zeit die Herrschaft über die Seidenstraße verloren. Zudem konnten Flüsse ihren Weg ändern, verschlammen oder sogar austrocknen, auch durch Klimaveränderungen. Mit der Zeit änderten sich die Handelsbräuche, und der Aufstieg des Islams änderte alles. Die neue Religion breitete sich nach Osten aus, und ihre Anhänger zerstörten Statuen und Wandmalereien. Tempel, Klöster und buddhistische *stupas* wurden verlassen. Während der Ming-Dynastie (1368–1644) schottete sich China vom Westen ab, und die Seidenstraße wurde aufgegeben. Die wichtigsten Oasenstädte überlebten, wenn sie genügend Wasser besaßen;

aber die meisten von ihnen begrub der Sand. Andere Städte an der Straße wurden verlassen, weil es keinen Grund mehr für ihre Existenz gab.

Aber Mythen hielten sich hartnäckig, und im 19. Jahrhundert lockten ein paar Funde europäische Forscher und Abenteurer an, die Manuskripte und einige Antiqui-

Unten: Das Diamant-Sutra *ist nicht nur wegen seines Textes wichtig, sondern auch, weil es das erste gedruckte Buch der Welt ist, das wir kennen.*

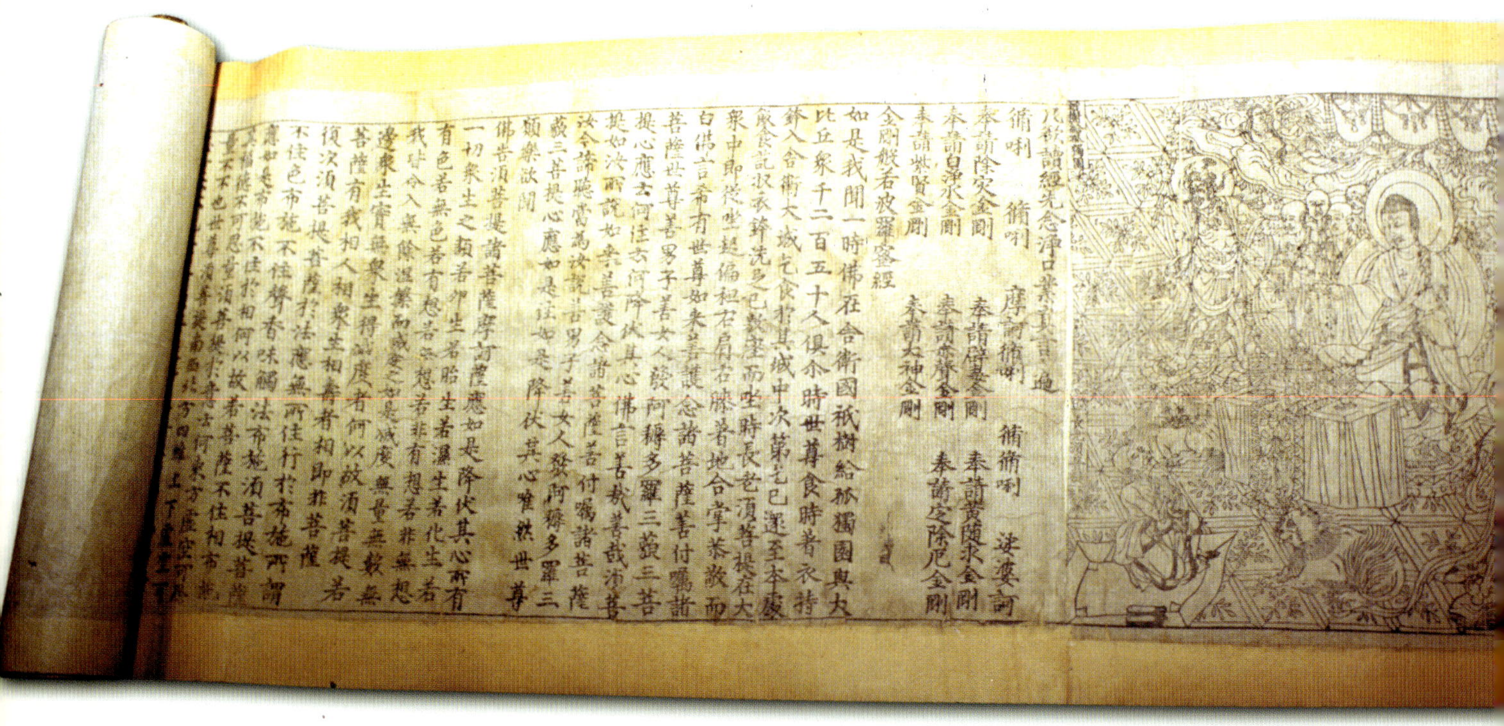

täten bargen. Manche waren Fälschungen, doch ein Manuskript erwies sich als einer der ältesten Texte, die wir kennen – es war dank der extremen Trockenheit der Region erhalten geblieben.

Entdecker und Archäologen

Vereinzelte Funde und Berichte weckten die Aufmerksamkeit europäischer Archäologen in einer Zeit, als Archäologie und Entdeckungen oft ein und dasselbe waren. 1895 war der schwedische Forscher Sven Hedin einer der Ersten, die einige Stätten unter höchst gefährlichen Bedingungen untersuchten. Er wusste, dass er für seriöse Grabungen nicht qualifiziert war, aber er wollte mit seinen Berichten andere inspirieren. Auf seiner nächsten Expedition im Jahr 1899 fand er die Ruinen der alten chinesischen Garnisonsstadt Loulan am Ostrand der Taklamakan. Etwa zur gleichen Zeit begann Aurel Stein am anderen Ende der Wüste mit der ersten seiner drei archäologischen Expeditionen. Der umstrittene Forscher barg riesige Mengen von Manuskripten und Kunstwerke aus dem chinesischen Zentralasien. Deshalb ist er in den Augen der Chinesen kaum mehr als ein Plünderer. Doch er war nicht der Einzige. Weitere Expeditionen aus verschiedenen Ländern gruben Artefakte aus und schafften sie aus dem Land – es war eine Art Wettbewerb eifriger „Sammler". Sie entfernten sogar Wandmalereien aus Tempeln, und einige davon gelangten nach Berlin und wurden im Zweiten Weltkrieg zerstört. Steins Sammlung wanderte nach London ins Britische Museum.

Funde in der Wüste

Es war ungewöhnlich schwierig, in der Taklamakan zu graben, vor allem an ihren Rändern. In nahe gelegenen Oasen konnte man zwar Arbeiter anwerben, aber sie hatten oft wenig Lust, in die Wüste zu gehen. Man konnte nur im Winter graben, und selbst dann waren die Bedingungen abschreckend. Dennoch fand Stein zahlreiche Überreste in vorzüglichem Zustand. Viele Gebäude bestanden aus Lehmziegeln, aber auch Holz war erhalten geblieben – und viele weitere Manuskripte, darunter auch buddhistische Texte. Ein chinesisch geschriebenes Manuskript lieferte ihm ein Datum für seine erste Stätte, Dandanuilik in der Taklamakan. Es war die Bitte um die Rückgabe eines Esels, und es enthielt ein eindeutiges chinesisches Datum, das unserem Jahr 781 n. Chr. entspricht. Außerdem entdeckte er Spuren der alten Bewässerungsanlagen und der Obstgärten, die sie versorgten. Zur Stadt gehörten einst auch Alleen aus Pappeln, deren Stämme erhalten geblieben waren, zerbrochen und halb im Sand begraben.

Besonders berüchtigt waren Steins Funde in den Höhlen von Dunhuang, wo die Seidenstraße sich teilt,

Gegenüber: Buddhistische Tempel wurden in der Oase Bezeklik bei Turfan im Fels angelegt. Einst waren die Höhlenwände mit anmutigen Malereien geschmückt, doch der Forscher Albert von Le Coq, ein deutscher Orientalist, entfernte viele von ihnen und brachte sie nach Berlin, wo sie im Zweiten Weltkrieg zerstört wurden. Ansässige Muslime haben zahlreiche Gesichter entfernt, weil der Islam Abbildungen von Menschen verbietet.

Unten: Die Ruinen von Jiaohe, auch Yarkhoto genannt, in der Nähe von Turfan. Die Ruinenstadt ist von zwei tiefen Schluchten fast ganz umgeben, sodass sie gut geschützt war. Obwohl die Ruinen aus dem frühen 1. Jahrtausend n. Chr. stammen, war der Ort viel früher bewohnt. Befestigte Städte wie diese trugen zum Schutz der Händler auf der Seidenstraße bei.

um der Taklamakan auszuweichen. Dort befinden sich die Höhlen der Tausend Buddhas. Die über 400 in die Felsen gehauenen Tempel mit ihren Wandmalereien und Skulpturen sind heute noch eindrucksvoll. Es war eine sehr reiche Stätte, weil die Menschen dort vor einer schwierigen Reise oder nach ihrer glücklichen Rückkehr opferten. Der Komplex gehe, so sagt man, auf das Jahr 366 n. Chr. zurück; wurde er auch nie ganz verlassen, so gerieten doch einige seiner Teile in Vergessenheit. Stein erfuhr, dass der Hüter der Höhlen, ein Priester namens Wang Yuanlu, zufällig in einem verschlossenen Raum ein riesiges Depot mit Manuskripten entdeckt hatte. Er traf ihn 1907 und überredete ihn, ihm Zugang zu diesem zu gewähren. Das Depot war klein, aber die Manuskripte stapelten sich mehr als 3 m hoch. Schließlich gelang es Stein, einige Manuskripte sowie Gemälde und seidene Fahnen zu erwerben. Die genauen Umstände dieser Vereinbarung sind nicht bekannt. Der berühmteste Teil dieser Beute war das *Diamant-Sutra*, das nicht wegen seines Textes von außerordentlicher Bedeutung ist, sondern weil es das älteste gedruckte Buch der Welt ist. Auf dem Manuskript steht der Name des Auftraggebers und Verteilers (des ersten Verlegers der Welt), und es trägt ein Datum, das dem 11. Mai 868 entspricht. Aber nicht alle Manuskripte, die Stein sich beschaffte, waren religiöser Natur. So gibt es beispielsweise auch eine Einladung zu einem „Schlagballspiel" sowie Musterbriefe für Trunkenbolde, die sich bei ihrem Gastgeber entschuldigen wollten, und für Gastgeber, die den Sünder tadeln wollten.

Links: Drei buddhistische Schreiber auf einem Fresko im „Ming-oi". An vielen Stätten entlang der Seidenstraße wurden zahlreiche Manuskripte gefunden. Viele sind religioser Natur, meist buddhistisch. Das Diamant-Sutra, *das älteste gedruckte Buch der Welt, fand Aurel Stein bei Dunhuang. „Ming-oi" bedeutet „tausend Räume". So heißen viele Tempelkomplexe. Die Fresken stammen aus einem Komplex bei Shikshin an der Nordseite der Taklamakan, der auch „Ming-oi" genannt wird.*

Die Mumien der Seidenstraße

Die klimatischen Bedingungen an den beiden Routen entlang der Taklamakan waren ideal für die Erhaltung von Manuskripten, Stoffen, Holz – und menschlichen Leichen. Bei frühen Grabungen hatte man mumifizierte Überreste gefunden; aber niemand wusste, wie man sie konservieren und transportieren konnte. Das ist heute anders. Inzwischen sind rund 300 Mumien aus diesem Gebiet Westchinas bekannt; die ältesten werden auf 2000–1800 v. Chr., die jüngsten auf die ersten Jahrhunderte n.Chr. datiert. Im Gegensatz zu den Mumien in Ägypten oder Peru waren jene an der Seidenstraße nicht absichtlich, sondern zufällig konserviert worden, aber einige von ihnen sind viel besser erhalten als alle einbalsamierten.

Die Mumien stammen nicht aus einer einzigen Kultur, und auch ihre Fundorte sind vielfältig. Man fand sie in Kammern mit Ziegelwänden, in flachen und tiefen Gruben, die mit Schilf zugedeckt waren. Bei einigen Verstorbenen lassen sich Spuren einer Bemalung oder Tätowierung im Gesicht erkennen. Die ältesten tragen wenige, schlichte Kleider, die gut erhalten sind; doch nach etwa 1000 v. Chr. wurde die Kleidung üppiger. Man fand Hemden, Röcke, Mäntel, Hosen, Kleider, Lederschuhe, Kopfschmuck, Hüte (darunter auch Mützen mit Federn; ein Mann war mit zehn Mützen bestattet worden) und sogar Wollstrümpfe. Eine Frau trägt einen ledernen Fausthandschuh (die andere Hand ist bloß). Die Stoffe sind vorzüglich. Filz kommt häufig vor, und die gewebten Stoffe zeugen von großem Geschick, vor allem jene mit komplizierten Körper-Plaids. Die Farben sind ebenfalls gut erhalten; ein Plaid ist z. B. ein zartes Karomuster aus Hellbraun, Hellblau und Weiß, und eine Frau (auf etwa 1000 v. Chr. datiert) trägt ein langes, tiefrotes Kleid. Manche Farben und Techniken muten fremdartig an; und Rätsel geben auch die Menschen auf.

Es sind keine Chinesen; die Gesichter der Mumien tragen nicht die für Ostasien so typischen Merkmale. Das Haar der Mumien ist ebenfalls untypisch, viel heller und bisweilen braunrot oder rötlich. Die meisten männlichen Leichname haben etwas mehr Barthaare, als es weiter östlich der Fall ist. Mit ihren

Links: Seidenfragmente aus dem „Ming-oi". Seide bleibt in den trockenen Siedlungen entlang der Seidenstraße oft gut erhalten. Ihr haben diese großen Handelswege ihren Kollektivnamen zu verdanken.

Oben: Detail einer Mumie von der Seidenstraße.

Oben: Bildstickerei aus den Höhlen bei Dunhuang. Obwohl dieses Stück zwischen dem 3. und 5. Jahrhundert n.Chr. entstand, sind die Farben noch hell und klar. Der Archäologe und Sammler Aurel Stein fand bei Dunhuang zahlreiche Stoffe, sowohl kleinere Stücke als auch riesige Stoffe, die offenbar für Fahnen auf Felsspitzen bestimmt waren.

sehr runden Augenhöhlen und hohen Nasensätteln sehen sie sehr indoeuropäisch aus.

Das bestätigt auch die Sprachforschung. Einige an der Seidenstraße gefundene Manuskripte waren nicht in einer chinesischen oder indischen Sprache geschrieben, sondern in einer lokalen. Eine davon war Khotanesisch, das anscheinend mit der iranischen Sprachengruppe verwandt ist, eine weitere war Tocharisch, das am nördlichen Zweig der Seidenstraße gesprochen wurde, wo man die meisten Mumien gefunden hat. Es gibt zwar keine vollständigen Dokumente auf Tocharisch, wohl aber einige Wörter und Namen in anderen Texten, die den Sprachforschern bestätigten, dass Tocharisch zu den indoeuropäischen Sprachen gehörte und den gleichen Ursprung hat wie die meisten heutigen Sprachen Europas und einige andere, z. B. die armenische Sprache. Mit dem Chinesischen ist es nicht verwandt.

Die Chinesen hatten etwa seit dem 2. Jahrhundert v. Chr. über einen längeren Zeitraum Kontakt mit den Menschen in Zentralasien und schrieben darüber Berichte. Besonders erstaunt waren die Han-Chinesen über die „behaarten" Männer, aber sie vermerkten auch, dass die Menschen eine „rötlich-weiße" oder „weiße" Haut hatten, ein weiteres Merkmal der Indoeuropäer. Darüber wird intensiv geforscht.

Erwähnenswert ist, dass man in modernen Städten an der Seidenstraße, etwa in Urumqi, heute noch Menschen antrifft, die indoeuropäisch aussehen, obwohl sie und ihre Familien seit Generationen nur dort gelebt haben. Das ganze Gebiet lässt sich als Schmelztiegel beschreiben, der durch die langen Handelsbeziehungen und die große kulturelle Vielfalt an der Seidenstraße zweifellos begünstigt wurde.

Die Terrakotta-Armee

Im März 1974 gruben Bauern bei Xi'an in der chinesischen Provinz Shaanxi einige Brunnen, um ihre Wasserversorgung in dieser intensiv bewirtschafteten Region zu verbessern. Doch anstatt auf Wasser zu stoßen, fanden sie eine Menge Terrakotta-Figuren, die man bald als „achtes Weltwunder" bezeichnen sollte. Zufällig hatten die Bauern genau die Armee entdeckt, die immer noch das Grab von Qin Shihuangdi, des ersten chinesischen Kaisers, bewachte. Archäologen wurden herbeigerufen.

König Zheng, der spätere erste Kaiser, bestieg den Kaiserthron im Jahr 221 v. Chr. Er einte China nach der Zeit der Streitenden Reiche, die über 200 Jahre gedauert hatte. Von seiner Hauptstadt Xianyang aus setzte er umfassende Reformen, einheitliche Gesetze, eine Landeswährung, eine Verwaltung und eine Einheitsschrift durch. Sein Drang nach Normen schloss sogar die Spurweite von Fahrzeugen ein. Er ließ 300 000 Männer an der Großen Mauer arbeiten, um China vor den Nomaden im Norden zu schützen. Auch ein neuer Palast wurde errichtet. Zudem ordnete er den Bau eines überwältigenden Grabes an, wofür man nach historischen Quellen rund 700 000 Arbeiter brauchte. Die Tonfiguren, welche die Bauern gefunden hatten, gehörten zur Grabausstattung. Sie stammen aus einem riesigen Grabkomplex und bewachten das Grab des ersten Kaisers, das unter einem gewaltigen Grabhügel in der Nähe liegt. Die sogenannte Terrakotta-Armee war in drei sehr großen Gruben nördlich dieses Hügels in Kampfformation aufgestellt (ein vierter Hügel enthält keine Tonfiguren). Die Zahlen sind außergewöhnlich: Um die Gruben anzulegen, musste man etwa 100 000 Kubikmeter Boden ausheben, denn sie haben eine Gesamtfläche von rund 25 000 qm. Diese Gruben waren mit etwa einer viertel Million gebrannten Lehmziegeln gepflastert und hatten Dächer aus Holz, meist Zypresse und Kiefer. Heute schätzt man, dass sie rund 7000 lebensgroße Modelle von Soldaten sowie 600 Pferdefiguren enthalten. Aber die Gruben sind nur ein Teil des Ganzen. Insgesamt muss das Grab des ersten Kaisers enorm viel Zeit, Arbeit und Geld gekostet haben. Sehr wahrscheinlich trifft es zu, dass Hunderttausende von Menschen bis zu zehn Jahre lang daran gearbeitet haben, wie Chroniken berichten.

Die Figuren

Wir kennen sogar die Namen einiger Kunsthandwerker, denn unter den langen Mänteln oder in den Achselhöhlen der Figuren sind die „Unterschriften" von 85 Handwerkern verborgen. Sie verwendeten örtlichen Ton, der sich für die Herstellung großer Stücke eignete, und brannten ihn bei rund 800 °C, wodurch die Terrakotta an der Oberfläche ziemlich grau wurde. Die Töpfer müssen technisch sehr geschickt gewesen sein, denn es gelang ihnen offenbar, eine konstante und exakte Brenntemperatur aufrechtzuerhalten. Die Statuen sind immer noch hart und stabil, obwohl sie rund 2200 Jahre lang begraben waren. Nach dem Brennen wurden sie bemalt, was Farbspuren eindeutig belegen. In Grube 1, der größten Grube, gab es anscheinend zwei grundlegende Farbmuster. Eine Gruppe hatte z. B. grüne Mäntel, dunkel-

Gegenüber: Die Figuren sind von der Taille aufwärts innen hohl. Aus der Nähe betrachtet, werden die Unterschiede zwischen ihnen deutlicher.

Rechts: Die Terrakotta-Armee spiegelt die Zusammensetzung der realen Armee jener Zeit wider und besteht nicht nur aus einfachen Soldaten. Diese Figur stellt einen hohen Offizier oder General dar.

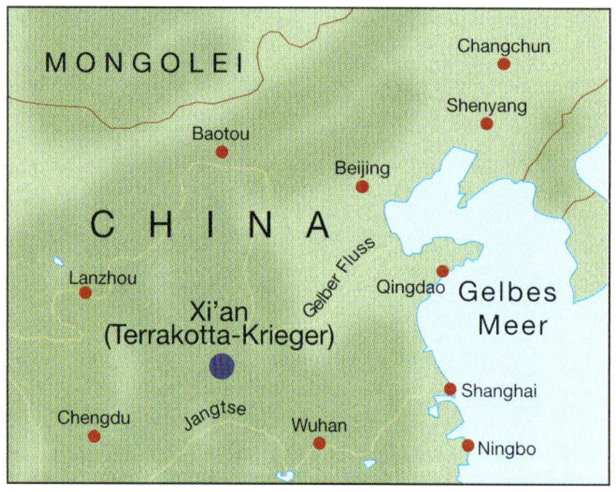

blaue Hosen und schwarze Schuhe mit roten Schnürsenkeln. Ihre Rüstung war ebenfalls schwarz, aber mit weißen Nieten, Goldknöpfen und purpurfarbenen Gürtelschnüren.

Am eindrucksvollsten ist wohl, dass jeder Soldat einzigartig ist. Die Körper sind standardisiert, aber die Gesichter sind individuell. Jede Statue ist so gebaut, dass der Körper von der Taille abwärts massiv, darüber hohl ist; das Gewicht wird von den Beinen getragen. Manche Teile, z. B. Kopf und Unterarme, wurden separat angebracht. Bislang wurden keine identischen Gesichter gefunden – dieses Niveau der Porträtkunst ist einzigartig. Manche Forscher nehmen an, dass die Figuren die ethnische Vielfalt im Reich des ersten Kaisers widerspiegeln und die Einheit Chinas feiern. Dafür sprechen einige markante Gesichtszüge und die Zahl der Figuren, die sie aufweisen. Davon abgesehen, hat jedes Gesicht Charakter und Ausdruck. Manche sehen entschieden mürrisch aus, andere aufmerksam oder geduldig. Es gibt 25 verschiedene Barttypen, die zum Alter, zur Persönlichkeit, zur Grundform des Gesichts und zum militärischen Rang passen. Die meisten Soldaten sind kräftig, viele groß – es ist eine Armee aus gesunden und kampfbereiten Männern.

Die Armee

In den einzelnen Gruben wurden unterschiedliche Funde gemacht, aus denen man viel über die militärische Organisation der Armee des ersten Kaisers ablesen konnte. Grube 1 ist groß und enthält die meisten Figuren, in der Mehrzahl Infanteristen. Sie tragen keine Helme – nur Offiziere trugen sie –, aber die meisten haben eine Rüstung. Es gibt sechs Wagen in dieser Grube, zwei davon sind anscheinend Kommandowagen. Unter den Soldaten sind Bogen- und Armbrustschützen sowie drei Gruppen von Infanteristen ohne Rüstung. Aus historischen Quellen wissen wir, dass Qin-Soldaten berühmt für ihre Tapferkeit waren. Sicherlich erwartete man von Soldaten mit dieser Kleidung und Ausrüstung, dass sie nach vorne stürmten; denn es waren Angreifer, keine Verteidiger. Zudem waren sie sehr diszipliniert – vielleicht deshalb, weil Befehlsverweigerung den sicheren Tod bedeutete.

Grube 2 enthält eine größere Vielfalt von Soldaten, und viele der hier gemachten Beobachtungen sprechen dafür, dass ursprünglich alle Soldaten bewaffnet waren. Schon bei einer Probegrabung fand man eine riesige Menge Pfeilspitzen. Man nimmt an, dass diese Grube rund 1400 Figuren und 80 Wagen beherbergt: Bogenschützen, Reiter und Infanteristen mit Rüstung, Speerwerfer und sogar zwei Kommandeure oder Generäle. Einer steht in einem Kommandowagen, der andere bei der Infanterie, und beide tragen eine typische Rüstung, eine Art Kettenhemd.

Grube 3 war eingestürzt, sodass ihr Inhalt stark beschädigt ist; aber es scheint, dass die Soldaten zur Kommandoeinheit gehören. Viele der 68 Krieger sind Offiziere, und man fand vier Pferde und einen Wagen. Der Oberbefehlshaber fehlt. Die Soldaten seiner Leibwache sind außergewöhnlich groß, durchschnittlich 1,90 m (in Grube 1 beträgt die Größe nur 1,80 m). Übertroffen werden sie nur durch den Befehlshaber der Infanterievorhut aus Grube 2: Er ist als Einziger 1,96 m groß. In Grube 3 sind alle Krieger so angeordnet, als würden sie den Offizier schützen – ein Befund, der bestätigt, dass sie in Kampfformation aufgestellt wurden. Sie tragen zwei Arten von Rüstungen: leichtere „Kettenhemden" für schnelle Bewegungen und eine schwerere Version für Nahkämpfe. Einige ihrer Waffen hatten eher eine zeremonielle als eine praktische Funktion; sie passten zu ihrer Rolle als Leibwächter.

Oben: Die Karte zeigt die Fundstelle bei Xi'an.

Links: Viele Figuren sind Armbrust- oder Bogenschützen. Trotz der Plünderungen kurz nach dem Tod des ersten Kaisers wurden viele Waffen, wie z. B. Pfeilspitzen, gefunden.

Das Grab des ersten Kaisers

Die Gruben mit den Soldaten sind zwar spektakulär, aber nur ein Teil des riesigen Grabkomplexes von Qin Shihuangdi. Unter den vielen weiteren Funden waren ein Modell eines königlichen Wagens in halber Originalgröße nebst Kutscher und vier Pferden, Pferdekadaver, Massengräber mit menschlichen Leichen (vielleicht Zwangsarbeiter) und Tempel, in denen möglicherweise Speisen und Getränke geopfert wurden. Das Grab des Kaisers wurde noch nicht ausgegraben; die Archäologen halten sich hier bewusst zurück. Ob es unversehrt ist, wissen wir nicht. Andere Teile des Komplexes wurden geplündert und während des Aufstands nach dem Tod des Kaisers im Jahr 210 v. Chr. beschädigt.

Der Grabhügel des Kaisers liegt etwa 1,6 km von den Gruben mit den Soldatenfiguren entfernt. Es handelt sich um einen riesigen künstlichen Hügel, der rund 50 m hoch ist und eine Fläche von 340 m mal 350 m bedeckt. Über seinen Inhalt gibt es Aufzeichnungen: Quecksilberflüsse, die den Verlauf der großen chinesischen Flüsse imitierten, die besten Möbel des Kaisers und das mit Bronze verkleidete Grab. Das Grab enthielt Fallen sowie gespannte und strategisch platzierte Armbrüste, um Räuber abzuschrecken. Die Aufzeichnungen erwähnen auch, dass Konkubinen, die dem Herrscher keine Söhne geboren hatten, getötet wurden, um ihn zu begleiten, und dass die Arbeiter, die für die Grabausstattung zuständig waren, hingerichtet wurden. Man entdeckte Gruben mit den Leichnamen vieler Männer, und einige von ihnen wurden offenbar exekutiert. Dieser Teil der Berichte könnte also stimmen, und der Rest trifft vielleicht auch zu.

Die historischen Aufzeichnungen schildern jedoch auch, dass das Grab schon wenige Jahre nach der Bestattung des Kaisers – er starb 210 v. Chr. im Alter von 49 oder 50 Jahren – geplündert wurde. Die Räuber nahmen einen großen Teil der Waffen der Terrakotta-Armee mit, und eine mit Silber und Gold verzierte Bronzeglocke aus der gleichen Periode, die durchaus aus dem Grab stammen könnte, wurde in der Nähe gefunden. Vielleicht haben die Plünderer sie weggeworfen; Näheres wird wohl erst die Öffnung des Hügels offenbaren.

Rechts und oben: Die Terrakotta-Soldaten verraten eine Menge über die Armee der Qin-Periode, sogar über nebensächliche Dinge wie Schals. Möglicherweise brauchten Soldaten in kälteren Landesteilen solche Schals; aber vielleicht sollten sie nur Wundscheuern verhindern.

Angkor

Der Handel, vor allem übers Meer, war für die Entwicklung Südostasiens von großer Bedeutung. Ab etwa 500 v. Chr. entstanden mehrere wohlhabende Königreiche.

In der Zeit zwischen 500 v. Chr. und 500 n. Chr. setzte sich in Südostasien zunehmend die Metallbearbeitung durch. Zwar wurde Bronze schon viel früher verwendet, vor allem in Vietnam, aber in dieser Phase nahm ihr Gebrauch – und der des Eisens – zu. Der Wettbewerb förderte nun die Handelsbeziehungen und den Warenaustausch. In den letzten vier Jahrhunderten v. Chr. segelten immer mehr Schiffe durch die Bucht von Bengalen. Küstenstädte waren durch den Handel von Indien bis Indonesien und bis zum Golf von Thailand verbunden, und mit den Handelsgütern breiteten sich Religionen wie Buddhismus und Hinduismus aus.

Gegenüber: Das Innere eines Hofes in Angkor Wat. Dieses riesige Tempelmausoleum ist eines der größten religiösen Bauwerke der Welt. Es wurde unter Suryavarman II. gebaut, der von 1113 bis ca. 1150 regierte. Der Transport des Baumaterials war sicherlich schwierig; vielleicht spielten die Kanäle dabei eine wichtige Rolle.

Oben: Blick auf einen Teil von Angkor Wat. Die dicht bewaldete Umgebung erschwert die Arbeit auf dem riesigen Gelände.

Angkor

Wie viele andere Kulturen in Südostasien entwickelte sich die erste große kambodschanische Kultur aus bronze-/eisenzeitlichen Stammeskulturen. Angkor ist der moderne Name für einen großen Komplex aus Tempeln und Städten im Nordwesten Kambodschas. Es war ein idealer Verkehrsknotenpunkt mit Zugang zum Fluss und reichlich Frischwasser (und Fisch). Gebaut wurde es unter Königen aus drei Dynastien in einem Zeitraum von rund 600 Jahren. Im 7. und 8. Jahrhundert n. Chr. war Angkor das Zentrum eines Kleinstaates, und im Jahr 802 ließ sein Herrscher Jayavarman II. sich zum höchsten König der Erde krönen. Seine Dynastie hielt sich 200 Jahre lang und sorgte für rege Bautätigkeit in Angkor. Gewöhnliche Bauten wurden aus Holz gefertigt, Tempel aus Steinen und Ziegeln. Deshalb sind die Tempel im Gegensatz zu den Wohnhäusern erhalten geblieben, und es entsteht der Eindruck, die Stadt habe vor allem aus Tempeln bestanden. Manche wirken wie stille Zeugen eines verlassenen Ortes. Indravarman I. beispielsweise baute ein neues religiöses Zentrum, mit einem Tempel, der dazu bestimmt war, seine Vorgänger zu ehren; ebenso berichten die Inschriften von einem Königspalast.

Zwar wird immer wieder in Angkor geforscht, aber die Grabungen sind nicht unproblematisch. Die Stätte ist sehr groß – die Ruinen bedecken eine Fläche von etwa 260 qkm –, und es ist schwierig und gefährlich, sie zu begehen. Darum sind Luftaufnahmen unentbehrlich. Auf einigen Satellitenaufnahmen ist ein Kanalsystem zu sehen, das die Stadt und den Tempelkomplex umgibt. Die Kanäle bewässerten Felder und dienten vielleicht auch dazu, um Baumaterial für die Tempel zu befördern. Man kann auch Spuren einer Stadt erkennen, die älter als Angkor ist; aber sie müssen noch näher untersucht werden.

Oben: Die Ausgrabungen und Restaurierungen in Angkor Thom gehen voran. Sie werden von der UNESCO gefördert.

Angkor Wat

Die vielen Tempel symbolisieren oft den Berg Meru, den Wohnsitz der Hindugötter; sie waren also nicht nur Orte der Anbetung. Außerdem wurde in ihnen die Asche der Herrscher aufbewahrt. Der bei Weitem größte Tempel ist Angkor Wat, gebaut von Suryavarman II., der von 1113 bis etwa 1150 regierte; er ist sogar eines der größten religiösen Monumente der Welt. Für Suryavarmans großes Tempelmausoleum wurde Sandstein verwendet, und die Wände sind mit Reliefs dekoriert, von denen einige hinduistische Motive zeigen, viele aber den König und seinen Hof. Einst soll der Tempel mit feinem Gold überzogen gewesen sein.

Angkor Thom

Diese riesige Stadt mit Mauer und Ringgraben baute Jayavarman VII., ein Nachfolger von Suryavarman. In ihrer Mitte steht ein Tempelmausoleum, *bayon* genannt. Überliefert ist sogar ein Bericht über Angkor Thom zu seiner Blütezeit, geschrieben von einem chinesischen Diplomaten, der sich dort 1296 aufhielt. Neuere archäologische Grabungen haben seine Angaben bestätigt. Innerhalb der Stadtmauer lebte eine große Bevölkerung,

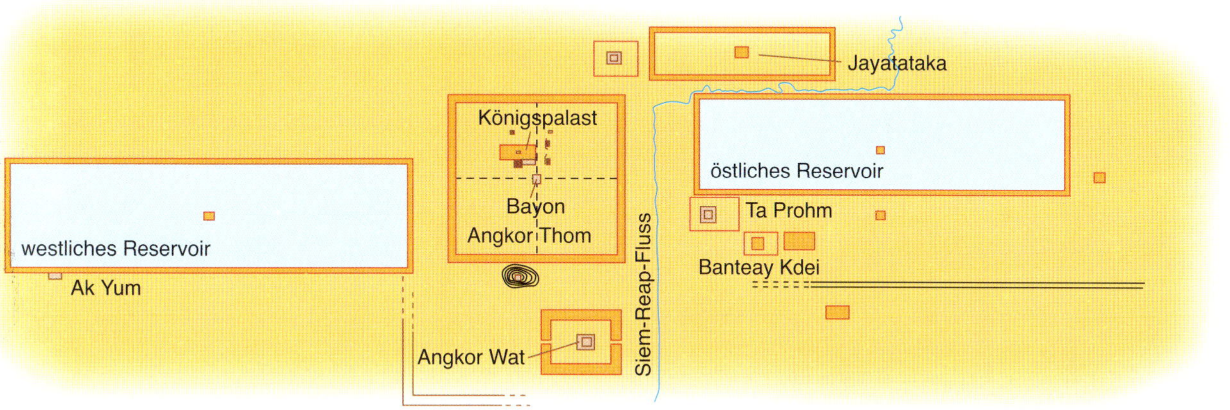

darunter viele Bedienstete und Sklaven des Palastes und anscheinend auch viele Chinesen, die wahrscheinlich überwiegend Händler waren. Zahlreiche Kanäle, Teiche, Straßen und Häuser prägten das Stadtbild.

Ein charakteristisches Merkmal Angkors sind die oft großen und rechteckigen Reservoirs bzw. Becken, deren Zweck man nicht genau kennt. Vielleicht trugen sie zur Bewässerung bei und lieferten Wasser für die Reisfelder zwischen der Stadt und dem Großen See im Süden. Möglicherweise dienten sie einem rituellen Zweck und symbolisierten den Ozean, der den Wohnsitz der Hindugötter umgab. Andere Funktionen sind denkbar, auch mehrere zugleich.

Gegenüber: Ein riesiger Kopf vom bayon, *dem Tempel von Jayavarman VII. in Angkor Thom. Diese Köpfe stellen vermutlich den buddhistischen König dar, dessen Asche im Tempelmausoleum beigesetzt wurde.*

Unten: Angkor Wat ist mit beeindruckenden Reliefs geschmückt. Dieses könnte eine Kampfszene aus dem großen hinduistischen Epos Mahabharata darstellen.

Oben: Skizze des Angkor-Komplexes.

Australische Felskunst

Australien ist in vieler Hinsicht ein einzigartiger Kontinent, auch wegen seiner Einwohner. Bevor im 18. Jahrhundert die ersten europäischen Siedler eintrafen, lebten dort nur Jäger und Sammler, und zwar seit vielen Jahrtausenden. Eines der faszinierendsten Zeugnisse ihrer reichen Kultur ist die Felskunst, die man in ganz Australien an vielen Orten findet.

Manche Gegenden des Landes wurden sorgfältig erforscht, und eine von ihnen liegt im Kakadu National Park im Nordterritorium. Wegen der Fülle von archäologischen Funden und der Schönheit und Komplexität der Felskunst wird diese Stätte bisweilen mit Südwestfrankreich verglichen.

Als Menschen den Kontinent besiedelten, war er noch mit Neuguinea verbunden. Der Meeresspiegel lag viel tiefer – Eismassen banden eine Menge Wasser –, und eine Reise über das Meer, das Australien von Asien trennte, war durchaus möglich. Die Datierung der ersten Besiedlung ist ebenso umstritten wie das sehr hohe Alter einiger Fundstätten. Doch wie dem auch sei, die Menschen breiteten sich rasch aus. Es gibt im ganzen Land Stätten, die auf 40 000–35 000 v. h. (vor heute) datiert werden, und einige Wissenschaftler gehen davon aus, dass sie sogar 20 000 Jahre älter sind, also zwischen 60 000 und 55 000 v. h. entstanden. Der Aufschwung der Archäologie in Australien hat erst vor Kurzem begonnen. Noch vor gut 40 Jahren schrieb man den Siedlungen nur ein Alter von etwa 10 000 Jahren zu.

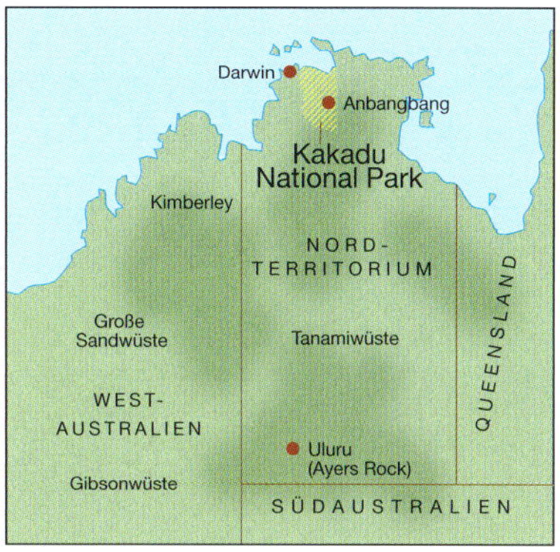

Wer herauszufinden versucht, wann der Mensch Australien zum ersten Mal betrat, steht vor einem Problem: Der Meeresspiegel stieg ziemlich drastisch; er trennte den Kontinent von Neuguinea und Tasmanien und überflutete Küstenregionen. Viel Beweismaterial muss also unter Wasser liegen. Dennoch werden ständig Entdeckungen gemacht, die Datierungen nach hinten verschieben und hitzige Debatten auslösen. Ein Fund von globaler Bedeutung, der in dem Sinn nichts mit der Diskussion um die erste Besiedlung zu tun hat, sind die verbrannten Überreste einer Frau am Mungosee. Sie wurde vor rund 25 000 Jahren eingeäschert – die erste bekannte Leichenverbrennung der Welt.

Wie alt ist die Kunst?

Felsbilder sind immer schwer zu datieren; aber einige stammen sicherlich aus der Eiszeit. An einigen Stätten wurden in sehr alten Schichten Ockerfragmente gefunden, die zur Datierung herangezogen werden können. Die Ergebnisse lassen darauf schließen, dass einige Kunstwerke wenigstens 20 000, vielleicht bis zu 50 000 Jahre alt sind; aber das ist, wie gesagt, umstritten.

An einigen Fundorten lässt sich das Mindestalter von Malereien und Gravierungen anhand von Siedlungsschichten bestimmen. Da diese Schichten die Malereien und Gravuren an den Felsen teils verdecken, müssen die Kunstwerke folglich älter sein als die Siedlungsschicht, die sich z. B. durch ihre Funde datieren lässt. Eine dieser Stätten ist der Abri Early Man in Queensland, wo ein solcher Siedlungshorizont etwa auf 13 000 v. h. datiert wird.

Dank modernster Technik und Verfahren ist es zudem möglich – wie bei den Höhlenmalereien aus der europäischen Steinzeit –, die Farbstoffe und -pigmente selbst zu datieren und zu analysieren. So konnte in einer Probe menschliches Blut als Bindemittel nach-

Gegenüber: Das Bild eines Fisches in Anbangbang im Kakadu National Park. Der Fundplatz gehört zu den derzeit am gründlichsten erforschten.

Oben: Felskunst findet man an vielen Orten, zu den bedeutendsten aber zählen die Entdeckungen im Kakadu National Park.

Links: Felskunst in Ewaninga bei Alice Springs. Schon sehr früh haben Menschen ganz Australien besiedelt, sogar das unwirtliche Zentrum. Von dort stammen ca. 30 000 Jahre alte Zeugnisse.

gewiesen werden; der Farbstoff ist etwa 10 700 Jahre alt. In Queensland fand man rote Farbpigmente, die sogar vor ca. 24 600 Jahren verwendet worden waren.

In Südaustralien bildet sich an freiliegenden Felsen „Wüstenfirnis". Diese Kruste enthält mikroskopisch kleines organisches Material, das sich datieren lässt. An manchen Orten überzieht es Felsgravierungen, sodass man für diese ein Mindestalter angeben kann. Die ältesten auf diese Weise datierten Werke entstanden vor über 40 000 Jahren; aber einige dieser Datierungen sind umstritten. Niemand bezweifelt, dass diese Stätten sehr alt sind und die Kunstwerke zu den ältesten überhaupt gehören; aber die Frage ist: wie alt? Einerlei, wie alt die Kunstwerke letztlich sein mögen, sie bestehen aus vielen Formen, die oftmals in Fels gearbeitet wurden: geometrische Figuren, Kreise und Tierfährten. Manche wurden in Höhlen entdeckt, wie z. B. in der Koonalda-Höhle oder anderen in der Gegend um Mount Gambier; aber auch im Freien.

Die ersten Kunstwerke sind meist geometrischer und abstrakter Natur; die jüngeren werden zunehmend gegenständlicher und zeigen Bilder von Geistwesen, Menschen, Tieren und Pflanzen. In Arnhemland im Norden gibt es einige spektakuläre Beispiele. Stätten im Kakadu National Park wurden gründlich untersucht und liefern wichtige Informationen zum Verständnis der Felskunst der gesamten Region.

Grabungen im Kakadu National Park

In den 1980er-Jahren leitete Rhys Jones von der Australian National University ein großes Forschungsprojekt in Kakadu, einer Region, die für ihre herrliche Felskunst bekannt ist. Voraussetzung für den Erfolg war eine enge Zusammenarbeit mit der örtlichen Gemeinde der Aborigines. Diese Menschen fühlten sich dem Land und bestimmten Stätten eng verbunden und waren zudem deren Eigentümer. Sie wollten sicher sein, dass die Archäologen keine rituellen – oder handfesteren – Gefahren heraufbeschworen: Sie durften beispielsweise keine Orte betreten, die bei den Ureinwohnern als rituell gefährlich galten. Außerdem mussten sie die Arbeit an einer Stätte abschließen, ehe sie die nächste erforschten, und nach Abschluss der Grabun-

Rechts: Abris wie dieser hier am King Edward River in Kimberley, Westaustralien, boten vorübergehend Unterschlupf. Viele wurden immer wieder aufgesucht, manchmal über Tausende von Jahren, und sie wurden oft dekoriert.

gen alle Objekte an ihren Fundort zurücklegen. Die Archäologen wurden von älteren Mitgliedern der betroffenen Gemeinden begleitet, und andere Mitglieder arbeiteten bei ihnen im Feldlabor.

Anbangbang

Eine der wichtigsten untersuchten Stätten war der Abri von Anbangbang. Schon bei der ersten Besichtigung deutete viel auf eine intensive Nutzung und Besiedlung hin – ein Eindruck, der bald durch die Ausgrabungen bestätigt werden sollte: In den oberen Schichten hatte sich – im Vergleich zu anderen australischen Fundstellen – aufgrund der hier herrschenden günstigen Bedingungen viel organisches Material erhalten. Vermutlich war der Abri schon vor weit mehr als 10 000 Jahren aufgesucht worden, ganz sicher aber vor 6000 Jahren. Etwa um diese Zeit wurde die Fundkonzentration deutlich dichter, und das wiederholte sich noch einmal in einer Schicht, die vor ca. 1000 Jahren zur Ablagerung gekommen war. Steinwerkzeuge sind in der Regel die einzigen Artefakte, die an australischen Fundstätten erhalten geblieben sind; darum nehmen sie einen besonderen Stellenwert ein. In Anbangbang aber barg man auch viele andere Objekte, meist aus dem letzten Jahrtausend, darunter Knochenwerkzeuge, von denen einige wahrscheinlich an Harpunen befestigt waren, denn man fand an ihnen Spuren von Harz, mit dem sie festgeklebt wurden. Sogar hölzerne Werkzeuge wurden gefunden, ebenso Reste von Pflanzen, die wahrscheinlich von der nahen Lagune stammen. Seerosen waren anscheinend besonders beliebt. Über 50 Fisch- und andere Tierarten konnten nachgewiesen werden, bei denen es sich zweifellos um Jagdbeute handelte, denn auf den Knochen waren entsprechende Schnittspuren erkennbar. Anbangbang könnte ein Basislager gewesen sein, das eine Gruppe von etwa 25 Menschen in der Regenzeit und zu Beginn der Trockenzeit nutzte. An einem anderen Abri, Fundplatz Lindner, fand man u. a. Ockerstückchen in Siedlungsschichten, die sogar fast 53 000 Jahre alt sein könnten.

Chaloupkas Datierungstheorie

Für die Kunst im Nordterritorium wurde eine weitere Datierungsmethode vorgeschlagen, die man in modifizierter Form auch in anderen Gegenden anwenden kann. George Chaloupka glaubt, dass der Wechsel der abgebildeten Tierarten die Realität widerspiegelt und dass man so das Höchstalter eines Bildes bestimmen kann. Der ansteigende Meeresspiegel und andere Veränderungen der Umwelt riefen Veränderungen der Flora und Fauna hervor, und das hilft bei der Datierung der Bilder. Nach dieser Theorie wären die ältesten Bilder jene, die keine Meerestiere, sondern Landtiere darstellen, vielleicht auch einige, die heute ausgestorben sind; sie müssten auf dem Höhepunkt der letzten Eiszeit entstanden sein. Ein Bild aus einer Stätte jenseits des Parks zeigt eine selt-

Gegenüber: Eine einzelne Figur aus Anbangbang.

Oben: Eine Regenbogenschlange aus Ubirr im Kakadu National Park.

Links: Nicht jedes Felsbild ist gegenständlich. Es gibt auch viele Symbole. Diese – als Natursymbole gedeutet – stammen aus Kuyunba im Nordterritorium.

same Kreatur, die man vorläufig als *Palorchestes* identifiziert hat, ein Tier, das wir nur aus Fossilfunden kennen. Nach dem Anstieg des Meeresspiegels vor etwa 6000–7000 Jahren tauchen Tiere wie Salzwasserkrokodile und Barramundis (Riesenbarsche) in den Bildern auf, und die kleineren Beuteltiere – die vermutlich landeinwärts wanderten – verschwinden. Als sich vor rund 1000 Jahren Feuchtgebiete mit Süßwasser bildeten, fand auch dieser große Wandel wieder seinen Niederschlag in der Felskunst. Mit der Zeit wurden Landbeuteltiere und Nahrungspflanzen wie Yamswurzeln in den Bildern durch Schildkröten und Fische ersetzt. Tiere wie diese könnten den Alltag der Maler darstellen, aber es gibt auch andere Bilder.

Territorien und Handel – oder Tausch

Felskunst verrät auch etwas über die verschiedenen Bewohner des Landes. Die älteste Kunst – abstrakte und geometrische Formen – war in riesigen Gebieten einheitlich, während spätere Werke, oft mit vielen Farben kunstvoll gemalt, klare regionale Unterschiede aufweisen. Sie lassen nach Ansicht mancher Experten auf die Bewohner der Region schließen. Und in der Tat gibt es in den jüngeren Perioden einige Anzeichen dafür, dass die Menschen sesshafter wurden (z. B. mehr Basislager und Friedhöfe).

Der Handel, oder ritueller Tauschhandel, war wichtig. Ein Schlüssel zum Verständnis solcher Kontakte und Beziehungen ist die Herkunftsbestimmung von Steinen, aus denen Werkzeuge angefertigt wurden. Mit den Steinbrüchen, die den typischen Grünstein aus Südostaustralien enthalten, haben sich Archäologen besonders gründlich befasst. Er wurde an Ort und Stelle grob behauen und dann an anderen Orten fertig bearbeitet. Offensichtlich wurde er über weite Entfernungen gehandelt. Die meisten Handelsgüter sind leider nicht erhalten geblieben; aber wir wissen aus historischen Aufzeichnungen, dass Pituri (eine narkotische Pflanze, die auch „einheimischer Tabak" genannt wird und in Mittelaustralien und Queensland wächst) über sehr große Entfernungen gehandelt wurde, und das Gleiche gilt für Perlmuscheln von der Nordwestküste. Andere Dinge waren ebenfalls in Umlauf – Ocker, Nahrungsmittel, Harz für die Befestigung von Steinspitzen an Holzgriffen. Solche „Netzwerke" waren für die Aborigines ein wichtiger Teil des Lebens. Es gab feste Treffpunkte für den rituellen Austausch von Geschenken, der wohl auch einen wichtigen sozialen Zweck erfüllte.

Die Osterinsel

Die Osterinsel mit ihren imposanten Statuen hat Archäologen und Historikern mehr Fragen als Antworten beschert. Die Rätsel der Statuen sowie des Ursprungs und Schicksals der Kultur, die sie hervorbrachte, fasziniert die Menschen seit Jahren.

Rapa Nui, wie die Osterinsel bei den Polynesiern heißt, ist eine etwa dreieckige Insel aus Vulkangestein, nur 166 qkm groß. Die abgelegene und geografisch isolierte Insel – sie ist 3622 km von der Insel Pitcairn im Nordwesten und 3747 km von Chile im Osten entfernt – ist kulturell mit Polynesien verbunden. Im Gegensatz zum größten Teil Polynesiens hat sie jedoch ein subtropisches Klima und ein relativ kleines, lokales Ökosystem. Polynesische Entdecker, auch jene, welche die Osterinsel erreichten, nahmen eine Auswahl von Tieren und Pflanzen mit auf ihre Reise. Manche, etwa Bananen und Süßkartoffeln, gediehen auf der Osterinsel; Hinweise auf Hunde und Schweine aber fehlen, obwohl man sie erwarten sollte. Hühner und Polynesische Ratten dagegen überlebten und wurden nützliche, sogar lebenswichtige Nahrungsmittel. Zudem ist belegt, dass es einheimische Vogelarten gab; allerdings starben sie aus – vielleicht weil die Einwanderer (und ihre Ratten) sie verspeisten. Die Polynesier, die fortan auf der Insel lebten, bauten kleine Dörfer mit ovalen Häusern. Feldfrüchte wurden auf Äckern angebaut, die von Mauern umgeben waren, um sie vor dem heftigen Wind und der salzigen Gischt zu schützen.

Haben die Menschen sich selbst zerstört?

Wann wurde die Osterinsel von den Polynesiern besiedelt? Die traditionelle Datierung – um 800 n. Chr. – wird neuerdings angezweifelt. Bei neuen Forschungen wurden die ältesten bisher gefundenen Spuren einer menschlichen Besiedlung auf 1200 n. Chr. datiert, wodurch sich viele anerkannte Theorien in Luft auflösten. Aber diese neue Datierung sagt uns nicht, was geschehen ist.

Man nimmt seit Langem an, dass Überbevölkerung und die daraus resultierende Zerstörung des empfindlichen Ökosystems einer der Gründe für den unbestrittenen Niedergang der Inselkultur waren. Pollenanalysen belegen, dass die Insel einst mit Palmen bewaldet war; aber diese Wälder wurden abgeholzt. Als der europäische Entdecker Jacob Roggeveen im Jahr 1722 auf der Insel landete, war sie öde und nur noch spärlich besiedelt – wahrscheinlich lebten nur noch rund 2000 Menschen auf ihr. Man hat immer angenommen, dass eine große Bevölkerung notwendig war, um die *moais*, die Kolossalstatuen, zu behauen, zu bewegen und aufzurichten. Schätzungen zufolge könnte die Insel einst bis zu 20 000 Einwohner gezählt haben. Allerdings sind solche Schätzungen sehr schwierig und beruhen oft mehr auf Vermutungen – etwa auf der Zahl der Menschen, die in einem Haus gelebt haben könnten – als auf konkreten

Oben: Moais *im Krater Rano Raraku, wo die Statuen gebrochen und behauen wurden. Dort stehen viele von ihnen heute noch in unterschiedlichen Stadien der Bearbeitung. Der weiche vulkanische Tuffstein war ein idealer Werkstoff. Über 95 Prozent der* moais *stammen von hier.*

Oben: Felsritzung eines „Vogelmannes" im Dorf Orongo. In den späteren Jahren der Inselkultur wurde der Häuptling beim Vogelmann-Wettkampf ermittelt. Jeder Bewerber wählte einen jungen Mann, der ihn vertrat, und die Teilnehmer mussten an den Klippen hinabklettern, durch haifischverseuchtes Wasser zu einem Inselchen schwimmen und auf die Rückkehr der Rußseeschwalben warten. Wer mit dem ersten Ei zurückschwamm, sicherte seinem Herrn die Häuptlingswürde. Diesem Ritual machten in den 1860er-Jahren Missionare ein Ende.

Gegenüber: Statuen auf der ahu *(Plattform) an der Anakena-Bucht. Diese Plattform, Ahu Nannau, hat in den Mythen eine besondere Bedeutung und wird mit Hotu Matu'a assoziiert, dem Ahnen, der die Inselkultur begründete.*

Beweisen. Auch auf die Rolle der Tiere, die mit den Siedlern kamen, wurde kürzlich hingewiesen. Polynesische Ratten fressen gerne Palmnüsse und könnten ernsthafte Schäden angerichtet haben. Vielleicht haben die Menschen die Ressourcen der Insel also nicht allein erschöpft. Möglicherweise war die Zahl der Bewohner niedriger, als man bis vor Kurzem annahm, und vielleicht sind sie später gekommen. Die Forschungen gehen weiter, und was einst klar zu sein schien, ist heute nicht mehr so sicher.

DIE *MOAIS*

Die großen Statuen oder *moais*, die am Rande der Osterinsel stehen, sind für die meisten heutigen Besucher das auffälligste Merkmal – und Roggeveen ging es 1722 nicht anders. Alle Statuen gleichen dem menschlichen Körper bis zur Taille. Sie haben längliche Köpfe und längliche Ohren, von denen einige durchlöchert sind. Ihre Arme liegen fest am Körper an, und ihre Hände – mit langen Fingern – begegnen sich fast in Höhe des stilisierten Lendenschurzes. Auf der Insel wurden über 800 Statuen gezählt, im Schnitt sind sie 2–10 m hoch und wiegen bis zu ca. 80 Tonnen. Gebrochen und behauen wurden sie im Krater des Rano Raraku, dessen weicher Tuffstein der ideale Werkstoff war. Man hat viele Tausend Werkzeuge aus Basalt gefunden, und zahlreiche Statuen in verschiedenen Stadien der Bearbeitung befinden sich heute noch dort, einige liegend, einige teilweise begraben. Manche der aufgestellten Kolosse hatten *pukao* (Haarknoten) aus roter Schlacke, die aus einem anderen Steinbruch stammt; und einige hatten Augen aus weißen Korallen und Obsidian.

Viele Statuen – etwa 230 – wurden auf Plattformen entlang der Küste aufgestellt. Diese zeremoniellen steinernen Plattformen, *ahu* genannt, errichteten die Inselbewohner kurz nach ihrer Ankunft, und mit der Zeit wurden sie größer und zahlreicher. Allerdings trägt weniger als die Hälfte dieser Plattformen Statuen. Einige der großen *ahu*-Plattformen waren kunstvolle Bauwerke aus verschiedenen Perioden. Sie haben einen Kern aus Bruchstein und Mauern aus Haustein, der das enorme Gewicht mehrerer Statuen tragen kann. Auf einer Plattform namens Ahu Tongariki stehen 15 Statuen; sie ist die größte der Insel. Die meisten *moais* schauen landeinwärts, weg vom Meer und in Richtung der Dörfer. Möglicherweise symbolisieren sie die Ahnen.

DER TRANSPORT DER *MOAIS*

Man nimmt seit Langem an, dass sehr viele Menschen notwendig waren, um die Statuen herzustellen und zu transportieren. Dazu gibt es mehrere Theorien und sogar Experimente. Im Krater des Rano Raraku wurden die Statuen aus Stein gehauen. Zum Schluss wurden sie nur noch von einem „Rückgrat" gehalten, das man allmählich abmeißelte. Einige Statuen, die heute noch im Steinbruch stehen, sind riesig; aber die meisten Figuren auf den Plattformen sind weniger als 6 m hoch. Der Trans-

Gegenüber: Nahaufnahme von Statuen auf der Ahu Nannau. Die roten „Haarknoten" – nicht alle Statuen tragen sie – stammen aus einem anderen Steinbruch als der Stein für die Figuren. Vielleicht wurden sie hinzugefügt, als die Statuen bereits einige Zeit standen.

Links: Archäologen bei der Arbeit auf der Osterinsel.

Oben: Ahu Tongariki, die größte Plattform auf der Osterinsel, trägt 15 Statuen.

port, den Besucher wohl für die schwierigste Arbeit halten, war möglicherweise einfacher, als es scheint. Die Polynesier waren durchaus imstande, schwere Kanus, die sich für lange Seereisen eigneten, und das dafür benötigte Material über die Insel zu transportieren. Diese Kenntnisse könnten sie auch beim Transport der Statuen angewandt haben.

Einige Experten nehmen an, dass die Statuen liegend auf Rollen gezogen wurden; aber sie können auch senkrecht auf Schlitten bewegt worden sein. Man hat zwei Methoden erfolgreich ausprobiert, beide auf ebenem Boden. Allerdings waren sie ziemlich riskant und wären in unwegsamem Gelände vielleicht gefährlich gewesen. Neuere Versuche nutzten die Ähnlichkeit mit dem Transport von Kanus, und eine Methode erwies sich als recht brauchbar. Man stellte die Betonnachbildung einer Statue auf einen Schlitten mit A-förmigem Rahmen, zusammengeschnürt in der Form des Rumpfes eines Auslegerkanus, und band sie darauf fest. Getestet wurde dieser Schlitten mit Hebeln, Walzen und einer „Kanuleiter" aus seitlichen Sprossen in einem Abstand von knapp über 1 m, auf der ein Kanu gleiten konnte. Die einfachen Walzen waren wenig hilfreich; doch auf der Kanuleiter konnte man die Statue mühelos 100 m weit ziehen. Das geschah zwar auf recht ebenem Boden, aber man konnte die Statue auch auf eine Rampe und eine nachgebaute *ahu* hieven und mit dem Schlitten als Bock sogar aufrichten.

Wie fanden die Polynesier die Osterinsel?

Als Thor Heyerdahl 1947 mit seinem Floß Kon-Tiki von Südamerika nach Polynesien segelte, wollte er beweisen, dass Menschen aus Südamerika, vor allem aus Bolivien, die pazifischen Inseln besiedelt hatten. Etwas später leitete er Expeditionen zur Osterinsel und versuchte nachzuweisen, dass auch sie ursprünglich von Südamerikanern bewohnt war. Forschungen in den nachfolgenden Jahren erbrachten jedoch keine Hinweise auf eine solche Periode in der polynesischen Vorgeschichte, weder auf der Osterinsel noch anderswo. Aber es gab eindeutig Kontakte; andernfalls hätten die Polynesier keine Süßkartoffeln gekannt. Diese Kontakte hält man heute für sporadisch und beiläufig, und vermutlich waren sie nicht südamerikanischen, sondern polynesischen Seefahrern zu verdanken.

Die Polynesier kannten den Pazifik in der Nähe ihrer Inseln wie kein anderes Volk. Das bestätigten einige der ersten Europäer, die ihnen begegneten, etwa Kapitän Cook. Er skizzierte in den 1760er-Jahren eine Landkarte der Inseln und stützte sich dabei auf Informationen, die ihm Tupaia, ein polynesischer Lotse, gab. Die Karte umfasst ein riesiges Gebiet, mindestens so groß wie Australien, und Tupaia hatte alle Daten im Kopf. Lotsen wie er nutzten ihr Wissen über Winde und Strömungen, das über viele Generationen hinweg gesammelt und tradiert wurde. Die Sonne und die Sterne benutzten sie als Kompass. Wenn sie auf isolierten Inseln landeten, berücksichtigten sie zudem den Seegang, die Art und Weise, wie die Wogen von der fernen Küste abprallten, den Vogelflug und die Bewölkung.

Die polynesischen Kanus mit Doppelrumpf und die Segelflöße waren durchaus für lange, gefährliche Reisen geeignet. Sie wurden aus flexibel zusammengebundenen Holzteilen gefertigt und waren sehr robust und seetüchtig. Um solche Fahrzeuge zu bauen, brauchte man schwere Balken, die oft viel größer als die größten *moais* waren und häufig in unwegsamem Gelände transportiert werden mussten. Diese Fertigkeiten konnten die Polynesier leicht für andere Zwecke nutzen.

Amerika

Die ersten Siedler

Die Schätze von Sipán

Die Maya – Palenque und Pakals Grab

Teotihuacán

Die Azteken

Machu Picchu und die Inka

Pueblo-Bauern der Wüste

Die ersten Siedler

Die Gletscher, die weite Teile der Welt bedeckt hatten, zogen sich vor etwa 18 000 Jahren allmählich immer weiter zurück. Dadurch veränderte sich auch die Umwelt. Auf der Nordhalbkugel boten die Gebiete im Süden den großen wandernden Moschusochsen- und Rentierherden sowie den Mammuts – beliebte Beutetiere der Menschen – keinen geeigneten Lebensraum mehr. Also zogen die Tiere und mit ihnen die Jäger nord- und ostwärts; sie folgten der zurückweichenden Tundra. Als der Klimawandel andauerte, wanderten sie immer weiter nach Norden und erreichten schließlich die Landbrücke, die damals Sibirien mit Alaska verband und die heute infolge des Meeresspiegelanstiegs im Beringmeer versunken ist.

Es wird viel darüber diskutiert, wann die ersten Menschen diesen Weg nach Amerika gingen. Im nordamerikanischen Ausläufer dieser großen Landbrücke – sie war etwa 1600 km breit – gibt es einige sehr frühe Funde, aber sie sind umstritten. Die bisher überzeugendsten Spuren sind ca. 13 000 Jahre alt und stammen aus den Bluefish-Höhlen im Yukon. Obwohl Teile Alaskas und der Yukon damals eisfrei waren, bedeckten gewaltige Gletscher den größten Teil des heutigen Kanadas. Aber die Eismassen spalteten sich schließlich in zwei riesige Teile, sodass die Menschen durch eine mehr oder weniger eisfreie Zone südwärts wandern konnten. Man nahm lange Zeit an, dass dies vor rund 13 000 Jahren geschah; aber einige Fundstätten, die nur durch diesen Korridor erreichbar gewesen sein können – z. B. der Abri Meadowcroft in Pennsylvania –, deuten auf eine ältere Besiedlung hin: Meadowcroft wurde vermutlich bereits zwischen 19 000 und 17 000 v. h. (vor heute) saisonal genutzt. Überraschend noch älter sollen andere Fundstätten sein, wie beispielsweise Pedra Furada in Brasilien und Monte Verde I in Chile. Sie wurden auf 33 000 v. h. datiert; aber das ist sehr umstritten.

Unabhängig von diesen sehr frühen Datierungen steht fest, dass die Menschen sich um 11 500 v. h. über fast alle bewohnbaren Gebiete Amerikas ausgebreitet hatten. Lange Zeit nahm man an, dass sie für das Verschwinden der großen eiszeitlichen Tiere verantwortlich waren; doch dies wird heute bezweifelt. Der Klimawandel, der die Ausbreitung der ersten Siedler begünstigte, machte Mammuts, Mastodonten und anderen Tieren anscheinend das Leben schwerer, sodass die Bejagung durch den Menschen ihr Aussterben nur beschleunigte.

Monte Verde

Monte Verde in der Nähe der chilenischen Küste, eine der möglicherweise sehr frühen Stätten, deutet auf eine andere Route der Kolonisierung hin: südwärts mit Schiffen, dicht entlang der pazifischen Küste. Bei Grabungen Ende der 1970er-Jahre kam eine frühe Siedlung am Ufer eines Baches zum Vorschein. Sie ist hervorragend erhalten, weil sie schon kurz nach dem Abzug ihrer Bewohner von einer Torfschicht bedeckt wurde. Monte Verde II, wie die Siedlung genannt wird, ist mindestens 12 500 Jahre alt. Monte Verde I liegt darunter und hat weit mehr Kontroversen ausgelöst: Die Radiokarbondatierung, etwa 33 000 v. h., wird angefochten, und die Forschungen sind noch im Gange. Die Spuren der einstigen Bewohner wurden als „zweifelhaft“ bezeichnet.

Einige Funde in Monte Verde II sind in überraschend gutem Zustand, beispielsweise Artefakte aus Holz und viel organisches Material. Man fand Werkzeuge aus bearbeiteten Knochen und Steinabschlägen, aber die erstaunlichsten Funde betreffen andere Aspekte des Lebens: Die Befunde deuten beispielsweise auf ein etwa 20 m langes Bauwerk aus Fellen und Holz hin, und in einem Gebäude aus Holz und Fellen fand man Spuren verschiedenster Heilkräuter. Tom Dillehay, der Ausgräber, nimmt an, dass hier nur Kranke behandelt wurden. Bemerkenswert gut erhaltene Pollen belegen, dass die Menschen sich nicht nur von einigen heimischen, sondern auch von solchen Pflanzen ernährten, die sie aus bis zu 700 km Entfernung herbeischafften. Die Archäologen fanden heraus, dass Wasserpflanzen und Wildgemüse, darunter Wilde Kartoffeln und andere Knollen, zu den Hauptnahrungsmitteln gehörten, ergänzt durch etwas Fleisch. Salz kam von der Küste, ebenso einige Pflanzen und das Bitumen, womit Steinwerkzeuge in Holzschäften befestigt wurden. Die Bewohner von Monte Verde II nutzten ihre Umwelt optimal.

Gegenüber: Pedra Furada ist eine der ältesten bekannten menschlichen Siedlungen in Amerika.

Rechts: Monte Verde liegt in der Nähe der chilenischen Pazifikküste.

Die Schätze von Sipán

Die peruanischen Gräber der Herrscher von Sipán, die erst 1987 entdeckt wurden, sind die bisher üppigsten in Amerika freigelegten Gräber. Das erste, „Grab des Fürsten von Sipán" genannt, wurde von Plünderern entdeckt; aber sie zerstritten sich, und einer von ihnen ging zur Polizei. Der Fund war so bedeutsam, dass die Polizisten den Archäologen Walter Alva mitten in der Nacht weckten. Heute wird die Stätte immer noch erforscht.

Die Kultur der Moche, der die Toten angehört hatten, blühte vom 1. bis zum 8. Jahrhundert n. Chr. entlang der Nordküste Perus. Moche-Keramik war wohlbekannt, ebenso Metall- und Muschelarbeiten. Auch die imposanten Lehmziegelpyramiden waren unübersehbar. Sie sind heute stark erodiert und sehen kaum noch künstlich aus. Dennoch waren die Plünderer unter einer kleinen Pyramide über ihre Funde gestolpert. Plünderungen in Stätten der Moche haben eine lange Tradition; sie gehen bis auf die spanische Eroberung im Jahr 1532 zurück und waren derart umfangreich, dass die meisten Erkenntnisse über diese Kultur dem aus Gräbern gestohlenen Diebesgut zu verdanken waren. Leider wusste man nicht, woher die Objekte stammten, und genau dieser Kontext wäre wichtig gewesen, um die Moche-Kultur zu verstehen. Die Entdeckung in Sipán änderte alles.

Die meisten Grabbeigaben waren verschwunden; aber die Archäologen bemerkten etwas Ungewöhnliches: einen Platz, an dem jemand die Lehmziegel entfernt und ein großes Loch gegraben hatte. Also suchten sie weiter. Das Erste, was sie entdeckten, war ein Leichnam – die uralten Überreste eines Mannes, dessen Füße abgehackt worden waren. Die Vermutung, er sei ein Grabwächter gewesen, erwies sich als zutreffend. Er hatte das Grab eines Herrschers beschützt, das erste von mehreren, die man schließlich ausgrub.

Der Fürst von Sipán

Ein Holzsarg enthielt die Leiche eines etwa 40 Jahre alten Mannes und viele Beigaben: Kostbarkeiten aus Gold, Silber und Edelsteinen, einen goldenen Kopfschmuck und Federschmuck, fürstliche Banner, Kleider mit Metalldekor und andere Dinge. Diesen offensichtlich wichtigen Mann taufte man „Fürst von Sipán". Andere Särge lagen um den Hauptsarg herum; sie enthielten die Überreste von drei Frauen, vier Männern, einem Jungen und einem Hund. Später entdeckte man in Sipán weitere Gräber, die nach dem gleichen Muster angelegt worden waren: als tiefe Gruben, in denen der Tote mit Opfergaben und Dienern die letzte Ruhe fand. Die Grabkammern waren überdacht und mit Lehmziegeln verschlossen.

Die Entdeckungen in Sipán bestätigen, dass die Moche-Keramik teilweise mit realistischen Szenen dekoriert war – Experten hatten darüber diskutiert. Viele gefundene Objekte kannte man bereits von Bildern auf Töpferwaren, aber einige warfen ein neues Licht auf die Kultur; sie zeugen beispielsweise vom Umfang und von der Vielfalt der Metallbearbeitung. Vielleicht erfahren wir noch mehr, denn die Archäologen arbeiten weiter.

Gegenüber: Das Grab des Fürsten von Sipán.

Oben: Die Grabungsstätte in Sipán.

Die Maya

Palenque und Pakals Grab

In den 1840er-Jahren berichteten die Entdecker John Lloyd Stephens und Frederick Catherwood von „vergessenen Städten“, die der Urwald des Yucatán überwuchert habe. Ihre romantischen Berichte steigerten das Interesse an der verschwundenen Maya-Kultur, und viele Stätten wurden berühmt. Palenque am Westrand des Maya-Staates war eine von ihnen.

Dass Palenque so populär wurde, ist keine Überraschung, denn es ist eine der spektakulärsten Maya-Stätten. Zu den erhaltenen Gebäuden gehören ein Palast mit einem viergeschossigen Turm, eine Gruppe von drei Tempeln, die Schöpfungsmythen der Maya symbolisieren, und der Tempel der Inschriften. Maya-Tempel werden oft „Pyramiden" genannt, weil sie Stufenpyramiden ähneln; aber sie unterscheiden sich von den ägyptischen Pyramiden in einem wichtigen Punkt: Sie wurden nicht als Grabanlagen gebaut. Allerdings gibt es eine Ausnahme, die erst vor einigen Jahren entdeckt wurde.

Der Tempel der Inschriften

Das höchste Gebäude in Palenque ist der Tempel der Inschriften. Er hat neun Ebenen, ist 24 m hoch, und auf seiner Spitze befindet sich ein Heiligtum. Dieses war ursprünglich mit bemalten Reliefs dekoriert, aber der größte Teil ist nicht erhalten. Das Heiligtum besteht aus einer Portikus vor einem Innenraum mit zwei seitlichen Zellen. Dort findet man die Steintafeln mit Maya-Hieroglyphen, denen der Tempel seinen Namen verdankt. Zusammen bilden sie die zweitlängste je entdeckte Maya-Inschrift.

Der mexikanische Archäologe Alberto Ruz Lhuillier wurde 1949 zum Direktor der Forschungen in Palenque ernannt. Die Pflasterung im Heiligtum des Tempels der Inschriften machte ihn neugierig, vor allem eine der Platten im mittleren Raum. An ihren Rändern verliefen zwei Reihen von Hebellöchern – ließ sich die Platte vielleicht verschieben? Er säuberte den Boden neben der faszinierenden Platte. Dort war eine andere Platte beschädigt worden, vermutlich von Grabräubern, denen die gleiche Idee gekommen war. Wer immer sie waren, jede Menge Geröll hatte sie anscheinend abgeschreckt. Ruz Lhuillier entfernte den Schutt und stellte fest, dass die Wände der Kammer nicht auf Fußbodenniveau aufhörten, sondern weiter nach unten reichten. Dort musste etwas verborgen sein.

Lhuilliers Ausgrabungen

Die Grabungen begannen, und am nächsten Tag legten Ruz Lhuillier und sein Team einen großen Stein frei, der Teil eines Gewölbes war. Bald stellte sich heraus, dass sie eine innere Treppe entdeckt hatten, die in die Tiefe der mit Geröll gefüllten Pyramide führte. Es dauerte mehrere Grabungskampagnen, um den Schutt zu beseitigen; doch als das Team die vier Treppenfluchten gesäubert hatte, fand es einige Op-

Gegenüber: Die Paläste und Tempel von Palenque befinden sich auf einem bewaldeten Hang mit Blick auf die Schwemmebene des Flusses Usumacinta im Westteil des Maya-Staates. Der Palastkomplex mit seinem viergeschossigen Turm steht in der Nähe des Tempels der Inschriften, des höchsten Bauwerks in Palenque. Alle großen Gebäude der Stadt wurden in weniger als einem Jahrhundert errichtet.

Rechts: Stuckrelief mit Farbresten aus Tempel XIX in Palenque. Die meisten Reliefs waren einst vermutlich hell bemalt.

fergaben. Die meisten von ihnen – mit rotem Pigment gefüllte Muscheln, Jadeperlen, Jadeohrringe und eine Perle – lagen ganz unten an einer Wand, die den Weg versperrte und die das Team 1952 erreichte. Wieder brauchte man Zeit, um das meterdicke Hindernis zu entfernen, doch schließlich kamen Ruz Lhuillier und seine Arbeiter an einer riesigen, 2 m hohen, dreieckigen Platte an, die einen Eingang verschloss. Am Fuß der Platte stand eine Steinkiste mit menschlichen Knochen. Obwohl sie stark verwest waren, konnte man feststellen, dass es sich um die Überreste von sechs Menschen handelte, darunter zumindest eine Frau.

Das Öffnen der Kammer

Man schob die dreieckige Platte beiseite und stand vor dem offenen Zugang zu einer enormen Kammer, 10 m mal 4 m groß, die auf der Zentralachse der Pyramide und mehr als 25 m unter dem Boden des Heiligtums lag. Im Laufe der Jahre war Regenwasser eingesickert, und die Wände waren mit Kalzit verkrustet; aber Ruz Lhuillier erkannte, dass sie einst mit geritzten Darstellungen dekoriert gewesen waren. In der Kammer befand sich ein riesiges Monument, das einen großen Teil ihrer Fläche einnahm, und die Ausgräber dachten zunächst an einen

Altar. 1952 bohrte Ruz Lhuillier von unten Löcher in das Monument und entdeckte einen rot bemalten Hohlraum. Diese Farbe wurde in der Maya-Kultur oft mit den Toten assoziiert und kommt in Gräbern häufig vor. Das Monument war in Wirklichkeit ein riesiger Sarkophag, der auf sechs steinernen Stützen ruhte.

Der Sarkophag war von einem 3,80 m mal 2,20 m großen behauenen Stein bedeckt, den man vorsichtig hochheben musste (er wog rund 5,5 Tonnen). Schon jetzt war klar, dass es sich um ein wichtiges Maya-Kunstwerk handelte. Nach dem Heben wurde eine Vertiefung sicht-

Gegenüber: Hochrelief aus dem Tempel des Blattkreuzes in Palenque. Es stellt die Geburt des Gottes K'awiil dar.

Links: Der Tempel der Inschriften in Palenque enthält das Grab Pakals, des großen Herrschers im 7. Jahrhundert. Er wurde anscheinend als Grab und Grabtempel gebaut, obwohl Maya-Pyramiden sonst nicht als Gräber dienten.

Oben: Hieroglyphen aus Palenque.

Maya-Hieroglyphen

Lange Zeit wurde die Maya-Kultur in ziemlich rosigem Licht gesehen und idealisiert. Obwohl niemand die Inschriften im Detail entziffern konnte, wusste man, dass die Maya sich für astronomische Ereignisse interessierten. Manche Autoren hielten sie für friedliche „gelehrte Fürsten". Die Entzifferung ihrer Hieroglyphen sollte alles ändern.

Es gab reichlich Inschriften. Manche, etwa jene in Palenque, waren lang und vermutlich detailliert; doch niemand konnte sie entziffern. Aber in den 1960er-Jahren wurde das möglich, und in den 1970er-Jahren gehörten auch die Maya zu den „historischen" Kulturen, deren Aufzeichnungen lesbar waren. Jetzt verstand man die Geschichte der Maya – die diesen Menschen offenkundig ebenfalls wichtig war, da sie viele Dokumente hinterließen –, und man erfuhr mehr über die Maya-Religion. Die Folge war, dass man die Kultur der Maya nicht länger idealisieren konnte: Sie war viel gewalttätiger, als irgendjemand angenommen hatte. Die Inschriften auf Steinen, Tempeltreppen und sogar Altären schildern Kriege und Eroberungen zwischen Städten sowie die Gefangennahme und Opferung feindlicher Herrscher und hoher Beamter. Gewiss, die Maya waren von der Astronomie fasziniert; aber sie nutzten sie beispielsweise, um günstige Zeitpunkte für Kriege zu ermitteln (dabei spielte die Venus eine besondere Rolle). Dank ausführlicher Aufzeichnungen wissen wir heute, wie sich das Gleichgewicht der Macht zwischen den Städten veränderte, wenn sie aufstiegen und fielen.

bar (fast geformt wie eine Gebärmutter). Sie war mit einer perfekt passenden Platte zugedeckt worden, die man ebenfalls entfernen musste. Darunter lag ein Hohlraum. Wände und Boden waren rot, und man fand die sterblichen Überreste eines Menschen, bedeckt mit Jadeschmuck. Eine Jademaske verhüllte sein Gesicht, und er trug ein Jadediadem, Jadeohrschmuck, Halsbänder, Brustschmuck und Armschutzplatten, an jedem Finger einen Jadering und ein Stück Jade in jeder Hand. Zwei Statuetten, ebenfalls aus Jade, befanden sich neben den Füßen, und auch auf dem Deckel des Sarkophags hatte Jade gelegen. Unter dem Sarkophag fand man zwei Stuckköpfe, vielleicht Porträts des Verstorbenen, und getöpferte Essschalen.

Als das Grab entdeckt wurde, waren die Maya-Hieroglyphen noch nicht entziffert; deshalb war die Identität des Toten unbekannt. Später stellte sich heraus, dass er Pakal, der mächtigste Herrscher Palenques, war, der dem Maya-Kalender zufolge von 615–683 n. Chr. regierte. Auf den Türpfeilern im Heiligtum war sein Sohn Chan Bahlum als Maya-Gottheit abgebildet. Die hieroglyphischen Texte im Heiligtum erklärten Pakals Abstammung und betonten seine göttliche Herkunft. Offenbar war der ganze Tempel als Grabmal für Pakal bestimmt. Analysen seines Skeletts belegten, dass er mit etwa 40 Jahren gestorben war; aber die Inschriften behaupten, er sei doppelt so alt geworden. Bisher gibt es keine Erklärung für diesen Widerspruch.

Der Sarkophagdeckel

Der riesige behauene Deckel des Sarkophags, der beim Heben keinen Schaden erlitt, ist wirklich einzigartig. Er zeigt, wie Pakal in Fötusstellung in die Maya-Unterwelt stürzt. Aber aus seinem Leib wächst ein Baum, über dem ein mythischer Vogel schwebt und um den sich eine zweiköpfige Schlange windet. An der Seite befinden sich Gravierungen, die zehn Herrscher von Palenque darstellen; alle steigen aus der Unterwelt. Das Ganze wird als Sinnbild des Todes und der Auferstehung gedeutet. Inschriften an den Seiten des Deckels nennen die Todesdaten von Pakals Ahnen oder Vorgängern und unterstreichen somit seinen Status und seine Herkunft. Eine seltsame Mörtelröhre in Form einer Schlange führte vom Sarkophag in eine steinerne Röhre, die über 67 Stufen ins Heiligtum mündete und Pakal mit der Welt der Lebenden verband. Vielleicht sollte dieser Weg gewährleisten, dass sein Geist an den religiösen Zeremonien im Heiligtum teilnehmen konnte.

Gegenüber: Eine Schädelskulptur, die dem Schädel-Tempel in Palenque seinen Namen gab.

Rechts: Eine zeremonielle Jademaske der Maya. Wie kunstvoll sie ist, zeigen Teile wie die Lippen, die aus geformter Jade bestehen. Man nimmt an, dass Jade das ewige Leben symbolisierte.

Was wurde aus den Maya?

Im 9. Jahrhundert endete die klassische Maya-Kultur. Es gab keine offiziellen Überlieferungen mehr, zeremonielle Stätten wurden verlassen. Früher glaubte man an ein plötzliches Ereignis, einen katastrophalen Zusammenbruch; aber heute ist das Bild nicht mehr so eindeutig. Nicht eine große Katastrophe scheint ursächlich gewesen zu sein, und es waren auch nicht alle Maya betroffen. So blieb die Nordhälfte des Yucatán noch einige Zeit bewohnt, und als die Spanier Hunderte von Jahren später ankamen, fanden sie eine relativ „zivilisierte" Gesellschaft vor. In den weiter südlich und westlich gelegenen Gebieten zeichnet sich dagegen ein anderes Bild ab: Königreiche brachen zusammen, und der größte Teil der Einwohner verschwand – vielleicht wanderten die Menschen aus. Nach und nach wurde immer weniger gebaut, und manche Bauten blieben unvollendet. Die monumentale Dokumentation von Szenen des Hoflebens wurde nicht weitergeführt, und es gibt keine entsprechenden Inschriften mehr. Die Könige oder das auf ihnen basierende System schienen verschwunden zu sein.

Dazu gibt es viele Theorien. Früher glaubte man, nach dem Verschwinden der Könige seien auch die Adligen und das Volk fortgezogen; aber heute wissen wir, dass dies nicht überall geschah. Adelsresidenzen z. B. blieben in Copán rund weitere 200 Jahre bewohnt, und der Rest der Bevölkerung zerstreute sich erst nach 400 Jahren.

Viele Theorien sind inzwischen widerlegt, zumindest als einzige Erklärung: Bauernaufstände, Epidemien, Erdbeben, religiöse und ökologische Veränderungen wie Dürre und Bodenerosion. Manche, etwa Erdbeben, gelten heute als wenig überzeugend, und die meisten Archäologen sind der Meinung, dass es mehrere Ursachen für den Niedergang gab. Offenbar lösten Überbevölkerung und schlechtere landwirtschaftliche Bedingungen mehr Kriege aus. Eine Stätte, Dos Pilas, bezeugt diesen Wandel besonders klar. Vor 761 n. Chr. war der Ort ein blühendes regionales Zentrum; danach lag er in Ruinen, umgeben von einer Verteidigungsmauer und mit kleinen Häusern, die anscheinend willkürlich auf dem zentralen Platz gebaut worden waren. Überbevölkerung, Umweltschäden und Kriege könnten die Bevölkerung veranlasst haben auszuwandern, weil sie nicht mehr daran glaubte, von ihren Herrschern beschützt zu werden. Hungersnot und Krankheiten waren möglicherweise die Folge. Irgendetwas ist zweifellos geschehen, denn als die Spanier 1524 ins alte Kernland der Maya vordrangen, war es fast verlassen.

Teotihuacán

Die Stadt Teotihuacán in Mexiko war nie vergessen, im Gegensatz zu den Maya-Städten weiter im Süden. Wie viele monumentale Stätten bewahrten andere sie im Gedächtnis, nachdem ihre ursprünglichen Einwohner sie verlassen hatten. Die Azteken kannten die Stadt viel später und glaubten, dort sei die Welt erschaffen worden: Der Name ist aztekisch und bedeutet „Stadt der Götter". Seit Mitte des 19. Jahrhunderts lockt sie Archäologen an, und neuere Arbeiten haben viel über sie und ihre Tempel enthüllt.

Teotihuacáns Blütezeit lag zwischen 100 und 750 n. Chr.; ihre größte Ausdehnung – wahrscheinlich auch den Gipfel ihrer Macht und ihres Einflusses – erreichte die Stadt ungefähr zwischen dem 4. und 6. Jahrhundert. Damals überdeckte sie eine enorme Fläche und könnte bis zu 125 000 Einwohner gehabt haben. Den zeremoniellen Stadtkern bildete die lange, gerade „Straße der Toten". Nach ihrer Fertigstellung führte sie, an der gewaltigen Sonnenpyramide vorbei, von der Mondpyramide zu einer mächtigen Umfriedung, die nach Ansicht der Spanier die Zitadelle gewesen war. Im Zitadellenkomplex befindet sich der Tempel der gefiederten Schlange, der bei groß angelegten Grabungen zwischen 1917 und 1922 freigelegt wurde. Alle herrlichen Fassaden des Tempels waren eingestürzt, mit einer Ausnahme, die heute eines der berühmtesten Monumente Mexikos ist. Riesige gefiederte Schlangenköpfe ragen aus ihr heraus; jeder von ihnen dürfte etwa 4,4 Tonnen wiegen.

Bei weiteren Grabungen in den 1980er-Jahren wurden Gräber mit insgesamt 120 Toten entdeckt, die anscheinend geopfert worden waren, vielleicht bei der Tempelweihe. In mehreren Gräbern lagen jeweils ungefähr 20 Leichname in gekrümmter Haltung, ihre Hände waren auf dem Rücken gefesselt. Die meisten von ihnen waren vermutlich Soldaten, denn ihre Kleider sehen aus wie Vorläufer jener Kleidung, die aztekische Krieger viel später trugen. Sie hatten z. B. „Spiegel" – mit Eisenkies überzogene Schieferscheiben – am unteren Rücken befestigt und trugen Halsbänder, von denen viele ziemlich furchterregend aussahen: Ketten aus Muscheln, die so angeordnet waren, dass sie an menschliche Zähne bzw. Oberkiefer erinnerten (ein Leichnam trug sogar ein Halsband aus echten Oberkiefern). Neben den Menschenopfern fand man weitere Opfergaben: Tausende von Ornamenten aus Muscheln und Hunderte von Geschossspitzen aus Obsidian.

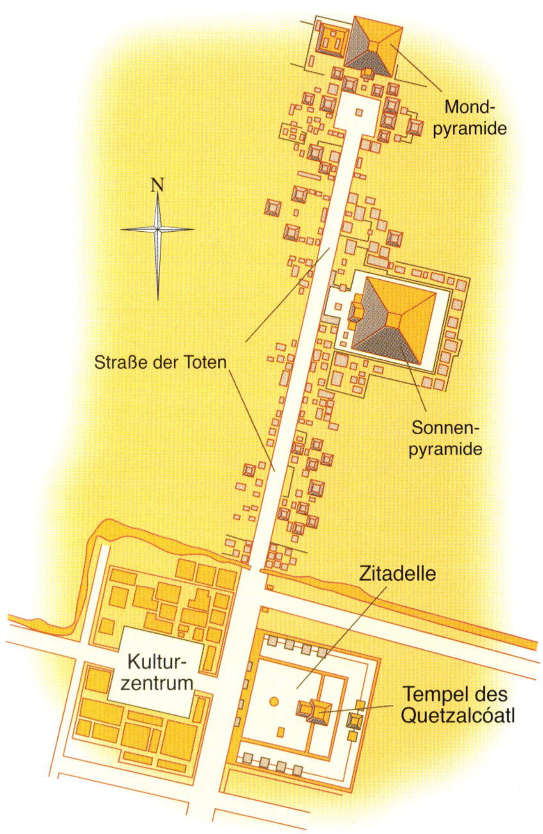

Gegenüber: Die Sonnenpyramide mit dem Mondplatz im Vordergrund. Der Sockel dieses Tempels ist so groß wie die größte ägyptische Pyramide, und das Bauwerk ist immer noch 63 m hoch. Heute sehen diese großen Bauten nüchtern aus; aber ihr Verputz war einst mit bunten Wandbildern bemalt, von denen einige Reste erhalten sind. Die Form der Sonnen- und der Mondpyramide spiegelt die Berge wider, vor denen sie standen.

Oben: Plan von Teotihuacán.

Der Alltag

Angesichts solcher außergewöhnlicher Entdeckungen übersieht man leicht die vielen Hinweise auf den Alltag in Teotihuacán, die seit einiger Zeit ans Licht kommen. Die Stadt steht im Mittelpunkt eines großen Begehungs- und Vermessungsprojekts, das ihr Schachbrettsystem erfasst: rechtwinklig liegende Häuserblöcke an geraden und engen Straßen. Über 2000 von ihnen wurden vermessen, aber nur wenige ausgegraben. Es scheint, als hätten in diesen Wohnkomplexen etwa 100 Menschen gewohnt; allerdings sind einige von ihnen geräumig, andere eng. Manche haben im Hof einen kunstvollen Schrein, der auf einem Grab errichtet wurde, möglicherweise dem eines wichtigen Menschen oder Ahnen. Die meisten waren solide gebaut und verfügten über ein gutes Abwassersystem. Einige sind so ansprechend dekoriert und individuell gestaltet, dass man sie fast als Paläste bezeichnen könnte, während andere sichtlich anspruchslos und schäbig sind. Vielleicht gab es eine gesellschaftliche Hierarchie; aber das erklärt nicht unbedingt alles. Wir kennen die Funktion dieser Komplexe einfach nicht genau. Manche dienten möglicherweise einem speziellen Zweck, aber man weiß noch nicht, welchem.

Die Azteken

Die Azteken lebten ursprünglich in den nördlichen Wüsten Mexikos. Sie waren einer von vielen Stämmen, die südwärts wanderten. Aber sie gründeten innerhalb einer sehr kurzen Zeit das größte Reich Mesoamerikas, das sich von einer Küste zur anderen erstreckte.

Ihre Hauptstadt Tenochtitlán wurde 1325 gegründet und wuchs rasch. Als die Spanier 1519 ankamen, war sie die größte und komplexeste Stadt Amerikas. Im Jahr 1521 hatten die Spanier sie zum größten Teil zerstört. Was übrig blieb, rissen sie nieder, als sie ihre Kolonie unterwarfen und eigene Gebäude errichteten, oder es liegt heute tief unter Mexiko-Stadt begraben. Manches kommt bei modernen Bauprojekten ans Licht, z. B. beim Bau der U-Bahn, und wird dann ausgegraben und untersucht; doch das meiste, was wir über die Azteken wissen, verdanken wir ihren eigenen Berichten oder denen der Spanier.

Archäologen, die in den Ruinen von Tenochtitlán arbeiten, haben mit dem sehr hohen Grundwasserspiegel zu kämpfen. Die aztekische Hauptstadt wurde auf einer künstlichen Insel im See Texcoco gebaut und mit einem Kanalnetz ausgestattet. Mit dem Ufer war sie durch einen Aquädukt und mehrere Dämme verbunden, die insgesamt 60 km lang waren. Auf dieser Hauptinsel befanden sich das zeremonielle Zentrum und der Palast, aber auch viele gewöhnliche einstöckige Häuser aus Lehmziegeln. Was die Bevölkerungszahl anbelangt, gibt es unterschiedliche Schätzungen; diese Hauptinsel aber, die nach einem schachbrettartigen Schema bebaut war, hatte wahrscheinlich mindestens 125 000 Einwohner. Sie war in Bezirke eingeteilt, die in der aztekischen Gesellschaft möglicherweise bestimmte Aufgaben erfüllten. Um Tenochtitlán herum gab es weitere Siedlungen, einige davon auf klei-

Gegenüber: Ein aztekischer Kalender, auf dem Tezcatlipoca und Quetzalcóatl dargestellt sind. Der Kalender war mehreren Göttern geweiht, die man zur rechten Zeit versöhnlich stimmen musste.

Rechts: Eine aztekische Schädelmaske, mit Türkis überzogen. Bei einer besonders schönen Schädelmaske hatte man den hinteren Teil des Schädels entfernt und die Ränder mit Leder verkleidet. Da Riemen an ihr befestigt waren, konnte man sie als Teil eines rituellen Kostüms tragen.

Unten: Dieses hölzerne Schmuckstück ist 44 cm lang und wurde wahrscheinlich auf der Brust getragen. Die doppelköpfige Schlange war eines der Symbole des Gottes Tlaloc und wurde vermutlich vom Hohepriester getragen. Vielleicht war sie Teil des Schatzes, den Moctezuma an Cortés schickte.

neren künstlichen Inseln *(chinampas)*, die geschaffen wurden, indem man das flache Seebett ausgrub und trockene Plattformen zwischen tieferen Kanälen errichtete. Diese Inseln ermöglichten einen intensiven Obst- und Gemüseanbau. Man schätzt, dass bis zu eine Million Menschen in Tenochtitlán und seinen „Vorstädten" gelebt haben.

Der Grosse Tempel

Religion war der Mittelpunkt des aztekischen Lebens, und im Zentrum Tenochtitláns stand der Große Tempel. Als Wahrzeichen der Stadt hatte man ihn auf einem großen Platz errichtet, umgeben von vielen anderen Gebäuden und Anlagen, darunter Tempel, ein Ballspielplatz, Schlafräume der Priester, eine Schule für die Söhne der Oberschicht und Häuser für die Krieger.

Teile des Großen Tempels wurden bereits 1948 freigelegt. Ende der 1970er-Jahre entschloss man sich in Mexiko-Stadt zu einem systematischeren Vorgehen, und das Tenochtitlán-Museum schaltete sich ein. Anfang 1978, noch bevor die Arbeiten offiziell begannen, fanden Elektriker einen gewaltigen behauenen Stein im relevanten Gebiet. Herbeigerufene Archäologen entdeckten ein riesiges Relief mit der Darstellung einer zerstückelten Göttin. Es war offensichtlich ein bedeutender Teil des Großen Tempels gewesen, und deshalb wurde aus dem Tenochtitlán-Museum das Museum des Großen Tempels (Museo del Templo Mayor). In den nächsten vier Jahren enthüllte sein Direktor, Eduardo Matos Moctezuma, ein überraschend komplexes Bild.

Überraschend deswegen, weil niemand gewusst hatte, wie viel eigentlich vom Großen Tempel übrig geblieben war – er gehörte zu den Gebäuden, welche die Spanier 1521 abgerissen hatten. Aber die zerstörte Tempelpyramide war nur der neuste einer ganzen Reihe von Bauten gewesen. Jeder neue Tempel

Links: Aztekische Krieger stehen in „Kanus", die auf einem See mit monströsen Fischen zu einer Insel fahren. Dies ist eine Seite aus einem Kodex, einem Buch, das wie ein Akkordeon gefaltet ist.

war auf seinem Vorgänger und um ihn herum errichtet worden, und die Reihe begann mit der Gründung Tenochtitláns. Von der letzten Version, die die Spanier zerstört hatten, war bis auf die Grundmauern nichts mehr übrig. Wie im Fall der Vorgängerbauten hatte es sich auch bei diesem letzten Tempel um eine Pyramide gehandelt, bestehend aus Plattformen, die von unten nach oben immer kleiner wurden, sodass der Eindruck einer Stufenpyramide entstand. Auf der obersten Plattform befanden sich einst zwei große Schreine, die dem Kriegs- und Sonnengott Huitzilopochtli, dem höchsten Gott und Schutzgott der Azteken, und dem Regen- und Wassergott Tlaloc geweiht waren. Eine riesige Doppeltreppe an einer Seite führte zu diesen Schreinen.

Die Ausgräber legten die Bauphasen frei und stießen dabei auf viele Opfergaben, darunter Skulpturen aus Stein und Terrakotta sowie Objekte aus Jade und Obsidian. In einer Kammer der vierten Phase entdeckten sie das Skelett eines Jaguars; in seinem Maul steckte eine Kugel aus Türkis. Viele Opfergaben stammten offensichtlich aus Gebieten des aztekischen Reiches, die Tribute zahlen mussten. Aber das war nicht alles, was man den Göttern des Großen Tempels opferte.

Menschenopfer und Religion

Die Archäologen fanden viele Hinweise auf Menschenopfer im Großen Tempel, die zum Teil in die Architektur einbezogen waren. Ein „Schädelregal" mit grinsenden Totenköpfen wurde für Kriegstrophäen benutzt – menschliche Gebeine. Man entdeckte es im Norden des Tempels auf der Ebene der Phase IV, die auf 1454–1469 datiert wird. Aus Phase II, um 1390, stammt ein besonderer keilförmiger Stein, mit dem man die Körper der Opfer krümmte. Menschenopfer waren ein wichtiger Teil der aztekischen Religion, und das bekannteste ihrer Rituale ist das Herausreißen eines noch schlagenden Herzens als Opfer für die Sonne. Manche Experten nehmen an, dass der zunehmende Bedarf an Opfern der Hauptgrund für den aztekischen Militarismus war.

Ein aztekisches Kalendersystem teilte das Jahr in 13 Perioden zu je 20 Tagen ein. Jede Periode war einer bestimmten Gottheit geweiht, für die man ausgefeilte Zeremonien abhielt. Die Natur wurde von einem komplexen Pantheon aus Göttern und Göttinnen beherrscht. Zwei der wichtigsten waren Huitzilopochtli und Tlaloc, denen der Große Tempel geweiht war. Quetzalcóatl regierte den Wind, Cihuacoatl die Erde, und Xochiquetzal war die Herrin der Künste und der Sexualität. Die Opfer sollten offenbar das Gleichgewicht der Dinge bewahren und für einen günstigen Verlauf der Ereignisse sorgen, sei es für

militärische Erfolge, sei es für Regen zur rechten Zeit. Sie gewährleisteten, dass die Sonne weiter schien und verhinderten Störungen und Unordnung, indem sie die Götter besänftigten. Mit der Ankunft der Spanier – sie kamen zu einem ungünstigen, Unheil verkündenden Zeitpunkt – scheint sich die Zahl der Opferungen zu erhöhen. Menschenopfer waren zwar nicht nur bei den Azteken üblich, aber bei ihnen erreichten sie offenbar ein besonders großes Ausmaß. Die Spanier schrieben viele schockierende Berichte.

Der Schatz des Cortés

Quetzalcóatl war ursprünglich ein toltekischer Gott, der vor den Azteken nach Osten in die Karibik floh. Man glaubte jedoch, er werde zurückkehren, und zwar an einem besonders gefährlichen Punkt im Zyklus des aztekischen Kalenders, der möglicherweise dem Jahr 1519 entspricht. Zudem war er ein hellhäutiger Gott, sodass die Azteken nahe liegende Schlüsse zogen, als in diesem Jahr Berichte über das Auftauchen hellhäutiger Menschen aus dem Osten Tenochtitlán erreichten. Der aztekische Herrscher Moctezuma schickte den mysteriösen Ankömmlingen üppige Opfergaben und erlaubte ihnen, Tenochtitlán zu betreten – so erzählt man jedenfalls.

Gegenüber unten: Kalenderstein aus La Paz. Wichtige Ereignisse wurden in historischen oder genealogischen Aufzeichnungen festgehalten, und bestimmte Zyklen galten als wichtig. Alle 52 Jahre vollendete sich ein Kalenderzyklus. Dies war für die Azteken ein besonders gefährlicher Zeitpunkt, und darum gab es mehr Zeremonien und Opfer als sonst. Ein Zyklus lief 1519 ab, als die Spanier ankamen.

Gegenüber oben: Zeitgenössischer Plan der aztekischen Hauptstadt Tenochtitlán, die von den Spaniern zum größten Teil zerstört oder später abgerissen wurde, um Platz für ihre eigene Hauptstadt zu schaffen, die jetzt Mexiko-Stadt heißt. Heute ist wenig von der alten Stadt erhalten, aber bei Bauarbeiten findet man gelegentlich Überreste. Das Wahrzeichen Tenochtitláns war der Große Tempel, der wieder ausgegraben wurde.

Rechts: Chacmool-Statuen waren typisch für manche Tempel. Zwei davon fand man im Großen Tempel von Tenochtitlán. Möglicherweise waren sie eine Art Kontrapunkt zu den Opfersteinen und symbolisierten die Religion und das Leben der Seele, nicht den Krieg und das Schicksal der Gefangenen. Vielleicht stellten sie einen göttlichen Vermittler dar.

Angespornt von ihren eigenen Geschichten und der Gier nach Reichtum, machten sich die Spanier daran, nicht nur das Reich der Azteken, sondern auch viele andere zu erobern. Dabei halfen ihnen Krankheiten – Tenochtitlán wurde z. B. von Pocken heimgesucht – und unzufriedene Vasallenstaaten. Deshalb verdanken wir viele prächtige aztekische Kunstwerke nicht der Archäologie, sondern nutzlosen Tributen, Schatzjägern und Plünderern – es fehlt also der Kontext. Manche Objekte blieben intakt, andere wurden eingeschmolzen.

Viele gelangten nach Europa. Die erste Sammlung schickte Cortés, der Anführer der Spanier, seinem König Karl V. Sie kam 1520 an und wurde inventarisiert, und erstaunlicherweise sind die Inventarlisten noch erhalten. Viele Objekte sind dagegen verschollen. Einige kann man in europäischen Museen bewundern, wo sie nach einer abenteuerlichen Wanderung schließlich landeten.

Moctezumas Tributliste machte die Spanier auf die Herkunft des Goldes aufmerksam, das die Azteken oft ihrerseits als Tribut erhalten hatten. Jetzt wussten sie genau, wo sie suchen mussten, und darum sind sehr wenige Goldfunde erhalten geblieben, die nicht unter der Erde in Gräbern versteckt waren. Viel Gold stammte von den Mixteken, die besonders geschickte Goldschmiede waren. Ein Friedhof bei der mixtekischen Stadt Monte Albán enthielt zahlreiche schöne Objekte, und viele andere sind sicherlich verloren.

Das Ballspiel

Eine der Anlagen, die man im Komplex des Großen Tempels fand, war ein Platz für Ballspiele. Das Spiel wird oft als mesoamerikanisches Ballspiel bezeichnet, weil es lange Zeit in vielen Kulturen und in einem riesigen Gebiet verbreitet war. Meist wurde es auf einem dafür bestimmten Platz gespielt, aber jedes andere flache Gelände war ebenfalls geeignet. Die Spielplätze waren lang und rechteckig und hatten ansteigende oder senkrechte Seiten; die Spieler mussten einen Gummiball ans Ende des Platzes befördern, ohne die Hände und die Füße zu benutzen. Manchmal war das Spiel anscheinend reines Vergnügen, aber es hatte auch eine rituelle Bedeutung, besonders in der Frühzeit, und vielleicht hatte es sogar etwas mit Menschenopfern zu tun. Ein Herrscher konnte damit wichtige Gäste unterhalten, und es gibt auch Hinweise auf große Wetteinsätze.

Gegenüber oben: Karte von Zentralamerika.

Gegenüber rechts: Goldanhänger eines Herrschers. Viele Tribute erhielten die Azteken in Form von Gold, und dieses Stück zeigt, wie geschickt die mixtekischen Kunsthandwerker waren. Die Spanier nahmen einen großen Teil des Goldes mit, aber einige Objekte blieben in Gräbern erhalten.

Gegenüber links: Tonfigurine einer Mutter mit Kind. Zeremonielle Bauwerke und Rituale wie die vielen Menschenopfer täuschen leicht darüber hinweg, dass Tenochtitlán eine Großstadt mit vielen „gewohnlichen" Einwohnern war, wahrscheinlich bis zu 125 000 allein in der Stadtmitte.

Rechts: Opfermesser mit Chalzedonklinge. Der Griff besteht aus Holz, das mit einem Mosaik aus Türkis, Malachit und Muscheln überzogen ist und einen Krieger mit Adlerkopfschmuck darstellt.

Machu Picchu und die Inka

Im Juli 1911 kletterte Hiram Bingham, ein amerikanischer Akademiker und Forscher, hoch in den peruanischen Anden auf einen Grat, der zwei Berggipfel, Machu Picchu und Huayna Picchu, miteinander verband. Bingham wollte Berichten über ein Inka-Dorf auf dem Bergkamm nachgehen, denn er hoffte, die letzte Zuflucht der Inka vor den spanischen Eindringlingen zu finden, ihre „verborgene Hauptstadt". Was er entdeckte, waren unzählige Ruinen, wunderbar gestaltete, lange Terrassen, die auf den Berg hinaufführten, vielleicht Hunderte davon. Sie waren teilweise freigelegt worden und dienten den örtlichen Bauern als Felder; die Bauern begrüßten die Unabhängigkeit in der Abgeschiedenheit des Ortes.

Bingham entdeckte viele weitere Bauwerke, einige in hervorragendem Zustand, dennoch setzte er seine Reise auf der Suche nach einer anderen Inka-Stätte fort. Einige Wochen später schickte er jedoch ein Team auf den abgelegenen Bergkamm zurück, um die Ruinen zu vermessen. Im folgenden Jahr leitete er schließlich eine Expedition, die in der Öffentlichkeit auf enormes Interesse stieß.

Als die Stätte von der Vegetation befreit war, die sie teilweise regelrecht überwuchert hatte – die Bauern hatten bereits einige Plätze gerodet –, kamen eindrucksvolle Inka-Bauwerke ans Licht, z. B. Schreine und Tempel, darunter ein Tempel mit drei Fenstern, die besonders wichtig zu sein schienen. Dies brachte Bingham auf die Idee, dass Machu Picchu die Geburtsstätte der Inka gewesen sei; denn die Mythen der Inka erzählten, ihre Ahnen seien aus einer Höhle mit drei Fenstern gekommen. Darüber hinaus gab es Wohnhäuser, die möglicherweise für Mitglieder der Königsfamilie sowie deren Beamte und Diener bestimmt gewesen waren; außerdem Bäder und Wasserleitungen, offene Plätze und die Terrassen, die Bingham zuerst aufgefallen waren und ihn auf die Stätte aufmerksam gemacht hatten. Die Qualität der Mauern war vorzüglich, so wie in vielen anderen bedeutenden Inka-Siedlungen. Die Form der gesamten Anlage wurde vom Gebirgskamm bestimmt, auf dem sie lag; aber er war teilweise sogar noch eingeebnet worden, damit man mehr Gebäude errichten konnte. Unabhängig von Binghams Hypothesen stand fest: Es musste ein wichtiger Ort gewesen sein, denn er hatte die Inka viel Arbeit gekostet.

Gegenüber: Künstliche Terrassen wurden an vielen Plätzen des Tals angelegt, in dem Machu Picchu liegt. Da sie bewässert wurden, konnte man darauf Feldfrüchte anbauen. Die Terrassen, die zu Machu Picchu führen, waren Hiram Bingham im Jahr 1911 zuerst aufgefallen.

Oben: Der Tempel des Kondors in Machu Picchu, eines von vielen Gebäuden, das erst nach gründlichen Rodungen vollständig freigelegt war. Obwohl die Stätte von ortsansässigen Bauern benutzt wurde, von denen einige sogar dort lebten, waren viele Ruinen überwuchert, als Bingham mit seiner Arbeit begann.

Inka-Baukunst

Die Inka gestalteten häufig die Landschaft um. Auch in Machu Picchu ist sehr deutlich erkennbar, wo der Gebirgskamm eingeebnet wurde. Kanäle sorgten für eine gute Bewässerung, und um große Siedlungen wie Machu Picchu herum verbesserten und erweiterten die Inka den Terrassenfeldbau. Das alles war möglich, weil sie den vielen Völkern ihres großen, vielsprachigen und multikulturellen Reiches Steuern auferlegten, die in Form von körperlicher Arbeit, aber auch mit Waren bezahlt werden konnten.

Am auffälligsten an der Inka-Baukunst sind die gewaltigen Felsblöcke, die so behauen wurden, dass sie sich ohne Bindemittel fest aneinanderfügten. Arbeiter brachten die riesigen Blöcke wohl u. a. mit Hebeln und Walzen an ihren Bestimmungsort. Die Gebäude sind derart solide gebaut, dass sie heute noch fest stehen – sie überstanden sogar Erdbeben, die neuere Bauwerke zerstörten.

In der Nähe von Cuzco, der Hauptstadt, von der aus die Inka herrschten und die sie für den Mittelpunkt der Welt hielten, liegt Sacsahuaman. Dort zeugen die ausgeklügelten Steinmauern von der Kunstfertigkeit der Inka-Baumeister. Offenbar arbeiteten bis zu 20 000 Männer jahrzehntelang an diesem Ort. Auch in Cuzco selbst sind viele Inka-Mauern erhalten geblieben. Es war eine echte Königsstadt; nur die Königsfamilie, Staatsbeamte und

Priester durften in dieser Stadt leben, die eine enorme Bedeutung hatte. Cuzco war sorgfältig geplant, so wie Machu Picchu und andere Inka-Siedlungen. Mit der Ankunft der Eroberer brach das ganze System zusammen.

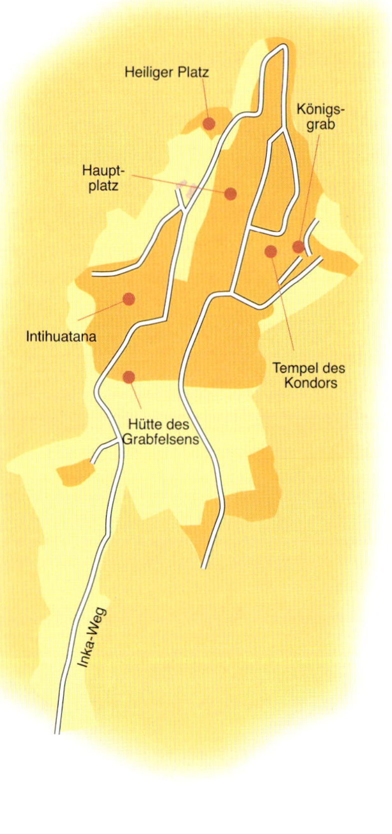

Gegenüber: Hiram Bingham, der „Entdecker" von Machu Picchu.

Oben: Viele Inka-Mauern, die ohne Mörtel gebaut wurden, hielten länger als neuere Bauwerke, die viel anfälliger gegen Erdbeben waren.

Links: Plan der Siedlung Machu Picchu.

Machu Picchus Umgebung

Die Inka verwandelten das Tal des Flusses Urubamba in eine Art königlichen Park. Sie kanalisierten den Fluss, verkleideten seine senkrechten Ufer mit Stein (der stellenweise erhalten ist), legten Terrassen in den Berghängen an und bauten Bewässerungskanäle. Obwohl die Landschaft heute ganz anders aussieht, war sie einst sehr fruchtbares Ackerland, terrassenförmig gestaltet und bewässert. Eine Reihe von Siedlungen entstanden im Tal, und eine davon ist Machu Picchu. Es war gewiss äußerst aufwendig, aus einem schlichten Berggipfel einen königlichen Schlupfwinkel zu machen. Sehr wahrscheinlich wurde er bald nach der spanischen Eroberung verlassen, weil es keinen König und keinen Hofstaat mehr gab.

Weiter oben in diesem Tal liegt Ollantaytambo, das wie Machu Picchu als ländlicher herrschaftlicher Sitz diente und sich zu einer Anlage aus Tempeln und großen Wohnhäusern entwickelte, die heute noch sehr gut erhalten sind. Nach der Gefangennahme und Ermordung Atahualpas zog sich ein kleiner Teil des Hofes hierhin zurück; aber sie wurden schließlich den Urubamba hinab und in den Dschungel getrieben.

Pizarros Gruppe von Konquistadoren plünderte die Städte und zerschlug das Inka-Reich – und zwar so gründlich, dass wir viele seiner Aspekte heute noch kaum verstehen.

Hiram Bingham

Der „Entdecker" von Machu Picchu

Hiram Bingham führte ein ungewöhnliches Leben, und das nicht nur, weil er die Welt auf die berühmte Ruinenstadt Machu Picchu in Peru aufmerksam machte. Er wurde 1875 in einer Missionsstation außerhalb von Honolulu geboren, die sein Großvater leitete, und studierte an der Yale University. Kurze Zeit war er selbst Pastor in Hawaii; doch bald traf er seine spätere Frau Alfreda, die Tiffany-Erbin. Schließlich gab er seinen Beruf auf und arbeitete, um etwas Geld zu sparen, denn er wollte nach Kalifornien reisen und promovieren. Das Paar heiratete, und Bingham begann in Harvard mit seiner Dissertation. Beide wurden von Alfredas Familie unterstützt.

Obwohl Bingham viele Jahre lang Akademiker war, wollte er lieber als Entdecker gelten. Dieser Teil seiner Karriere begann, als er in Princeton lehrte und seine erste Forschungsreise in den Süden unternahm. Bald nach seiner Rückkehr ging er als Dozent an die Yale University, wo er später zum ordentlichen Professor ernannt wurde. Eine Sache hatte ihn immer beschäftigt: Wie besessen suchte er nach der geheimen Hauptstadt der Inka, von wo aus sie nach dem Fall ihrer Hauptstadt Cuzco angeblich Widerstand gegen die spanischen Eindringlinge geleistet hatten. 1911 leitete Bingham eine Expedition nach Peru und entdeckte den Ort, den er für die Ruinen dieser verborgenen Stadt hielt – Machu Picchu. 1912 begann er mit archäologischen Untersuchungen und arbeitete dort mehrere Grabungskampagnen lang, bis er das Land verlassen musste – angeblich hatte er gegen das peruanische Gesetz verstoßen, das archäologische Forschungen regelte. Er kehrte nie zurück.

Sein Leben nach Machu Picchu war ebenso reich an Abenteuern. Er wurde Flieger im Ersten Weltkrieg – dafür hatte er seine Lehrtätigkeit beendet – und ging dann in die Politik. Er starb 1956.

Pueblo-Bauern der Wüste

Die Pueblo-Siedlungen in der Wüste im Südwesten der Vereinigten Staaten faszinieren Reisende seit Langem, und Archäologen interessieren sich seit Beginn der amerikanischen Archäologie für sie. Diese außergewöhnlichen Bauwerke sehen oft aus, als wären sie eben erst verlassen worden, und dank des trockenen Klimas sind viele Hinterlassenschaften, wie Tonware, Körbe und Stoffe, erhalten geblieben. Zu den ersten Funden gehörten sogar Sandalen aus Palmlilien und Töpfe, die noch Mais enthielten. Aber die Bauwerke selbst sind wohl der spektakulärste Aspekt der Kultur.

Archäologen teilen die Bauern des amerikanischen Südwestens in drei Hauptgruppen ein, obwohl ihre Kulturen einiges gemeinsam haben und es offenbar geografische Überschneidungen gab. Das Gebiet auf dem Colorado-Plateau im sogenannten Vierländereck – dort grenzen die vier Bundesstaaten New Mexico, Colorado, Utah und Arizona aneinander – war von einem Volk bewohnt, das man früher Anasazi nannte. Heute spricht man meist von „ancestral puebloans" (die Ahnen der Pueblo-Indianer). Man nimmt an, dass die Hopi, Zuni, Zia und Acoma, die heute in Teilen dieses Gebietes leben, die Nachkommen der Anasazi sind. Sie lebten in Siedlungen, und da das spanische Wort für „Dorf" oder „Kleinstadt" „Pueblo" lautet, sind sie auch als Pubelo-Volk bekannt.

Die Wüste im Südwesten ist eine raue Umwelt, die jahrtausendelang von Jägern und Sammlern bewohnt war. Doch vor etwa 2000–2500 Jahren änderte sich das Bild: Die Menschen begannen, Feldfrüchte (z. B. Kürbis, Mais und Bohnen) anzubauen, die schon früher in Mittelamerika domestiziert worden waren, und wurden infolgedessen allmählich sesshafter. Zunächst deckten sie weiterhin einen Teil ihres Nahrungsbedarfs durch die Jagd und Sammeltätigkeiten; dann aber wurde der Anteil der Landwirtschaft größer, und die Siedler bauten feste Häuser, die sie teilweise in den Boden eintieften. Hatten sie bislang nur Körbe aus Palmlilienfasern, Zweigen, Rinde und Gras verwendet, so stellten sie nun auch Töpferware her. Nach und nach bauten sie u. a. auch Tabak an; die Haltung domestizierter Tiere spielte, mit Ausnahme von Truthähnen und Hunden, eine eher untergeordnete Rolle. So wurden sie zu tüchtigen Bauern, die ihrer harten Umgebung alles abrangen, was sie konnten. Zunächst praktizierten sie den sogenannten Trockenfeldbau (Anbau ohne künstliche Bewässerung), dann entwickelten sie Bewässerungssysteme, die an manchen Orten sehr ausgefeilt waren. Die meisten Felder wurden auf den Mesas angelegt, den Tafelbergen der Region.

Gegenüber: Mesa Verde (spanisch für „grüner Tisch") verdankt ihren Namen den Bäumen, die auf diesem Tafelberg wachsen. Als die Gegend 1906 zum Nationalpark erklärt wurde, erhielten diese Gebäude im US-Bundesstaat Colorado einen gewissen Schutz; doch erst seit 1978 zählen sie zum Weltkulturerbe.

Oben: Schneebedeckte Kiva (Kultbau) des Chetro Ketl im Chaco Canyon im Norden von New Mexico. Die größte Stätte im Canyon war Pueblo Bonito mit über 600 Räumen; aber es gab noch zwölf andere. Sie hatten einiges gemeinsam, darunter die kivas, sogar Mehrfach-kivas. Chetro Ketl verfügte über zwölf kivas und mehrere Hundert Räume.

Links: Mahlsteine aus Mesa Verde. Mais gehörte wie Bohnen und Kürbisse zu den wichtigsten Feldfrüchten der Pueblo-Bauern.

Um 900 n. Chr. scheint sich die Bevölkerung in der Region erheblich verändert zu haben (das ist jedoch sehr umstritten), ebenso ihre Lebensweise. Kleine individuelle Bauernhöfe wichen größeren Gemeinden, deren markantes Organisationsmerkmal in der Anlage großer Siedlungen – der „Großen Häuser" – besteht; sie bildeten sozusagen das Zentrum der Gemeinden. Diese Siedlungen wurden nicht aus Lehmziegeln errichtet, sondern aus Mauerwerk, und ihre genaue Funktion ist unklar; aber sie sind ein gemeinsames Merkmal vieler Orte über ein großes Gebiet hinweg.

Chaco Canyon

Der Chaco Canyon in New Mexico ist eine der bekanntesten Fundstätten der Pueblo-Kultur. Hier befinden sich 13 große Siedlungen, und eine davon, Pueblo Bonito, ist die größte mit rund 600 Räumen auf einer Fläche von fast einem Hektar. Solche „Großen Häuser" wurden im Chaco Canyon zwischen 900 und 1140 gebaut. Es muss eine Periode beträchtlichen Wohlstandes gewesen sein, zumindest aber eine Phase, die von gemeinsamen Anstrengungen gekennzeichnet ist. Das Baumaterial musste in den Canyon gebracht werden, wahrscheinlich über große Entfernungen hinweg. Für den Bau der 13 „Großen Häuser" brauchte man z. B. ca. 200 000 Balken, die durchschnittlich 5 m lang und 20 cm dick waren.

Die „Großen Häuser" enthalten einige *kivas*, manche sehr groß. Es sind runde Bauten, die wahrscheinlich von großer Bedeutung für die Gemeinde waren. In mo-

Gegenüber: Die Felssiedlungen von Mesa Verde gehören zu den spektakulärsten archäologischen Stätten der Welt. Sie wurden unter riesigen Felsüberhängen angelegt. Seit die Europäer sie entdeckten, faszinieren sie die Menschen und haben viele Debatten ausgelöst.

Oben: Der „Klippenpalast" der Mesa Verde ist das größte Bauwerk unter dem Bergüberhang. Er hatte 150 Räume und 23 kivas.

Rechts: Zu Pueblo Bonito gehörten mehrere kivas*, die wie ihre modernen Äquivalente in den heutigen Pueblo-Dörfern wahrscheinlich kommunale Treffpunkte waren und eine soziale, politische und religiöse Funktion erfüllten.*

dernen Pueblo-Dörfern erfüllen sie soziale, politische und religiöse Aufgaben. Da die Form der *kivas* sich in den letzten 1500 Jahren kaum veränderte, nimmt man an, dass auch ihre Funktion ziemlich konstant geblieben ist. Mitunter wurde auch die Überlegung geäußert, dass es sich bei den „Großen Häusern" eher um „Tempel" als um Wohnbauten gehandelt haben könnte.

Es bestanden umfangreiche Handelsbeziehungen: Die Siedlungen im Chaco Canyon waren miteinander verbunden, und die Handelswege reichten weit über die nähere Umgebung hinaus. Handwerker verarbeiteten Importgüter wie Muscheln aus Kalifornien (vom Golf und von der Küste) und Türkis aus New Mexico. Im Chaco Canyon herrschte reges Treiben, und die Siedlungen florierten, doch aus irgendeinem Grund wurde ab der Mitte des 12. Jahrhunderts nichts mehr gebaut.

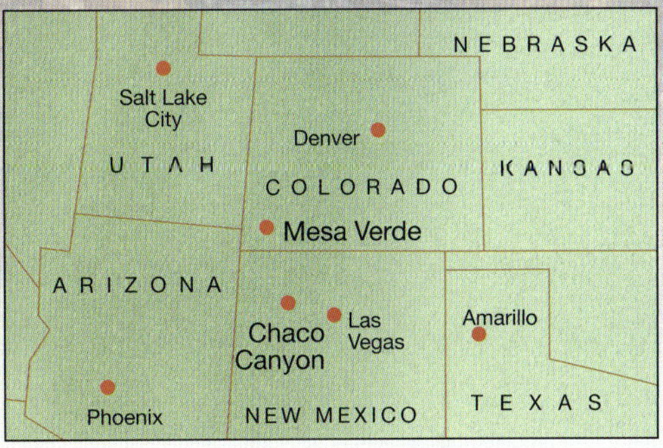

Mesa Verde

In Mesa Verde im Norden von Chaco in Colorado wohnten die Siedler zunächst in Grubenhäusern, die halb im Boden eingetieft waren. Die faszinierendsten Bauwerke jedoch entstanden dort erst im 12. und zum Teil im 13. Jahrhundert. Die Felssiedlungen in Mesa Verde gehören wohl zu den außergewöhnlichsten archäologischen Stätten der Welt. Sie wurden unter steile Überhänge gebaut und bilden fast wabenartige Komplexe aus miteinander verbundenen Wohnungen. Der „Klippenpalast" in Mesa Verde verfügte über 150 Räume und 23 *kivas*. Wie an allen diesen Orten bestanden die Gebäude aus Stein, Holz und Mörtel. Die Felder lagen verstreut auf den Felsplateaus; man erreichte sie von den Siedlungen aus über Stufen, die man in den Fels gehauen hatte.

Einige dieser Siedlungen wurden offenbar an Orten gebaut, die gut zu verteidigen waren, und es gibt in der Tat einige Hinweise auf gewaltsame Auseinandersetzungen in Mesa Verde im 13. Jahrhundert. Befunde an Skeletten belegen, dass manche Siedler nach dem 10. Jahrhundert absichtlich getötet wurden – anscheinend wurden sie aus dem Hinterhalt überfallen und erschlagen oder von Pfeilen getroffen. Im 12. Jahrhundert gab es sogar Massentötungen, wie absichtlich zerschlagene und voneinander losgelöste Menschenknochen zeigen. Manche Archäologen sehen darin ein Indiz für Kannibalismus. Und nehmen wir schließlich noch Castle Rock Pueblo, Colorado: Hier wurden um 1280 mindestens 41 Menschen gleichzeitig getötet – möglicherweise gab es Streit um Ackerland. Wie dem auch sei, diese Vorfälle sind Teil des größten Rätsels, das die amerikanische Archäologie

zu lösen hat: Warum wurden die Siedlungen verlassen? Was geschah wirklich?

Warum gingen die Menschen fort?

Hunderte von Jahren später sahen die ersten europäischen Forscher Stätten wie den „Klippenpalast" der Mesa Verde, die größte Siedlung unter dem Überhang der Mesa. Sie erschien so, als wäre sie eben erst verlassen worden. Es gibt viele Theorien darüber, was geschah; manche beziehen sich nur auf die Mesa Verde und ihre Umgebung, andere nur auf Chaco – wo man vom „Chaco-Phänomen" spricht –, wieder andere sind eher allgemein.

Umweltveränderungen werden oft genannt. Früher nahm man an, Chaco sei eine fruchtbare Oase gewesen, bewaldet und bewässert, und daraus sei später die Wüste mit ihrem Buschwerk geworden, wie man sie heute sieht. Aber in den 1980er-Jahren fand man immer mehr Anzeichen dafür, dass Chaco möglicherweise nie in diesem Ausmaß bewaldet gewesen war. Die neuen wissenschaftlichen Erkenntnisse belegen darüber hinaus, dass im 11. Jahrhundert im Norden ein großer See existierte, wenn auch nicht sehr lange. Damals erreichte die Bautätigkeit in Chaco ihren Höhepunkt, und es ist auch genau jene Gegend des Canyons, in der sich die meisten „Großen Häuser" befinden. Vielleicht war der See für die Menschen ein Grund, sich in der Umgebung niederzulassen; aber seine Rolle ist bisher unklar.

Diskutiert werden auch große Dürre- und Kälteperioden. Ungünstige klimatische Bedingungen hätten es der Landwirtschaft und letztlich auch dem Leben in diesen Randgebieten schwer gemacht. Die Frage, wie die Menschen ihre Umwelt beeinflussten, wurde ebenfalls gestellt; doch um diesen Aspekt besser beleuchten zu können, benötigt man recht genaue Bevölkerungszahlen; sie zu ermitteln, ist allerdings recht schwer.

Und schließlich müssen auch soziale Faktoren berücksichtigt werden. Der Umweltdruck könnte soziale Unruhen und Streit zwischen lokalen Gruppen ausgelöst haben, wobei das durchaus auch ohne Umweltprobleme denkbar ist. Möglicherweise hatten die Menschen auch eine andere Gegend entdeckt, die so vielversprechend erschien, dass sie ihre alten Siedlungen freiwillig verließen. Oder eine neue Religion war der Anlass zur Auswanderung. Die meisten Archäologen gehen heute davon aus, dass es das Zusammenspiel vieler Faktoren war, das letztlich die Aufgabe der Siedlungen bewirkte.

Gegenüber und rechts: In den Siedlungen unter den Klippen der Mesa Verde herrschte während ihrer Blütezeit gewiss reges Treiben. Die Felder befanden sich auf dem ebenen Felsplateau; sie waren über Treppen zugänglich, die in den Felsen gehauen wurden.

Register

Gegenüber: Totentempel der Königin Hatschepsut in Deir el Bahari am Westufer des Nils.

Literatur

Albertz, Rainer u. a.: Frühe Hochkulturen. Ägypter, Sumerer, Assyrer, Babylonier, Hethiter, Minoer, Phöniker, Perser, 2003

Allchin, B. – Allchin, F. R.: The Rise of Civilization in India and Pakistan, 1982

Archäologisches Landesmuseum Baden-Württemberg (Hrsg.): Troia. Traum und Wirklichkeit, Ausstellungskatalog Stuttgart, Braunschweig, Bonn 2001–2002, 2001

Auffermann, B. – Orschiedt, J.: Die Neandertaler. Auf dem Weg zum modernen Menschen, 2006

Bäbler, Balbina: Archäologie und Chronologie. Eine Einführung, 2004

Badisches Landesmuseum Karlsruhe (Hrsg.): Die ältesten Monumente der Menschheit. Vor 12 000 Jahren in Anatolien. Ausstellungskatalog, 2007

Bick, Almut: Die Steinzeit, 2006

Borbein, Adolf H. – Hölscher, Tonio – Zanker, Paul (Hrsg.): Klassische Archäologie. Eine Einführung, 2000

Brinke, Margit – Kränzle, Peter: Rom. Ein archäologischer Führer, 2002

Ceram, C. W.: Goetter, Graeber und Gelehrte. Ein Roman der Archäologie, 2000

Connah, Graham: Unbekanntes Afrika. Archäologische Entdeckungen auf dem Schwarzen Kontinent, 2006

Cunliffe, B. (Hrsg.): Illustrierte Vor- und Frühgeschichte Europas, 1996

Davies, P. – Brooke, G. – Callway, P.: Qumran. Die Schriftrollen vom Toten Meer, 2002

Davies, Vivian – Friedman, Renée: Unbekanntes Ägypten. Mit neuen Methoden alten Geheimnissen auf der Spur, 1999

Eggert, K. H.: Prähistorische Archäologie – Konzept und Methoden, 2005

Evans, S. T.: Ancient Mexico and Central America: Archaeology and Culture History, 2004

Falchetti, Franco – Romualdi, Antonella: Die Etrusker, 2001

Gersbach, Egon: Ausgrabung heute. Methoden und Techniken der Feldgrabung, 1998

Gockel, W.: Die Geschichte einer Maya-Dynastie. Entzifferung klassischer Maya-Hieroglyphen am Beispiel der Inschriften von Palenque, 1988

Goddio, Franck: Versunkene Schätze. Archäologische Entdeckungen unter Wasser, 2005

Haywood, John: Atlas der alten Kulturen. Vorderer Orient und Mittelmeer, 2005

Historisches Museum der Pfalz, Speyer (Hrsg.): Das persische Weltreich, Ausstellungskatalog, 2006

Janosi, Peter: Die Pyramiden. Mythos und Archäologie, 2004

Keefer, Erwin (Hrsg.): Lebendige Vergangenheit. Vom archäologischen Experiment zur Zeitreise, 2006

Korn, Wolfgang: Megalithkulturen in Europa, Rätselhafte Monumente der Steinzeit, 2005

Korn, Wolfgang: Mesopotamien – Wiege der Zivilisation. 6000 Jahre Hochkulturen an Euphrat und Tigris, 2004

Kuckenburg, M.: Die Kelten in Mitteleuropa, 2004

Lorblanchet, M.: Höhlenmalerei. Ein Handbuch, 1997

Mahlstedt, Ina: Die religiöse Welt der Jungsteinzeit, 2004

Meller, H.: Der geschmiedete Himmel. Die weite Welt im Herzen Europas vor 3600 Jahren, 2004

Menghin, W. – Planck, D.: Menschen, Zeiten, Räume – Archäologie in Deutschland. Ausstellungskatalog, 2002

Morwood, M. J.: Visions from the Past: the Archaeology of Australian Aboriginal Art, 2002

Moseley, M. E.: The Incas and their Ancestors: the Archaeology of Peru, 2001

Müller, Felix: Götter, Gaben, Rituale. Religion in der Frühgeschichte Europas, 2002

Müller-Beck, Hansjürgen – Conard, Nicholas J. – Schürle, Wolfgang (Hrsg.): Eiszeitkunst im süddeutsch-schweizerischen Jura. Anfänge der Kunst, 2001

Mulvaney, J. – Kamminga, J.: Prehistory of Australia, 1999

Pleiger, Henriette (Hrsg.): Xi'an – Kaiserliche Macht im Jenseits. Grabfunde und Tempelschätze aus Chinas alter Hauptstadt, Ausstellungskatalog, 2006

Royal Academy of Arts (Hrsg.): Azteken, Ausstellungskatalog, 2003

Sawyer, Peter (Hrsg.): Die Wikinger. Geschichte und Kultur eines Seefahrervolkes, 2000

Schulz, R. – Seidel, M. (Hrsg.): Ägypten. Die Welt der Pharaonen. 3. Aufl. Köln 1997

Seidel, M. – Schulz, R. (Hrsg.): Ägypten. Kunst und Architektur, 2001

Sherratt, A. (Hrsg.): Die Cambridge Enzyklopädie der Archäologie, 1980

Sperlich, Waltraud (Hrsg.): Die Hethiter und ihr Reich. Das Volk der 1000 Götter, Ausstellungskatalog, 2003

Taladoire, Éric: Die Maya, 2005

Tubb, Jonathan N.: Völker im Lande Kanaan, 2005

Wenzel, Jacob: Angkor – Göttliches Erbe Kambodschas, 2006

Wiese, André – Brodbeck, Andreas: Tutanchamun. Das Goldene Jenseits. Grabschätze aus dem Tal der Könige, Ausstellungskatalog, 2004

Wilkinson, Richard H.: Die Welt der Tempel im alten Ägypten, 2005

Willemsen, A.: Wikinger am Rhein. 800–1000, 2004

Zimmer, Stefan (Hrsg.): Die Kelten – Mythos und Wirklichkeit, 2004

Abbildungsnachweis

Der Herausgeber dankt folgenden Archiven für die Reproduktionserlaubnis folgender Abbildungen:

Ancient Art & Architecture Collection Ltd: 3, 4, 14, 16, 17, 18, 19, 20, 21, 22 (o+u), 24, 25, 26 (r+l), 27, 28, 29, 30 (o+u), 31, 32, 33, 38, 40 (r+l), 41, 42 (u), 43, 44, 45, 46, 47, 48, 49 (r+l), 50, 51 (o,M,u), 52, 53 (o+u), 54, 58, 62, 63, 64, 65 (o+u), 66, 67, 68, 69 (r+l), 70 (o+u), 71 (r+l), 72, 73, 76, 77 (o+u), 78, 79, 80, 81 (o+u), 82, 83, 85, 86, 87, 88, 89, 91, 94, 95, 97, 98 (o+u), 99, 100, 101 (o+u), 103, 104 (o+u), 105, 106, 107, 108, 110 (o+u), 111, 112, 113 (o), 114, 115 (o+u), 116, 117 (o+u), 118, 119, 120 (o+u), 121, 122, 123, 124, 125, 126 (o+u), 127, 130, 131, 132, 133, 134 (o+u), 135, 136, 140 (o+u), 141, 144 (o+u), 145 (u), 146, 147, 148, 149, 152, 153, 154, 155 (o+u), 156 (o+u), 157, 158 (o+u), 160, 161, 162, 163, 164, 165, 166, 167, 1168, 170, 171, 172, 176, 177 (o+u), 178 (o+u), 179, 180 (o+u), 181, 182, 183, 184 (o+u), 185, 186, 187, 188, 189 (o+u), 190 (o+u), 191, 192, 193 (o+u), 194, 196, 197, 198, 200, 202, 203, 204, 205 (o+u), 208 (o+u), 209, 210, 211, 212 (o+u), 212, 214, 215 (o+u), 216, 218, 219, 220, 222, 223 (r+l), 224, 225 (o+u), 226, 227, 228, 229, 230, 232, 233, 234, 235, 236 (o+u), 237, 238, 239 (o+u),240, 242 (o+u), 243, 244, 246 (o+u), 247, 248, 249, 250, 251 (o+u), 252, 253, 254 (u), 255, 256, 257, 258, 260 (o+u), 261, 262, 263 (o+u), 264 (o), 265, 266, 273, 274 (o+u), 275, 276, 277, 280, 281 (o+u), 282, 284 (o+u), 285, 286 (o+u), 287, 288, 289, 290, 292, 293 (o+u), 294 (o+u), 295, 296, 297

Corbis: 6, 8, 9, 11 (o+u), 12, 13, 34, 35, 36, 37, 39, 42 (o), 55, 60, 90, 92, 93, 96, 102, 113, 128, 159, 155, 173, 174, 206, 254 (o), 264 (u), 268, 270, 271, 278, 291

Getty Images: 10, 74, 217, 272

GNP: 56, 57, 59 (o+u), 61 (o+u), 138 (o+u), 139, 143, 144 (o), 145 (o), 146 (o), 150 (o+u), 151 (o+u)

Karten auf Seite 37, 84, 78, 109, 137, 143, 175, 240 Courtesy Cartigraphica.

Der Herausgeber dankt außerdem Michelle Williams, Haruko Sheridan und Etty Morris von Ancient Art and Architecture Collection für ihre großzügige Unterstützung bei der Produktion des Buches. Unser Dank gilt auch Simon Taylor.